JN414230

개념 기반
심화수학 탐구학습

수업과 평가의 일체화

남호영 · 노경희 · 박제남 · 임문태 지음

KM 경문사

저자 서문

우리는 왜 이 책을 집필하였나?

지난해, 2028학년도 대학 입시부터 진로선택 과목인 〈미적분 II〉, 〈기하〉가 수능에서 제외되고 올해부터는 5등급 상대평가와 서 · 논술 평가 도입을 골격으로 하는 교육과정이 발표되었다. 이후 일부 대학은 올해 8월에 진로선택 심화과목에 대하여 소위 '권장과목'을 지정한다고 발표하였다.* 이 책은 이와 같은 제도의 변화가 수학교육에 어떤 변화를 일으킬지 이에 대해서 어떻게 대비해야 할지에 대한 논의의 결과이다.

먼저 수학교육에 어떤 일이 생길지 예상하여 보자.

첫 번째 변화로 예상할 수 있는 것은 심화과목을 시작으로 한 수능의 점진적 폐지이다. 수능은 이미 십여 년 전부터 그 도입 취지가 왜곡되었다고 문제 제기되어 왔다. 시행한 지 올해로 32년이 된 제도의 한계라고도 볼 수 있겠지만, 이제 더는 누더기처럼 땜질하는 식의 제도 개선으로는 버틸 수 없는 한계에 도달했다. 수능의 점진적 폐지는 학생 평가권이 정부나 대학에서 교사로 넘어간다는 것을 의미하고 교과서의 역할이 축소된다는 것을 뜻한다.

수능은 전국 어디서나 같은 내용과 범위 내에서 수학교육을 하도록 강제해왔다. 그 중심에 검인정 교과서가 있었고, 수학교사는 정해진 차시 내에서 교과서 내용을 빠짐없이 또박또박 강의해야만 했다. 그런데 수능에서 심화수학이 제외되는 것을 계기로 교사는 교과서(〈미적분 II〉, 〈기하〉)를 재구성하여 가르칠 수 있게 되었다. 결과적으로 수학교사는 교육과정 재구성을 통하여 비판적인 논쟁이나 합리적 논의를 동반한 실세계 문제로 수학 수업을 할 수 있게 된 것이다.

〈기하〉를 예로 들어 보자. 〈기하〉는 선택과목으로 4단위에서 증감할 수 있다. 어떤 고등학교에서 〈기하〉를 3단위로 결정한다면 교사는 48시간으로 수업을 구성하면 된다. 정부는 가이드에서 이차곡선(10~20시간), 평면벡터(10~20시간), 공간도형과 공간좌표(10~20시간)로 최소 시수와 주요 주제(예를 들면, 벡터의 연산과

---

* 대학이 진로선택과목에 대하여 실질적으로 필수로 학생들에게 요구할 수 있는 권리가 있는지 본문 중에 깊이 있게 다룰 것이다.

내적)를 제시하고 교수학습에 도움이 될 만한 자료를 인터넷 주소로 제공하면 된다. 여기까지가 정부의 역할이다. 이제부터는 교사의 영역이다. 예를 들어, 어떤 교사는 이차곡선(10시간), 평면벡터(22시간), 공간도형(16시간)으로 벡터와 내적에 좀 더 비중을 두어 운영할 수 있다.

두 번째 변화는 수학교사가 〈미적분 II〉, 〈기하〉 교과서를 최소한**으로 참고하여 평가와 수업의 일체화를 추구할 수 있게 되었다는 점이다. 학생의 평가권이 정부가 아닌 교사에 있으므로 교사의 다양한 교수법 시도가 온전히 수업 및 평가에 반영될 수 있어야 한다. 교사는 다양한 교수법을 위하여 실세계 문제, 교과 내 주제(topic), 교과 간 대주제(subject)의 연계 등이 반영된 내용을 조직하여 학생을 지도할 수 있다. 이에 따른 적합한 평가 시스템은 서 · 논술 기반 절대평가인데, 이 책에서는 이를 중점적으로 다루었다.

세 번째 변화는 정부나 대학이 교사의 학생평가를 온전히 받아들여야 한다는 점이다. 현시점에서 정부나 대학이 심화과목의 소위 권장과목 지정과 절대평가를 반대하는 것은 학교 선택 교육과정과 학생평가에 관여하겠다는 것을 의미한다.

> 수능 폐지, 교육과정 재구성, 수업과 평가의 일체화, 연계 교육, 서 · 논술 기반 절대평가는 하나로 묶여서 움직이는 것이다. 물론 이와 같은 제도를 우리 수학교사들은 경험한 적이 없다. 이와 같은 상황에서 우리 수학교육에 필요한 것은 무엇인가?

첫째, 이제 수학의 정의를 도입해야 한다. 우리나라에서는 아직 수학교육에 수학의 정의를 도입하지 않았다. 따라서 수학의 정의를 교실에서 구현할 사고의 수학적 양상도 도입한 적이 없다. 흔히, 교육과정에서 사고의 수학적 양상으로 개념 또는 핵심개념을 사용한 것으로 여기지만 이는 오해이다. 교과서의 단원명을 개념이나 핵심개념으로 사용해 온 것이 사실이며 여기서 교과서의 단원이란 수능에서 출제되는 문제를 범주화한 것에 불과하다. 예를 들면, 단원명 '방정식과 부등식'은 개념이 아니라 수능에서 이 주제 관련 문제가 꼭 나온다는 것을 말하는 분류이다. 우리 저자들이 수학의 정의를 도입한 후, 이어서 도입할 사고의 수학적 양상은 수업에서 교과 내 주제 또는 교과 간 대주제를 의미 있고 보다 쉽게 연계하는 역할을 한다. 우리는 이 책에서 수학의 정의와 사고의 수학적 양상을 도입하고 이에 따

** 십여 년 후에는 〈수학과 주제 탐구〉처럼 심화과목 교과서가 없어질 수도 있다.

른 개념 기반 탐구학습을 제1장에서 깊이 있게 다루었다.

둘째, 교사는 교실에서 수학의 중요성을 학생에게 설명할 때가 되었다. 수능 제도는 수학교사에게 도움을 준 측면도 있다. 예를 들어, 학생이 '최대 · 최소 문제'가 왜 중요하냐고 물으면 수학교사는 "수능에 꼭 나오는 중요한 문제란다"라고 답하면 되었다. 심화과목이 수능에서 제외된 2026년부터 이루어지는 수학 수업에서는 이 질문에 어떻게 답해야 할까? 이를 위하여 우리는 공학의 관점에서 고교수학의 중요성을 제0장에서 설명하였다. 공학에서의 수학의 가치는 수학교사들에게 익숙한 내용은 아니다. 그러나 이들 내용은 교사들이 학부에서 〈미분적분학〉, 〈선형대수〉, 〈미분방정식〉, 〈확률과 통계〉 등을 통하여 접했던 것들이다. 다시 말하면, 이제 수학교사들은 책꽂이에 참고서가 아니라 고등학생들이 배우게 될 대학교 수준의 수학을 비치하고 끊임없이 교재 연구를 할 필요가 있다. 실세계 문제의 연구를 위해서는 〈미적분학〉(Stewart, Calculus), 〈선형대수학〉(Anton, Linear algebra), 〈공학수학〉(Kreyszig, Engineering mathematics; Zill, Engineering mathematics)이 도움 되고, 연계 교육을 위해서는 중학교 〈과학 1, 2, 3〉, 고등학교 〈통합과학〉, 〈물리 1, 2〉의 교과서가 매우 큰 도움이 될 것이다.

셋째, 사범대학의 교사양성제도, 교수임용제도, 그리고 교육청 연수원의 일정 연수 제도가 변해야 한다. 우리나라 사범대학은 사실상 3년제이다. 보통 4학년 1학기는 교생 실습을, 4학년 2학기에는 11월경에 있을 임용시험 준비로 주요 전공과목은 2, 3학년에서 모두 수강해야 하기 때문이다. 임용시험은 향후 수학교사로 활동하는 데 도움이 될까? 사실 선발을 위한 변별력의 문제일 뿐 교사로 활동하는 데 도움이 된다고 보기는 어렵다. 이제라도 사범대학의 변화가 시작되어야 한다. 먼저, 교생 실습은 임용시험에 합격한 학생들을 대상으로 최소 6개월 동안 진행하고, 이후 발령을 내야 한다. 그럼으로써 학생들은 온전하게 4년을 공부할 수 있다. 또, 임용 2, 3년 후 일정 연수를 받을 때, 절반 정도의 시간을 수학전공 교사는 과학, 과학교사는 수학 연수를 받는 것이 타당하다. 한 가지 더 생각할 것은 사범대학 교수 임용 시 충분한 현장교사 경력을 요구해야 한다는 점이다. 학교 현장 교육의 경험 없이 예비교사를 교육하는 것이 타당한지 되돌아보아야 한다.

넷째, 우리는 칠판으로 돌아가 학생들과 수학의 본질을 즐겨야 한다. 그래서 우리 저자들은 많은 모자람을 느끼면서도 이 책을 서둘러 집필하게 되었다. 근래

들어 융합, 미래, 혁신, 인공지능 교육 등의 현란한 말이 수학교사를 어지럽히고 수학교육을 혼란에 빠뜨리고 있다. 정체불명의 말은 멈추고, 교실에서 수학의 본질을 즐길 수 있도록, 수능 폐지 이후를 교사들이 대비할 수 있도록 준비할 때이다.

2025년 8월

저자 일동

차례

0장 | 들어가는 글

1장 | 수학의 중요성: 공학 관점에서의 고등학교 수학

2장 | 수학과 개념 기반 탐구학습: <미적분 I, II>의 교수 · 학습

3장 | 수업과 평가의 일체화를 위한 수학과 연계교육 문항 개발

4장 | 깊은 학습을 위한 수학과 탐구질문 개발과 컴퓨테이셔널 사고교육 기반 평가 방안

| 부록 |

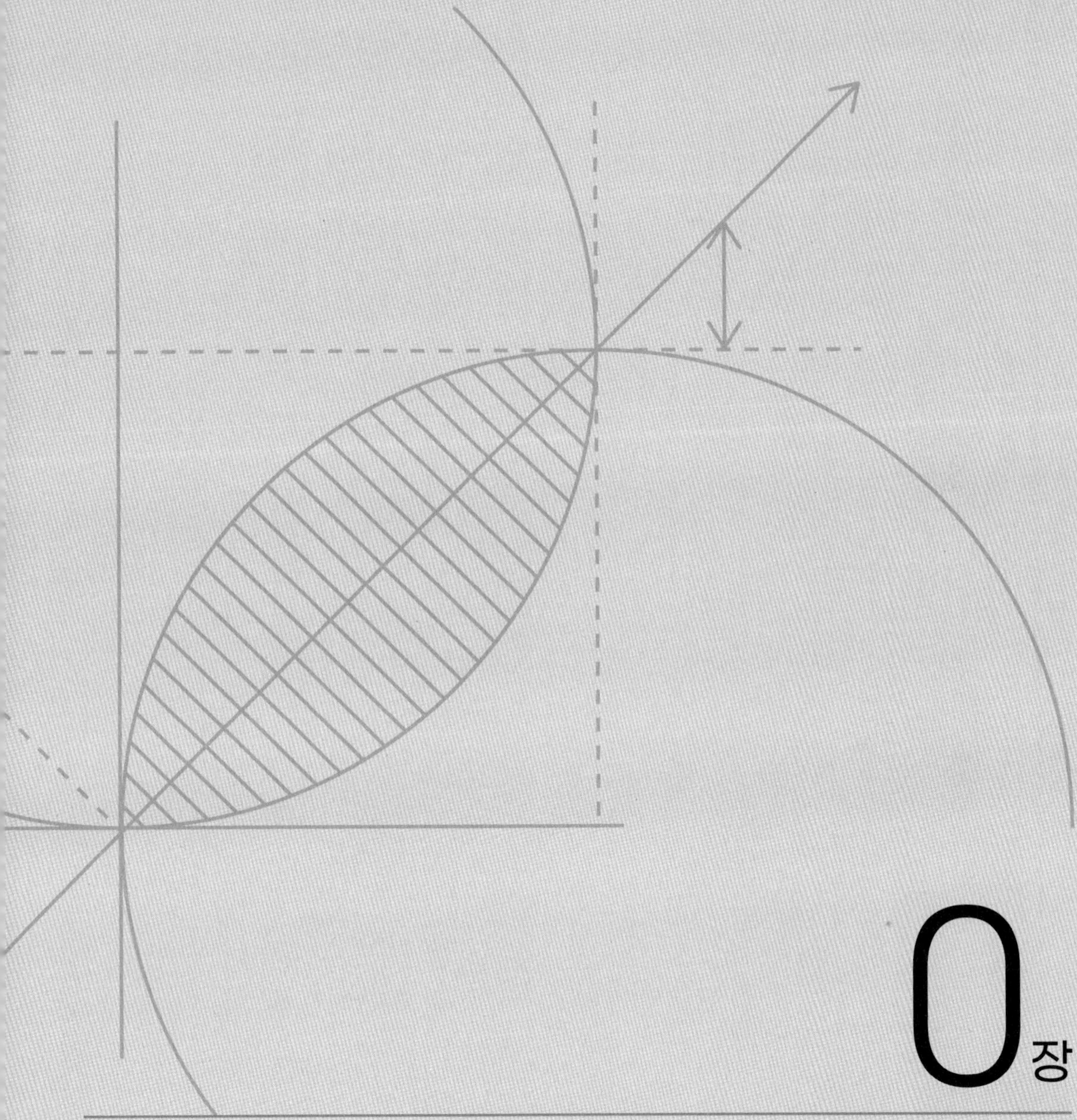

0장

들어가는 글

수학은 여전히 최고의 지식을 가져다주는 패러다임이다. 수학의 성취는 인간 정신의 성취이다. 인간이 무엇을 성취할 수 있는가를 보여 주는 이 증거물 덕분에 인간은 용기와 자신감을 갖고 우주의 신비를 파헤치고 치명적인 질병을 극복하고 정치 체계를 향상시키려 노력해 왔다. 이런 노력에서 수학이 효과를 발휘할 수도 있고 그렇지 못할 수도 있지만 성공하리라는 꺾이지 않는 희망을 갖게된 것은 순전히 수학 덕분이다. 수학의 진정한 가치는 바로 거기에 있다. 그 가치는 인간의 창작물이 가져다주는 어떤 가치보다 크다.

모리스 클라인.(심재관 옮김)(2011). 수학의 확실성, 사이언스북스.

현시점에서 우리 수학교육자에게 필요한 구호는 무엇일까? 우리 저자들은 "칠판으로 돌아가자"고 말하려고 한다. 화려한 IT 기기들이 교실로 밀려 들어오는 이 시점에 왜 칠판을 말할까?

수학교육은 교육과정을 따라 이루어진다. 그동안 교육과정이 새로운 총론과 함께 여러 차례 바뀌어왔지만, 최소한 6차 교육과정부터 30여 년 정도를 돌이켜 보더라도 교육은 변한 것은 없다. 이제, 모든 교과를 아우르는 총론의 존재가 가능한지 생각해 보자. 수학과에서는 교육과정이 바뀌되더라도 각론에서 총론을 수용한 적은 없다. 교과서 심사를 통과하기 위하여 흉내만 내어왔을 뿐이다. 예를 들면, 실생활 문제를 강조하는 총론이 나오면 그동안 써오던 학생의 이름 "철수, 영희"를 "민수, 진희" 등으로 바꾸었고, 창의·인성을 강조하는 총론이 나오면 수학 교과서는 한 장소에서 다른 장소로 가는 평균 속도를 구할 때, 한 장소를 요양원으로 하여 인성교육으로 위장하였다. 따라서 수학교육에 일부 교육학자들이 교육부로부터 위임받아 제시하는 총론은 없다고 말할 수 있다.

수학 교과에는 수학의 정의와 이를 교실에서 교육하기 위한 사고의 수학적 양상이 있을 뿐이다. 수학의 정의와 사고의 수학적 양상에 대해서는 이 장의 끝부분에서 이야기하겠다. 사고의 수학적 양상을 도입하려는 목적은 교과 내 주제 연계나 교과 간 대주제 연계가 의미 있고 자연스럽게 이루어지기 위해서라는 점을 기억해야 한다. 이 목적을 위해서는 화려한 IT 기기보다 '사고의 수학적 양상'을 중심에 두는 교육이 이루어져야 한다. 이때, 칠판은 훌륭한 도구이다. 그동안 점점 칠판을 멀리한 이유는 칠판에 문제가 있어서가 아니라 칠판을 사용한 교육 방식에 문제가 있었기 때문이다.

가 수학의 정의와 수학교육의 목표

먼저 우리나라 교육과정의 최근 변화를 미국수학교육, IB DP 수학교육, 컴퓨테이셔널 사고교육, 미국 컴퓨터교육 등에서 사용하는 용어로 알아보자.

| 1 | 수학의 정의

우리나라 수학교육에서는 2025년 현재까지도 수학의 정의를 도입하고 있지 않다. 미국과 IB에서 제시하는 수학의 정의는 아래와 같다.

- **미국** : 수학은 패턴(규칙성)과 질서(순서)의 과학이다
 (Mathematics is a science of pattern and order).[1]
- **IB** : 수학은 관계, 질서, 그리고 구조의 학문이다
 (Mathematics is the study of structure, order and relation).

우리 저자들은 수학을 '패턴과 질서의 과학'으로 보는 미국수학교육의 정의를 따르고자 한다. 패턴의 과학인 수학은 우리가 사는 물리적, 생물학적, 사회학적 세계와 마음과 생각의 내면세계를 모두 보는 방식이다. 패턴의 다양한 종류에 따라 수학의 여러 분야가 생겨났다.[2] 예를 들어, 산술학과 수 이론은 셈의 패턴을 연구한다. 기하학은 모양의 패턴을 다룬다. 미적분은 움직임의 패턴을 다룰 수 있게 하며 확률론은 우연의 패턴을 다룬다. 논리학은 추론의 패턴을 연구하며 위상수학은 근처에 있음과 위치의 패턴을 연구한다.

| 2 | 수학교육의 목표

수학의 정의에 따라 수학 학습이 이루어지려면 인간이 사고를 할 때 수학 역량이 어떻게 작용하는지 알아야 한다. 즉, 좀 더 세분화된 인간 사고의 수학적 양상(mathematical modes of thought)이 필요하다. 수학교육은 사고의 수학적 양상을 키우는 일이다.

미국 수학교육은 이를 6가지로 제시한다. 즉, 우리는 교과서를 가지고 수학 내용을 가르치는 데에 그치지 않는다. 수학 내용을 주제로 하여 6가지 인간 사고의 양상을 키우는 것이 수학교육의 목표이다. 인간 사고의 6가지 양상은 다음과 같다.

- **모델링** : 중요하고 유용한 특징을 포착하는 정신적 구성(종종 시각적 또는 상징적)에 의하여 실세계 현상을 표현한다.

---

1 수학의 정의를 '패턴과 순서의 과학'으로 번역 도입하여도 무방하다. 이 책에서는 '패턴과 질서의 과학'으로 사용한다.

2 K. Devlin. (전대호 옮김)(2011). **수학의 언어**. 해나무.

- 최적화 : 만약을 묻고 모든 가능성을 탐색하여 최상의 해집합(최소 비용 또는 가장 효율적인)을 찾는다.
- 기호화 : 자연어를 질서적인 형태로 추상 개념의 상징적 표현으로 확장하여 의사소통과 계산을 모두 가능하게 한다.
- 추론 : 데이터, 전제조건, 그래프, 일관성과 완전성이 부족한 출처로부터 추론한다.
- 논리적 해석 : 전제조건의 결과를 찾고 관찰된 현상을 설명하기 위한 제일 중요한 원리를 찾는다.
- 추상화 : 특별한 연구를 위해 여러 가지 현상에서 공통된 특정 성질을 찾아낸다.

인간 사고의 수학적 양상을 키우는 것은 학생들이 전혀 모르는 것을 교육하는 것이 아니다. 우리 인간이 수백만 년 동안 진화하는 과정에서 터득한 것 중에서 수학의 정의와 관련된 것을 인간 사고의 수학적 양상이라고 부른다. 따라서 수학을 가르치는 것은 인간이 이미 알고 있는 것을 '끄집어낸다'라는 것으로 볼 수 있다. 플라톤은 이를 상기론이라 하여 그의 대화록 〈메논〉에서 소크라테스와 노예 소년 간의 대화로 이를 입증하고자 노력하고 있다(〈메논〉 82b-85d). 이에 대한 깊이 있는 연구는 독자들에게 맡기겠다.[3]

우리나라 수학교육에 플라톤이 조언한 것은 두 가지로 하나는 수학의 정의와 상기론 입장에서 사고의 수학적 양상을 교육과정에 도입하라는 것과 나머지 하나는 수학의 본질을 탐구하는 데 질문이 매우 중요하다는 것이다. 즉, 질문만 잘하면 교육을 전혀 받지 않은 노예 소년에게도 무리수 $\sqrt{8}$을 성공적으로 가르칠 수 있다[4]는 것이다.

……………………………………………………… (중략) ………………………………………………………

소크라테스: 자넨 어떻게 생각하나. 메논? 이 아이가 대답할 때, 아이 자신의 것이 아닌 의견(opinion)이 하나라도 있나?

메논: 없습니다. 아이 자신의 의견입니다.

소크라테스: 그런데도 그는 어쨌든 알지 못했네. 조금 전에 우리가 말했던 것처럼 말이야.

메논: 옳은 말씀이십니다.

소크라테스: 그러나 이 의견들 자체가 어쨌든 이 아이 속에 있었네. 그렇지 않은가?

메논: 그렇습니다.

소크라테스: 따라서 알지 못하는 것에 대해 알지 못하는 사람 속에는 그가 알지 못하는 것들에 대

---

3 플라톤의 대화록 〈메논〉이 우리에게 주는 메시지는 '상기론', '메논의 역설', '본질 탐구를 위한 질문의 중요성', '교사의 암묵지의 중요성' 등을 들 수 있다. 특히, 소크라테스와 노예 소년 간의 산술과 기하적 대화에서는 피타고라스 학파가 붕괴한 이유에 대한 비판적 검토를 엿볼 수 있다.

4 노예 소년은 소크라테스와의 대화(엘렝코스)를 통하여 $\sqrt{8}$을 3으로 제시한다. 여기서 3은 플라톤이 대화록 〈국가〉에서 말하는 2의 rational diameter이다.

	한 참된 믿음들이 있는 거지?
메논:	그렇게 보입니다.

.... (후략) ....

현재 우리나라 수학교육의 중심은 교과서에 있다. 교과서의 구성은 사고의 수학적 양상에 기반한 것이 아니라 전적으로 수학이 다루는 문제의 유형에 기반한다. 인간의 머릿속에서 벌어지는 사고를 생각한다면, 기존 교과서를 그대로 가르치는 것이 아니라 교육과정을 재구성하여 가르치는 것이 바람직하다.

수학・과학과 관련하여 인간의 사고가 어떻게 작용하는가에 대한 눈여겨볼 만한 이론으로 앞에서 살펴본 미국 수학교육 이외에 두 가지를 더 소개하려고 한다. 하나는 IB DP[5]이고 또 하나는 컴퓨테이셔널 사고교육(computational thinking education)에서의 이론이다. 이 책에서는 미국 수학교육에서의 6가지를 기본 이론으로 채택하여 사용하고, 컴퓨테이셔널 사고교육 4가지를 공학 관련 주제에서 추가로 사용하려고 한다. 세 이론을 비교하면 아래와 같다.

● 수학・과학과 관련된 인간의 사고 영역

	미국 수학교육	IB DP 수학교육	컴퓨테이셔널 사고교육
명칭	사고의 수학적 양상 6가지	12개념(12 concepts)	분류(Taxonomy)
사고 영역	모델링과 모의실험(Modeling and Simulation) 논리적 해석(Logical Analysis) 추론(Inference) 최적화(Optimization) 추상화(Abstraction) 기호화(Symbolism)	근사(Approximation) 변화(Change) 동치(Equivalence) 일반화(Generalization) 모델링(Modeling) 양(Quantity) 관계(Relationships) 표현(Representation) 공간(Space) 체계(Systems) 정당성(Validity)	분해(Decomposition) 추상화(Abstraction) 일반화(Generalization) 알고리즘적 사고(Algorithmic Thinking)

수학의 정의에 입각한 인간 사고의 수학적 양상을 플라톤의 상기론과 관련하여 이미 인간들이 지닌 수학에 대한 상식(opinion)[6]으로 보았다. 인간이 지닌 수학에 대한 상식의 세부적인 내용을 간략히 살펴보자. 다시 말하지만, 수학교사가 지금까지 수업한 모든 내용은 위 표에서 언급한 6가지 양상 중의 하나에 해당한다. 예를 들어 우리가 원($x^2 + y^2 = r^2$)을 가르친 것은 추상화 영

---

5 International Baccalaureate Diploma Programme. IB의 고등학교 프로그램이다.

6 우리나라에서는 믿음 또는 의견으로 변역되기도 한다. 우리는 상식으로 번역한다.

역이며, 부등식이나 미분을 이용하여 최대·최솟값을 가르친 것은 최적화의 영역이다. 하나 더 예를 들면 오일러가 서로 다른 볼록 다면체에서 공통된 특정 성질 $V-E+F=2$를 찾아낸 것은 추상화 영역이다. 오일러처럼 우리 인간은 수백만 년 동안 특정 모임에서 무언가 공통된 것을 찾으려고 노력해왔다.

독자들은 시간을 내어 최근에 수업한 내용과 사고의 수학적 양상 6가지를 서로 연결하여 보자.

나 수학교육 방향

우리나라 수학교육에서 요구되는 내용을 아래와 같이 7가지로 간략히 제시하고자 한다.

| 1 | 수학의 개념과 주제

깊이 있는 사고를 위한 탐구학습이나 연계교육을 위해서는 수학의 정의와 개념의 도입이 필요하다. 이때, 개념이 무엇인지, 어떤 역할을 하는지도 명확히 제시되어야 한다.

먼저 2015 교육과정을 보면 단원명을 '핵심개념'으로 사용하고 있다. 핵심개념은 "수능 시험을 위하여 꼭 알아야 한다"를 뜻하는데, 이와 같은 특수한 상황으로 인하여 우리나라 수학교육에서는 개념과 주제를 혼용하여 사용하고 있다. 2015 교육과정에서의 핵심개념이라는 용어는 2022 개정 교육과정에서는 사라졌는데, 다항식, 방정식과 같이 단원명이자 핵심개념이었던 것은 IB에서와 같이 '주제'로 이름을 붙이는 것이 타당하다. IB에서는 교과 내 주제(topic), 교과 간 대주제(subject)라는 용어를 사용한다.

다음 연속되는 두 표로 구체적 내용을 간략히 알아보자.

● 2015 핵심개념과 일반화된 지식

영역	핵심개념	일반화된 지식	내용요소	기능
문자와 식	다항식	식에 대한 사칙연산과 인수분해는 복잡한 다항식으로 확장되어 적용된다.	• 다항식의 연산 • 나머지 정리 • 인수분해	계산하기 이해하기 문제 해결하기 설명하기
	방정식과 부등식	방정식과 부등식은 양 사이의 관계를 나타내며, 적절한 절차에 따라 이를 만족시키는 해를 구할 수 있다.	• 복소수와 이차방정식 • 이차방정식과 이차함수 • 여러 가지 방정식과 부등식	
기하	도형의 방정식	좌표평면에 나타낸 점, 직선, 원과 같은 도형은 대수적으로 표현된다.	• 평면좌표 • 직선의 방정식 • 원의 방정식 • 도형의 이동	계산하기 이해하기 설명하기 판별하기

2022 핵심 아이디어와 지식 · 이해

<table>
<tr><td colspan="2">핵심 아이디어</td><td>• 식에 대한 사칙연산과 인수분해는 복잡한 다항식으로 확장되어 적용되며, 방정식과 부등식은 적절한 절차를 통해 해결된다.
• 순열과 조합은 다양한 상황에서 사건이 일어날 수 있는 모든 경우의 수를 체계적으로 세는 데 활용된다.
• 여러 값이 포함된 자료는 행렬 표현과 연산을 통해 효율적으로 처리된다.</td></tr>
<tr><td colspan="2">구분 / 범주</td><td>내용요소</td></tr>
<tr><td rowspan="2">지식 · 이해</td><td>다항식</td><td>• 다항식의 연산
• 나머지 정리
• 인수분해</td></tr>
<tr><td>방정식과 부등식</td><td>• 복소수와 이차방정식
• 이차방정식과 이차함수
• 여러 가지 방정식과 부등식</td></tr>
</table>

2025년 현재까지 우리나라 수학교육에는 수학의 정의나 개념이 도입되지 않았으며, 2015 교육과정에서는 소위 핵심개념을 단원명으로 사용해 왔다. 그러나 앞서 이야기하였듯이 단원명은 개념이 아니다. 수학 · 과학과 관련된 인간의 사고 영역을 나눈 앞의 표에 의하면 이 사고 영역을 '개념'으로 본다. 이 책에서는 인간 사고의 수학적 양상 6가지를 간단히 '**6개념**'이라고 부르고자 한다. 정리하면, 패턴과 질서의 학문인 수학에서는 수학 내용을 매개로 하여 6개념을 키우는 것이 목표이다.

| 2 | 연계교육을 위한 과학 교과서의 이해

중·고등학교 과학 교과서는 수학과 주도의 연계교육을 위하여 꼭 필요하다. 수학교사가 고등학교 〈물리 1, 2〉의 내용을 파악하는 것의 중요성은 아무리 강조해도 모자람이 없다. 고등학교 1학년 학생이 중학교 〈과학 1, 2, 3〉에서 수학과 관련된 어떤 내용을 배웠는지 파악하고 있으면 수학 서 · 논술 탐구 지도하는 데 많은 도움이 된다. 다음 표는 고등학교 1학년 학생들이 중학교 〈과학 1, 2, 3〉 시간에 배운 수학 내용을 함수를 중심으로 제시한 것이다. 고등학교 1학년 학생들은 함수의 본질을 실세계 문제(자연 현상)를 통하여 중학교 때, 과학교사들에게 이미 배웠다고 해도 과언은 아니다.

중학교 과학 2009 개정 교육과정: **함수 관련 주제 및 내용**

함수	대주제	학년	주제	내용
일차함수	용수철 계수	3	일의 양	훅(Hook)의 법칙
	전기저항	2	전류의 세기가 달라지는 이유	옴(Ohm)의 법칙
	등속운동	2	등속 직선운동	등속운동
이차함수	제동거리	3	속력과 제동거리	실험 데이터
	운동에너지	2	낙하하는 물체의 속력 변화	$\frac{1}{2}mv^2$
		3	운동에너지, 위치에너지	
지수함수	냉각곡선	2	증류수와 소금물의 냉각곡선	그래프 제공
삼각함수	밀물과 썰물	1	방향이 변하는 운동 (마루, 골, 진폭, 파장, 주기)	그래프 제공
	진자의 운동	2		

중학교 과학 2015 개정 교육과정: **함수 관련 주제 및 내용**

함수	대주제	학년	주제	내용
일차함수	용수철 계수	1	탄성력	훅의 법칙
	마찰계수	1	마찰력, 수직 항력	힘의 평형
	상태 변화	1	가열곡선	열에너지 흡수
	기체의 부피	1	기체 입자의 운동	샤를 법칙
	비열	2	두 액체의 시간에 따른 온도 변화	그래프 제공
	질량비	3	화합물을 이루는 원소의 질량비	그래프 제공
	운동	3	속력, 이동거리, 걸린 시간	$S=vt$
	전압과 전류	2	전압과 전류의 관계	$V=RI$
분수함수	기체의 부피	1	부피와 압력	샤를 법칙
	기압 차	3	높이에 따른 기압의 변화	그래프 제공
이차함수	떨어지는 물체의 빠르기	3	자유낙하운동, 중력가속도 상수	$v=gt,\ s=\frac{1}{2}gt^2+c$
	운동에너지	3	중력이 한 일과 운동에너지, 역학적 에너지 보존법칙	$E=\frac{1}{2}mv^2$, $gmh+\frac{1}{2}mv^2$
지수함수	상태변화	1	로르산 냉각곡선	열에너지 방출
	광합성	2	빛의 세기와 광합성량	그래프 제공
	열평형	2	온도가 다른 두 물체의 접촉	그래프 제공
	포화 수증기량	3	이슬점과 응결량	그래프 제공
삼각함수	용수철 파형	1	마루, 골, 파장, 진동의 중심, 진폭, 크기, 주기와 진동수의 관계	횡파, 종파
	소리 파형			
	조석	2	밀물, 썰물, 만조, 간조	해수면의 높이
주기함수	소리 파형	1	음색	그래프 제공

| 3 | 개념 기반 탐구학습의 이해

이 책의 2장에서는 개념 기반 탐구학습을 다루었다. 앞에서 인간 사고의 수학적 양상을 6가지로 구분하고, 이를 6개념이라고 하였다. 개념 기반 탐구학습이란 각각의 주제를 교육할 때 어떤 개념을 교육하는 것인지를 명확히 하는 것이다.

2장에서는 적분을 주제로 하여 실세계 문제를 수학의 세계로 가져가 수식화하고 풀고 해석하고 다시 실세계로 돌아와 성찰하는 과정을 거쳤다. 이때, 6개념 중 하나 이상을 사용하게 된다. 14가지의 예시마다 이 과정을 아래와 같이 표로 정리하여 제시하였다.

6개념	관련 주제	실세계 문제
모델링, 기호화	(정)적분, 미분, 지수함수	사각형 바퀴 자전거의 궤적

| 4 | 수업과 평가의 일체화

2015 평가는 전체 교육과정의 어느 위치에 놓여있는가? IB DP에서는 교과목표와 평가목표가 앞에 위치한다. 물론 우리나라 교육은 수능이 30년간 지속해 오면서(또는 예비고사, 학력고사까지 계상하면 65년임) 교수・학습 방법의 모든 노력은 결국 수능에 묻혀왔다. 따라서 IB와 우리나라 평가제도의 비교는 무의미하며 이것은 차이가 아니라 다름으로 보아야 한다.

현재 유럽이나 미국교육이 우리나라 교육보다 더 우위를 점한다고 볼 수는 없다. 특히, 유럽의 초・중등 및 대학교육이 우리나라의 그것보다 우위를 점한다는 것은 의문이며 오히려 유럽은 한국의 교육을 배워야 한다고 생각한다. 특히, 사범대학 교사 양성에서 질적 수준은 우리나라가 유럽이나 미국보다 매우 앞서있다.

평가가 학습자상 다음으로 우선시되는 교육과정을 도입할 필요가 있다.

● 2015 교육과정과 IB DP 교육과정의 비교

항목	항목별 목차	
	2015 개정 교육과정	IB DP 수학과 가이드
비전	인간상과 핵심역량	학습자상
교과목표	교과목표와 핵심역량	교과목표와 평가목표
교과의 내용	내용체계와 성취기준	교수요목과 개념 및 내용
교수학습 방법	교수학습 및 유의사항	교수학습 접근법
평가	평가방법 및 유의사항	평가목표, 실제평가목표, 평가개요, 내부평가기준

이를 위하여 3장에는 교육과정・수업・평가가 일체화되어야 한다는 내용을 다루었다. 수업과 평가의 일체화는 백워드 교육과정으로 우리나라에 소개되어 있는데, 백워드 교육과정은 목표-평

가-학습경험으로 이루어진다. 간단히 말하면, 도달지점을 설정하여 평가 계획을 세우고 그에 맞추어 학습 계획을 수립한다. 여기에서 말하는 도달지점은 교육과정의 성취기준을 말하는데, 우리는 수학교육의 목표를 성취기준이 아닌 6개념, 수학 내용은 주제라고 하였으므로 백워드 교육과정과는 차이가 있다. 이 책에서는 학습경험 대신 내용이라는 용어를 사용하여 목표-평가-내용으로 제시하였고, 평가는 인지-행위-성찰의 학습 과정 전체를 평가의 대상으로 삼는 것으로 하였다. 이를 9가지 예시에 대하여 다음과 같이 도식화하여 제시하였다.

● 2022 연계교육 및 교육과정-수업-평가의 일체화의 도식화

<table>
<tr><td colspan="2">교과</td><td>수학</td><td>물리</td></tr>
<tr><td rowspan="2">목표</td><td>6개념</td><td colspan="2">아래 주제를 이용하여 모델링 역량을 키운다.</td></tr>
<tr><td>주제</td><td>이차함수, 무리함수</td><td>운동에너지, 일, 수직항력</td></tr>
<tr><td>평가</td><td>인지
↓
행위
↓
성찰</td><td colspan="2">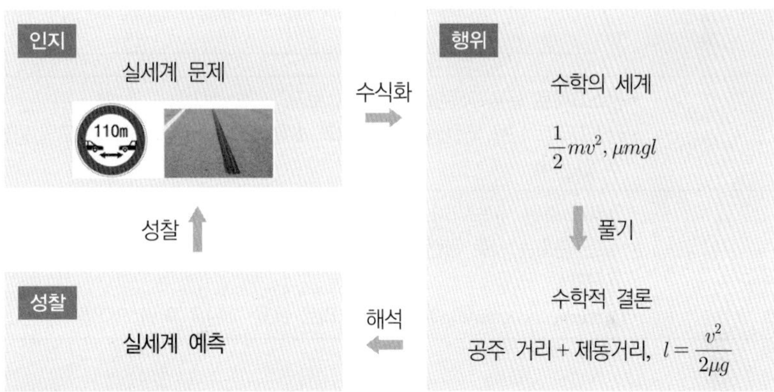
</td></tr>
<tr><td colspan="2">내용</td><td colspan="2">제한속도가 110 km/h인 고속도로에서 앞차와의 간격을 110 m로 유지하는 것이 바람직한 이유를 설명하시오. 
</td></tr>
</table>

| 5 | 탐구질문의 3단계 구성

IB DP에서는 질문을 사실적 질문, 개념적 질문, 논쟁적 질문으로 나누어 제시한다. 각각의 질문은 서로 독립적으로 연관이 없다. 우리는 IB DP를 변형하여 6개념을 바탕으로 하나의 질문을 발전, 확장시키면서 3단계로 제시한다. 즉, 사실을 묻는 질문, 개념 이해를 요구하는 질문, 논쟁을 유발하는 질문인데, 각각이 독립된 질문이 아니라 하나의 내용을 발전, 확장시키는 의미에서의 질문으로 구성한다는 취지를 나타내기 위하여 질문 대신 단계라는 표현을 사용하였다.

3단계로 이루어진 탐구질문은 "어떻게 아는가(How do we know)?"를 생성한다. 4장에 다음과 같이 3단계로 구성된 탐구질문을 7가지를 실어 놓았다.

주제	4CT 분류	학문 분류
수열	알고리즘적 사고	수학문화사

<table>
<tr><th>수학+언어</th><th>패턴 + 운율 (삥갈라수)</th></tr>
<tr><td>사실을 묻는 단계</td><td>기원전 5세기 인도의 산스끄리트 운율에 대하여 알아보자.
<table>
<tr><th>1 mora</th><th>2 morae</th><th>3 morae</th><th>4 morae</th><th>5 morae</th></tr>
<tr><td>|</td><td>S
||</td><td>|S
S|
		</td><td>SS 		S 	S	 S	
			</td><td>	SS S	S 			S SS
	S
S		 S		
			</td></tr>
</table></td></tr>
<tr><td>개념 이해를 요구하는 단계</td><td>• 산스끄리트 운율 패턴을 기술하여 보자.
• 산스끄리트 운율 패턴의 도입 방법과 소위 피보나치 수의 패턴의 도입 방법 사이에 효율성을 비교할 수 있는가?</td></tr>
<tr><td>논쟁을 유발하는 단계</td><td>• 우리가 소위 '피보나치 수열'이라고 부르는 것이 윤리적인가?
• "모든 문화는 서로 관련되어 있으며 어느 것도 순수하게 단독적인 것은 없다"는 수학세계에서도 유용한가?
• Dynamic programing에서 산스크리트 운율 패턴은 어떤 의미를 가지고 있는가?</td></tr>
</table>

| 6 | 수학의 중요성에 대한 인식

국가가 평가에 개입한 예비고사, 학력고사, 수능이 도입 운영된 지 65년이 흘렀고, 수능만 보아도 30년이 흘렀다. 이 30년 동안 학생들이 "수학은 왜 중요한가요?"라고 물으면 우리는 주저 없이 "대학에 가려면 수학(수능) 성적이 좋아야 해!"라고 답변해 왔다.

이제 세상은 변했고 이제라도 수학교사는 수학의 중요성을 학생들에게 말할 수 있어야 한다. 우리 저자들이 제시하는 가장 손쉬운 방법은 수학이 공학 등에서 어떤 중요한 역할을 하고 있는지 수업 내용과 연관 지어 설명하는 것이다.

다 평가 기준 개발

우리가 제시되는 평가 기준(초안)은 다음과 같다. 충분한 수정/보완이 이루어지기를 기대한다.

수학 탐구 보고서 평가(안)

2025년 6월 셋째 주-7월 둘째 주

담당: 조○○, 김○○, 박○○

1. **평가 목표**: 학생은 실세계 문제를 인지하고 이를 해결하는 전 과정을 "도입, 전개, 결론 및 참고문헌(참고자료 포함)"으로 구성하여 자신의 의견을 합리적으로 논의한다.
2. **평가기준**: 성취항목을 얼마나 잘 수행했는지 평가한다.

기준 A	형식
기준 B	탐구 문제 선정의 적절성(인지 및 난이도 영역)
기준 C	수학적 의사소통의 적절성(행위 영역)
기준 D	비판적 논의(성찰 영역)

기준 A 형식

성취단계	설명
0	아래 명시한 기준을 충족하지 못한다.
1	어느 정도 일관성이 있으나 전체 구성이 미흡하다.
2	어느 정도 일관성이 있고 전체 구성이 다소 보인다.
3	일관적이고 잘 구성되어 있다.
4	일관적이고, 잘 구성되어 있으며 전개가 간결하다.

일관적인 서술은 이해하기 쉽고, 목적을 달성하며, 논리적으로 잘 구성되어 있다. 이는 서론, 본론, 결론이 있는지, 서로 다른 부분이 얼마나 유기적으로 잘 연결되어 있는지를 포함하며 전반적인 구성이나 틀을 의미한다.

한편, **간결함**이란 불필요한 계산, 그림, 설명을 반복적으로 지루하게 늘어놓지 않는다.

기준 B 탐구 문제 선정의 적절성(인지 및 난이도 영역)

성취단계	설명
0	아래 명시한 기준을 충족하지 못한다.
1	학생이 인지한 실세계 문제는 탐구 보고서 내용과 어느 정도 연관성이 있으며 추론 등의 과정에서 사용된 수학의 난이도에 문제가 있다.
2	학생이 인지한 실세계 문제와 탐구 내용과 연관성 있으며 일부 내용의 난이도에 문제가 있다.
3	실세계 문제를 인지하고 탐구 내용에 담았으며 난이도는 대체로 적합하다.
4	실세계 문제를 충분히 인지하고 적합한 난이도를 탐구 보고서 도처에 담았다.

적합한 난이도란 학생이 고교 교육과정에서 접할 수 없거나 범위를 넘었어도 학생이 스스로 또는 자문을 통하여 도달할 수 있는 난이도를 말한다.

일부 내용의 난이도가 문제라는 것은 탐구내용이 고교수준을 넘어서지만 적합한 설명이나 출처 없이 이론을 그대로 사용하는 것을 말한다.

기준 C 수학적 의사소통의 적절성(행위 영역)

성취단계	설명
0	아래 명시한 기준을 충족하지 못한다.
1	탐구 내용과 어느 정도 연관성 있는 수학적 의사소통이 포함되어 있다.
2	탐구 내용과 연관성 있는 수학적 의사소통이 포함되어 있다.
3	수학적 의사소통이 탐구 내용과 연관성이 있고 적절하며 대체로 일관적이다.
4	수학적 의사소통이 학생 탐구 내용과 연관성이 있고 적절하며 전체적으로 일관적이다.

'수학적 의사소통' 기준은 아래 제시된 역량 정도를 평가한다.

- 표기법, 기호, 전문용어 등의 적절한 수학적 언어를 사용한다.
- 필요한 곳에 주요 용어와 기호를 설명/정의한다.
- 수식, 그림, 표 등의 여러 가지 형태의 수학적 표현을 적절하게 사용한다.
- 필요시 논리적 추정을 합리화하려 노력한다.

기준 D 비판적 논의(성찰 영역)

성취단계	설명
0	아래 명시한 기준을 충족하지 못한다.
1	성찰의 흔적이 약간 있다.
2	의미 있는 성찰의 흔적이 있다.
3	비판적 성찰의 흔적이 상당히 많이 있다.

'**성찰**'의 기준은 학생들이 선택한 실세계 문제 탐구를 최종적으로 결론짓는 방식이다. 성찰은 결론에만 국한되는 것이 아니라 모든 부분에서 나타나야 한다.

의미 있는 성찰의 예를 들자면, 탐구 보고서 작성을 통하여 무엇을 배웠는지 설명하거나 상황적 한계를 논의하는 것이다.

비판적 성찰을 예로 들면, 결과가 암시하는 것을 합리적으로 논의하거나 다양한 관점을 비판적으로 소개하는 것이다.

상당한 흔적은 중요한 성찰이 보고서 곳곳에 나타나 있음을 의미한다.

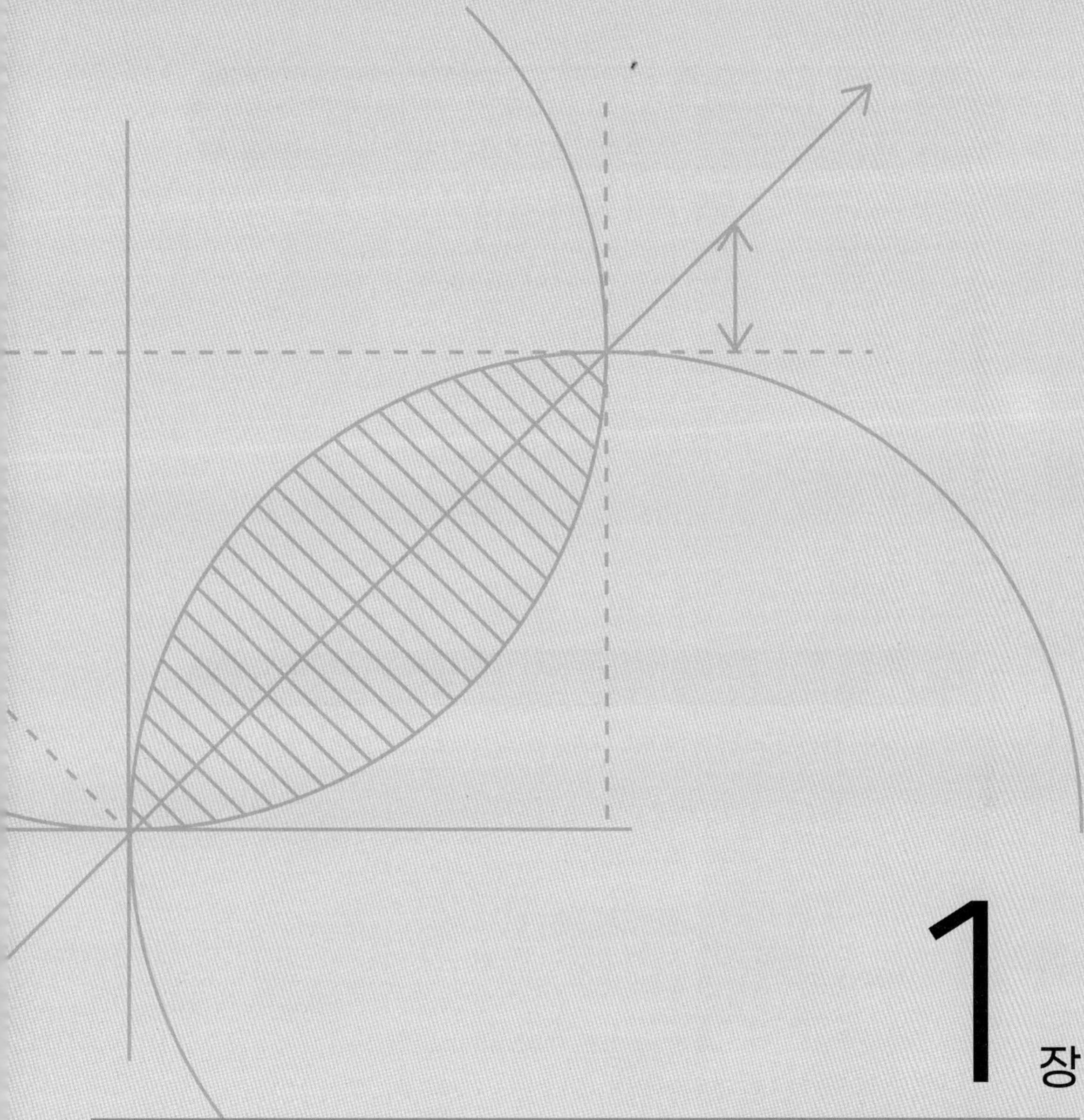

1장

수학의 중요성:
공학 관점에서의 고등학교 수학

일찍이 영국의 물리학자 제임스 진(James Jeans, 1877~1946)은 이렇게 말했다.

"이 우주는 다름 아닌 수학자의 설계에 따라 창조되었을 것이다"

얼핏 보기에도 수학은 우주 전체뿐 아니라 가장 복잡한 인간사까지도 너무나 효과적으로 묘사하고 설명하는 듯하다. 물리학자가 우주의 이치를 꿰뚫는 공식을 찾고자 할 때, 주식시장의 애널리스트가 다음번 주가 폭락을 예측하기 위해 골머리를 썩일 때, 신경생물학자가 뇌 기능 모형을 구성하려고 할 때, 군사정보 통계학자가 물자의 분배를 최적화하려고 할 때, 이들은 모두 수학을 이용한다. 더 나아가 이들이 적용하는 형식은 서로 다른 분야에서 나온 것이지만, 수학이라는 전체적이고 일관성 있는 테두리 안에 있다. 도대체 무엇이 수학에 이토록 놀라운 힘을 실어준 것일까? 아인슈타인도 이런 의문을 품은 적이 있다. "수학은 경험에 의존하지 않는 인간 사고의 산물이다. 그런 수학이 물리적 실체의 대상에 정확히 들어맞는 일이 어떻게 가능할까?"

마리오 리비오.(김정은 옮김)(2009). 신은 수학자인가?, 열린과학.

가 도입

수학교사는 초등학교, 중·고등학교, 그리고 이공계 대학의 수학 관련 교육과정을 전반적으로 아는 것이 필요하다. 그 모두가 하나로 국가 교육체계 내에서 유기적으로 움직이고 있기 때문이며, 전 세계적으로 공과대학 교육과정은 표준화되어 있다. 전 세계 공학교육은 공학인증 제도로 각 대학의 교육과정이나 교재가 매우 유사하다. 한국공학교육인증원 ABEEK[1]의 인증제도는 미국의 ABET[2] 인증제도를 모델로 하고 있다. 미국은 이미 1930년대부터 공과대학의 학부교육인증 시스템을 도입하여 현재와 같은 산업경쟁력을 유지하고 있고 일본은 1999년부터 이 제도를 도입하기 시작하였다. 우리나라도 1999년에 한국공학교육인증원이 설립되었다.

다음은 전 세계 기계 및 전기공학 관련 학과의 2학년까지의 수학 관련 표준 교육과정을 특정 내용을 중심으로 정리한 것이다. 전 세계 대학에서 학습내용과 성취기준이 같으므로 이와 같은 접근법은 의미가 있다. 초등학교 3~4학년군에서 다루는 자연수의 사칙연산에서 고등학교 〈미적분 II〉에서 다루는 지수, 삼각함수의 미적분까지의 내용이 한눈에 나타난다.

● 국내외 기계·전기계열 학과의 특정 핵심 전공주제와 우리나라 초중등 교육과정

한국공학교육인증원 기계적 모델과 전기적 모델		
Modeling 외부 힘이 있는 용수철 시스템 외부 기전력이 있는 전기회로 중 RLC-회로 해 $y(t)=e^{-10t}+e^{-100t}-2.17\cos\sqrt{3}\,t+0.796\sin\sqrt{3}\,t$ 와 그 해석	• 공학수학[3]1, 2, • 선형대수학, • 미분적분학1, 2 • 확률과 통계 • 수치해석 (총 21학점)	대학교 교육과정 **ABEEK 인증구분** (인증필수)
지수함수, 로그함수, 삼각함수, 그의 미적분	미적분 II	고등학교 교육과정
수열의 극한, 미분과 적분의 정의	미적분 I	
함수, 지수, 로그의 정의, 수열의 합	수학 II	
복소수, 다항식의 연산, 방정식과 함수	수학 I	
실수, 이차함수, 삼각비,	수학 ③	중학교 교육과정
유리수, 단항식, 다항식, 일차함수, 삼각형의 성질	수학 ②	
정수, 유리수의 사칙계산, 일차방정식, 함수	수학 ①	
분수의 사칙계산, 비와 비율	초등5~6학년군	초등학교 교육과정
분수와 소수의 덧셈과 뺄셈, 자연수의 혼합계산	초등3~4학년군	

1 Accreditation Board for Engineering Education in Korea. http://abeek.or.kr

2 Accreditation Board for Engineering and Technology

초중고 수학교육을 공학 관점에서 보기 위하여 고등학교와 대학교의 교육과정을 좀더 상세하게 들여다보자. 고등학교와 대학교의 수학 학습 내용이 얼마나 겹치는지, 고등학교에 과도한 짐을 지우고 있지 않은지가 주요 논점이다.

고등학교 〈기하〉의 모든 내용은 대학 1학년 미분적분학에서 대략 90여 쪽 분량으로 다룬다.[4] 대학 교재 90쪽은 〈기하〉의 양과 질보다 훨씬 많다. 대학은 〈기하〉의 내용을 선형대수에서 또 다룬다. 고등학교 〈확률과 통계〉 역시 대학에서 개설한다. 대학이 개설한 확률과 통계는 그 내용이 고교에서 확률과 통계를 배워야지만 수강할 수 있는 것이 아니다. 특히 공학인증에서 대학교 통계학은 필수과목이다. 따라서 고등학교 통계에서는 평균과 표준편차를 다루는 것만으로도 충분하다. 다음은 고교와 공과대학의 수학의 흐름도이다.[5]

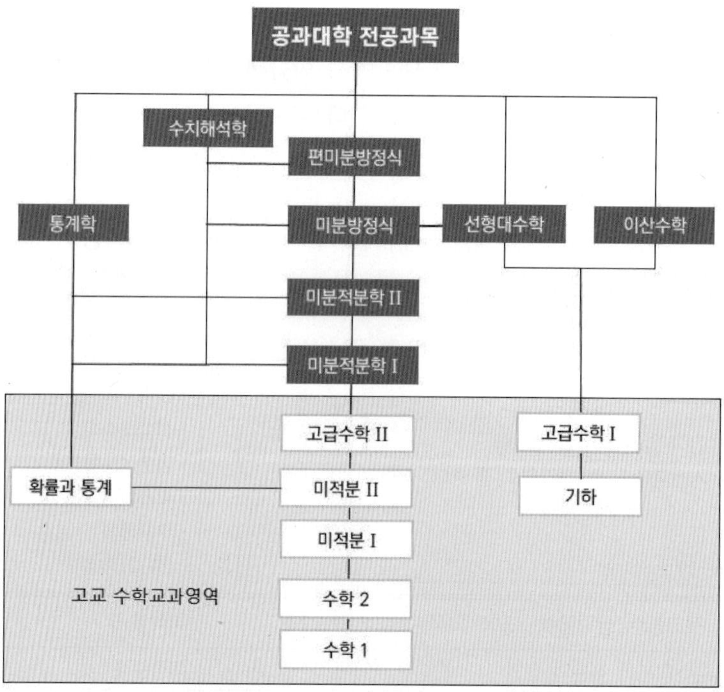

〈고교 및 이공계 수학 관련 교육과정의 연계도〉

---

3 공학수학의 교육과정과 교육내용은 전 세계적으로 동일화 되어 있으며 교재는 주로 다음과 같다.
- Kreyszig, E.(2011). *Advanced engineering mathematics*, 10th. ed., New York: Wiley.
- Zill, D. and Wright, W.(2012). *Advanced engineering mathematics*, 5th ed., New York: Jones & Bartlett Pub.

4 우리나라 및 전 세계적으로 사용되고 있는 미적분학 교재는 3권 정도로 "J. Stewart, Calculus, 10th. ed."을 참고하면 충분하다. 결론적으로 미적분학의 교육과정과 교과서는 전 세계적으로 통일이 되어 있다고 말할 수 있다. 국내 대부분의 대학은 J. Stewart를 사용한다. 과학고나 영재고에서도 J. Stewart의 책을 주로 사용하고 있다.

5 2022 수학 교육과정에서는 공통수학 1, 2, 대수, 수학, 수학 1, 2, 미적분 I, II, 미적분, 확률과 통계, 기하, 경제수학, 인공지능수학,... 등으로 나누어 과목명을 제공한다. 본 저서에서는 다항함수의 미적분(〈미적분 I〉), 초월함수의 미적분(〈미적분 II〉)로 간결하게 교과목명을 사용하고 있다. 특히, 〈미적분 II〉와 〈기하〉를 심화수학이라 부른다.

고등학교 〈기하〉에는 이차곡선이나 내적 등도 있지만, 대학에서 가르치는 다변수함수의 정의역, 또는 매개변수 함수의 치역을 위한 것이다. 대학에서는 2학기에 열리는 〈미분적분학 2〉[6]에서 고등학교 〈기하〉 내용을 내적과 이차곡선을 포함하여 그대로 다시 가르치고, 가을학기에 벡터미적(vector calculus)으로 미적분학을 마무리한다. 이와 같은 기초 위에서 선형대수와 미분방정식을 학습하고, 최종적으로 다변수함수의 편미분방정식을 바탕으로 한 역학과목(정역학, 동역학, 유체역학, 재료역학 등), 기계학습 등을 2학년부터 4학년까지 배우게 된다. 그런데 선형대수에서도 고교에서 개설하는 〈기하〉의 내용을 '유클리디안 공간과 내적'이란 주제로 대략 80쪽의 분량으로 깊이 있게 다시 다룬다.

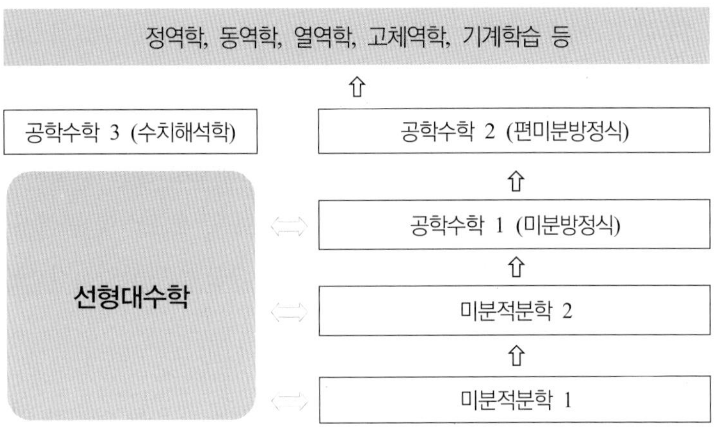

〈공과대학 전공영역 흐름도〉

● 정역학에서 알아본 초중등 · 대학 교육과정 연계의 예

수 학 내 용	교과목명	구분
모델링 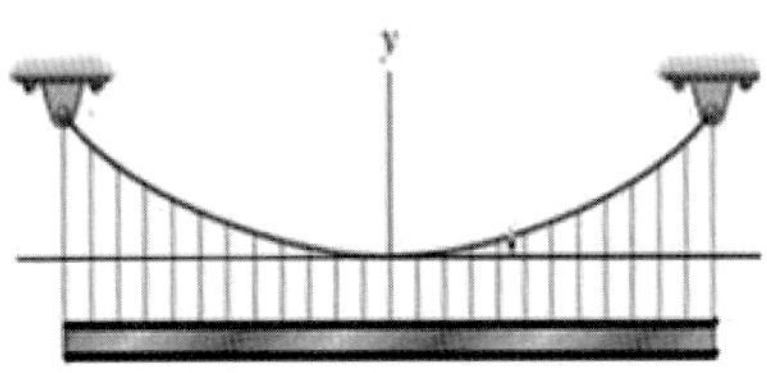 〈상판이 설치된 케이블〉	정역학[7] (Statics)	대학
$\frac{d^2y}{dx^2}=\frac{\rho}{\lvert T\rvert}\sqrt{1+\left(\frac{dy}{dx}\right)^2},\ \frac{dy}{dx}=\frac{wx}{\lvert T\rvert}$	공학수학 1 (미분방정식)	
$\int \frac{du}{\sqrt{1+u^2}}=\sinh^{-1}u+C$	미분적분학 1	

6 관련 장(chapter)은 매개식과 극좌표계, 벡터와 공간기하학, 다변수 벡터 함수 등이다.

	수 학 내 용	교과목명	구분
↑	$y=\frac{e^x+e^{-x}}{2}$, $y=\frac{e^x-e^x}{2}$ (지수함수)	수학 II	고교
	$y=ax^2$ (이차함수)	수학 I	
	이차함수와 그래프, 제곱근과 실수	수학③	중학교
	유리수와 순환소수, 다항식의 계산	수학②	
	정수와 유리수, 문자와 식, 함수	수학①	
	분수, 소수의 사칙연산, 비와 비율	5~6학년군	초등학교
	분수와 소수의 덧셈과 뺄셈, 규칙과 대응	3~4학년군	

이번에는 〈고급수학 II〉에 남아 있는 복소수와 극좌표를 살펴보자. 제7차 교육과정이 시행되면서 복소수에서는 사칙연산만을 다루게 되었다. 그전에는 복소수의 극형식과 복소평면[8]도 다루었는데, 현재 〈고급수학 II〉으로 옮겨진 것이다. 그런데 공대 교육과정 〈공학수학 2〉에서 대략 170쪽 정도로 복소수를 광범위하게 다룬다. 실수에서는 미적분이 매우 불편한 경우가 발생하기 때문에 복소수에서의 미적분은 공학에서 매우 중요하다. 또한, 복소수의 극형식은 복소지수함수와 연결되기 때문에 공대생에게는 필수이지만, 대학에서 충분히 다루어지기 때문에 고등학교에서 중복하여 다루는 것을 검토해 볼 필요가 있다.

이제까지 살펴본 바에 따르면, 고등학교에서 과도하게 많은 내용을 다루고 있다는 점을 알 수 있다. 〈기하〉, 〈미적분 II〉, 〈고급수학〉 등도 선택 과목이라는 이름으로 이 지적을 피해가기는 어렵다. 왜냐하면 2025년 8월 현재 일부 대학에서 〈기하〉 또는 〈미적분 II〉를 2028학년도 수시모집에서 사실상 필수로 지정하였기 때문이다. 더구나 국민의 세금으로 운영되는 국립대학이 입시에서 국가가 지정한 필수과목 이외의 과목을 권장과목으로 포장하여 사실상 필수로 지정하는 것은 더욱 심각한 문제이다.

고등학교와 대학교 수학 내용의 유기적인 연결을 위해서 미국에서 널리 도입되고 있는 선이수제를 살펴보자. 두 고등학생 A, B가 테네시대 공대에 입학하였다고 하자. A는 Basic algebra(3학점), PreCalculus(3학점), Calculus I(3학점), Calculus II(3학점), Calculus III(3학점)로 15학점 모두 수학 과목을 신청하고, B학생은 수학 과목은 Calculus III(3학점)만 신청하고 나머지는 공학 관련 과목을 수강할 수 있다. 이는 고등학교의 교육과정을 위하여 대학의 역할이 얼마나 중요한가를 보여주는 것으로 이미 고등학교에서 이수한 것은 대학에서 중복해서 수강할 필요 없다는 것이다. 다시 말하면, 고등학교 수학을 학생 자신과 그 학생의 입학을 허락한 대학이 공동의 책임을 진다는 것이다.

---

7 Meria, J. and Kraige, L.(1993). *Engineering mechanics*, 3rd ed., New York: Wiley.

8 김연식·김흥기. (1995). 수학 II, ㈜두산(pp. 183-199).

한 걸음 더 나아가면, 주 정부의 재정지원을 받는 주립대학은 국가에서 지정한 선택과정을 준수해야 한다. 예를 들면, 고교 교육과정에서 지정한 필수 이외의 선택과목에 대하여 대학이 임의로 필수로 지정할 수 없다. 이는 국민이 낸 세금으로 대학이 운영되기 때문이기도 하고, 대학교육의 전형을 보여주는 역할을 해야 하기 때문이기도 하다.

● 국내 이공계대학과 미국 이공계대학 수학 관련 교과목 비교

국내 이공계대학 주요 교과목		미국 이공계대학 주요 교과목		
-	-	Basic Algebra	1학기	AP과목
기초수학	1학기	PreCalculus	1학기	AP과목
미분적분학 1,2	2학기	Calculus Ⅰ, Ⅱ, Ⅲ	3학기	AP과목
		Honors Calculus Ⅰ, Ⅱ, Ⅲ	3학기	
공학수학 1,2	2학기	Engineering Mathematics	3학기	
선형대수학	1학기	Linear Algebra	1학기	
확률 및 통계	1학기	Probability and Statistics	1학기	
공학수학 3	1학기	Numerical Analysis	1학기	

이제 우리 사회는 대학에서 책임질 수학 내용을 고등학교에 전가하는 이유가 무엇인지 진지하게 논의해야 한다.

나 공학교육에서 사고의 수학적 양상

본 절에서는 대학 공학교육에서 6개념, 즉 사고의 수학적 양상 중 모델링, 최적화, 논리적 해석이 어떤 역할을 하는가를 알아본다. 이를 통하여 수학의 중요성을 접할 수 있다. 공학교육(2학년 1학기)은 역학을 전기적 시스템과 기계적 시스템으로 나눠 모델링 중심으로 학생에게 제공한다. 학생은 전공과 관계 없이 두 시스템적 접근 방법을 배운다.

| 1 | 모델링: 기계적 시스템 교육

기계적 시스템 교육은 용수철 시스템[9]의 교육을 말한다. 용수철 시스템은 두 가지로 분류되는데 저항 체계가 없는 것과 있는 것으로 나뉜다. 공학의 시각에서 보면 용수철 시스템을 수학의

9 수학교사는 중학교 〈과학 1〉에서 과학교사가 학생들에게 '질량'과 '무게'를 구분하기 위하여 얼마나 노력했는지를 알아야 한다. 수학시간에 몸무게가 56kg(평균 지도), 추의 무게가 5g(일차함수 지도)이라고 말하는 것은 교육적으로 바람직하지 않다. 중학교에서는 훅의 법칙이라는 용어는 사용하지 않지만, 용수철의 늘어난 길이로 무게(단위: N)를 다룬다. 과학시간에 구분한 질량과 무게를 수학시간에 뭉뚱그리는 일은 바람직하지 않다.

세계로 가져오고 수학적 결론을 이끌어 내는 것이다. 여기서(외부 힘이 없는 경우) 가장 중요한 수학은 벡터공간과 그 공간의 기저(basis)를 찾는 데 있다.

용수철 시스템을 모델링 입장에서 도식화하면 다음과 같다.

1) 질량-용수철 시스템

저항과 외부 힘이 없는 용수철 시스템이 만드는 벡터공간을 알아보자.

용수철을 고정된 지지대로부터 수직으로 늘어뜨리고 질량이 m 인 추를 매달자. 시스템이 정지 상태일 때, 추의 위치는 $y=0$이다.

추를 그림처럼 아래 방향으로 당기면 훅의 법칙에 따라 길이의 변화량 y 에 비례하는 탄성력 $-ky$가 생긴다. 이때, k 는 용수철 상수이고, 탄성력은 위 방향으로 생기기 때문에 음으로 표현한다. 수학에서와는 달리 아래 방향은 양, 위 방향은 음으로 표현함을 기억하자. 한편, 뉴턴의 제2법칙에 따라 이 시스템에는 $F=ma$가 아래 방향으로 작용한다.

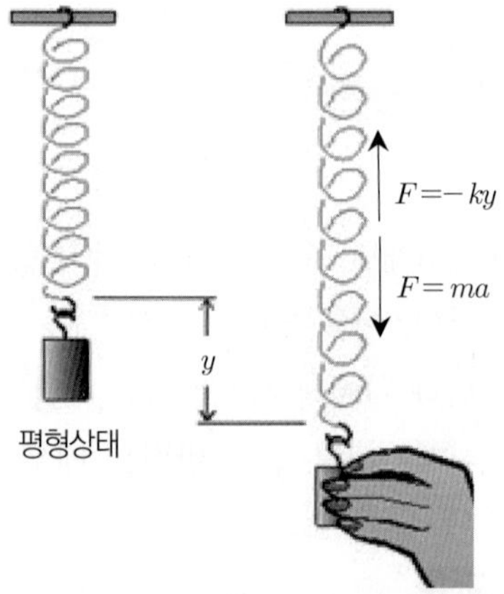

〈저항과 외부 힘이 없는 용수철 시스템〉

이제 질량-용수철 시스템을 수학의 세계로 가져오면

$$ma = -ky$$

즉,

$$my'' + ky = 0$$

으로 표현된다. 추에 작용하는 공기저항 등은 무시하였다. 수학의 세계를 좀 더 진지하게 말하면 해집합

$$\{y \mid my'' + ky = 0\}$$

은 2차원 $\mathbb{R}$-벡터공간이며 이어서 기저(basis)를 찾는 것이다.

탐구 문제 방정식 $my'' + ky = 0$의 수학적 결론을 내기 위하여 $m = k = 1$이라고 하자. 미분방정식

$$y'' + y = 0$$

의 해를 구하려면, 추의 운동이 다항함수를 따르지 않기 때문에, 공식처럼 복소지수함수 $y(t) = e^{\lambda t}$에 복소미분 방법을 적용한 후에 미분방정식에 대입하면 된다. 이 방정식을 풀면

$$\lambda^2 e^{\lambda t} + e^{\lambda t} = 0, \text{ 또는 } (\lambda^2 + 1)e^{\lambda t} = 0$$

에서 $\lambda = \pm i$를 얻는다. 그러므로 이차(선형)미분방정식 $y'' + y = 0$을 만족하는 함수

$$y_1 = e^{it}, \quad y_2 = e^{-it}$$

로부터 일반해 $y(t) = a \sin t + b \cos t \ (a, b \in \mathbb{R})$를 구할 수 있다.[10]

위 미분방정식을 푸는 데 핵심적인 역할을 하는 복소지수함수가 어떻게 실변수지수함수로부터 확장되었는지 그 과정을 살펴보자.

실변수지수함수 e^x를 복소지수함수 $f(z)$로 확장하는 출발점은 $f(x + i0) = e^x$과 복소미분 $f'(z) = f(z)$, $z = x + iy$에 있다. $f(z) = u(x, y) + iv(x, y)$에서 복소미분 방법[11]

$$f'(z) = u_x(x, y) + iv_x(x, y) = -iu_y(x, y) + v_y(x, y)$$

를 감안하면

$$f(z) = e^x(\cos y + i \sin y)$$

10 복소지수함수를 사용하지 않고 평균값 정리를 사용하는 경우는 190-191쪽에 있다.

11 • Brown, J. and Churchill, R.(1996). *Complex variables and applications*, 6th. ed., New York: McGraw-Hill (pp. 43-54).

• $f'(z_0) = \lim_{\Delta z \to 0} \frac{f(z_0 + \Delta z) - f(z_0)}{\Delta z}$, Cauchy-Riemann equations: $u_x = v_y$, $u_y = -v_x$ 참고

로 정의할 수 있다. 따라서 임의의 복소수 $z=x+iy$에 대하여

$$e^{z}=e^{x}(\cos y+i\sin y)$$

로 정의된다. 특히, 실수 부분이 없는 복소수 $z=i\theta$에 대하여

$$e^{i\theta}=\cos\theta+i\sin\theta \quad (\text{오일러의 식, 1737})$$

이고, $z=e^{i\theta}=\cos\theta+i\sin\theta$일 때,

$$(\cos\theta+i\sin\theta)^{n}=\cos n\theta+i\sin n\theta \quad (n=0,\ \pm 1,\ \pm 2,\dots)$$

를 드 무아브르의 식이라 부른다(〈고급수학 II〉). 이 식은 제6차 교육과정에서 수학적 귀납법과 복소수 유리화를 사용하여 증명하였다. 그 이유는 복소수 i가 무리수 $\sqrt{2}$처럼 대수적 수이기 때문이다.

실변수 세계에서 삼각함수와 지수함수는 완전히 성격이 다르다. 전자는 진동이나 주기적인 움직임과 관계가 있고, 후자는 개체수의 증감과 관계가 있다. 그러나, 복소지수함수에서

$$e^{i\theta}=\cos\theta+i\sin\theta,\quad e^{-i\theta}=\cos\theta-i\sin\theta$$

이므로

$$\cos\theta=\frac{e^{i\theta}+e^{-i\theta}}{2},\quad \sin\theta=\frac{e^{i\theta}-e^{-i\theta}}{2i}$$

즉, 삼각함수는 복소지수함수의 한 예이다.

다시 말하면, 복소벡터공간($\mathbb{C}$-vector space)에서는 $\sin\theta$와 $\cos\theta$는 복소지수함수 $e^{i\theta}$와 $e^{-i\theta}$에 의하여 만들어진다. 따라서 우리 눈앞에 일어나는 어떤 현상을 표현하는 함수가 다항함수가 아니라는 확신이 있으면 그 현상을 복소지수함수로 접근하면 된다. 물론 불행하게도 복소지수함수 e^{z}는 실변수지수함수 e^{x}와 달리 일대일함수가 아니며 음의 값도 갖는다. 고등학교에서 $(-3)^{1/5}$은 정의되지 않지만, 대학에서 $(-3)^{1/5}$은 (일반)복소지수함수로 다섯 개의 근을 나타내는 집합 기호이다.

● 실수와 복소수에서의 함수 비교

	$\mathbb{R}$의 세계(e^{x})	$\mathbb{C}$의 세계(e^{z})
세상을 보는 시각	다항함수, 지수함수, 삼각함수	다항함수, 지수함수
지수함수의 특징	일대일함수 양의 값만 가짐	일대일이 아닌 주기함수 음의 값도 가짐

여기까지의 이론 전개는 지극히 대학에서 제공하는 공학적인 접근법이다. 대학 시각으로 보면 〈미분방정식〉, 〈선형대수학〉, 〈복소해석학〉이 모두 관련된다. 복소해석학은 〈공학수학 II〉에서도 다룬다.

〈고급수학 II〉(61-62쪽)에서는 미분방정식을 풀 때 멱급수 방법을 사용한다. 그 이유는 복소지수함수를 도입하여 그 미분 방법을 사용하는 것보다 멱급수를 사용하는 것이 교육과정상 안전하기 때문이 아닐까 한다. 〈고급수학 II〉에서 멱급수나 복소지수함수를 사용하지 않고 어떻게 지도할지 고민할 필요가 있다.

2) 질량-용수철-저항 시스템

다음 페이지 그림에서와 같이 저항을 생각해 보자. 물통에 원판(저항 상수 c)을 넣어 연결한 것으로 생각하면 된다. 이때 나타나는 힘은 속도 y'에 비례하며 방향은 위로 나타난다. 따라서

$$my'' = -ky - cy'$$

즉,

$$my'' + cy' + ky = 0$$

을 얻는다(다음 왼쪽 그림). 이 방정식을 푸는 방법은 〈2. 모델링: 전기적 시스템 교육〉에서 소개할 것이다. 한편, 스프링을 지지대에 매달지 않고 외부 힘을 다음 그림처럼 줄 수도 있다(다음 오른쪽 그림). 외부 힘이 들어가면 미분방정식의 해집합

$$\{y \mid my'' + cy' + ky = E_0 \cos \omega t\}$$

이 $\mathbb{R}$-벡터공간이 되지 못하기 때문에 풀이 방법이 다소 어려워진다.

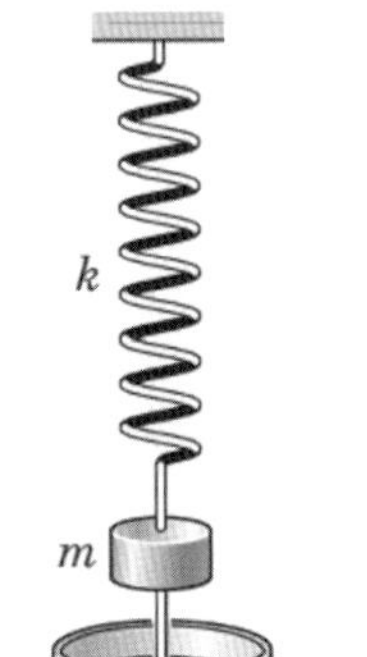

$my'' + cy' + ky = 0$

〈저항이 있고 외부 힘은 없는 용수철 시스템〉

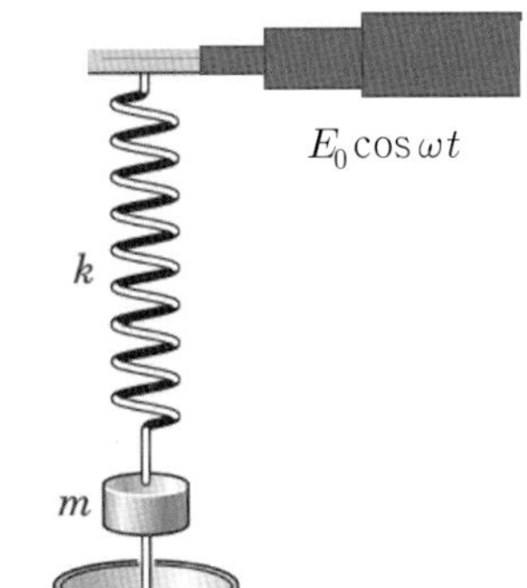

$my'' + cy' + ky = E_0 \cos \omega t$

〈저항과 외부 힘이 있는 용수철 시스템〉

| 2 | 모델링: 전기적 시스템 교육

전기 회로는 전기가 다니는 길을 말한다. 건전지나 발전기에서 만들어진 전기는 전선을 따라 이동하여 전구를 밝히거나 모터를 돌리는 것과 같은 일을 한다. 전기 회로에는 크게 세 가지 부품이 있는데, 전류를 제어하는 저항기 R(Resistor), 자기장의 형태로 에너지를 저장하는 인덕터 혹은 유도기 L(Inductor), 전기장의 형태로 에너지를 저장하는 축전기 C(Capacitor, 커패시터)가 있다.

전기 회로는 어떤 부품을 조합하느냐에 따라 RLC-회로, LC-회로, RL-회로, RC-회로로 나눌 수 있다. RLC-회로는 세 가지 부품이 모두 들어 있는 회로로 전류와 전압의 변화가 복합적으로 일어난다. 라디오 주파수 조정, 필터 회로 등에 쓰인다. LC-회로는 L과 C만 있는 회로로 라디오 채널 맞추기와 같은 공진 회로에 쓰인다. RL-회로는 R과 L만 있는 회로로 저항이 없어 전기를 저장하지 않고 전류가 일정해지거나 사라지는 감쇠 현상이 일어난다. 모터 제어나 전류 지연 회로로 사용된다.

키르히호프(Kirchhoff)의 법칙에 의해 폐회로에서 전압 강하와 전압 상승의 총합은 같다는 것을 알고 있다. 이는 전위차의 대수적 합은 0이라는 뜻이다.

이제 각각의 전기 회로 시스템이 키르히호프의 법칙에 따라서 어떻게 수학의 세계로 오는지 살펴보자.

1) RLC-회로

직렬 RLC-회로에서 저항기, 축전기, 유도기에 걸리는 각각의 전압은 다음과 같다. 이때, I는 회로의 전류이다.

유도기에 걸리는 전압 강하 $V_L = L\dfrac{dI}{dt}$ (패러데이 법칙)

저항기에 걸리는 전압 강하 $V_R = RI$ (옴의 법칙)

축전기에 걸리는 전압 강하 $V_C = \dfrac{q}{C}$ (커패시터 식)

직렬 RLC-회로에서 전원의 기전력을 $E(t)$로 나타내면 저항기, 축전기, 유도기를 지날 때 각각 전압이 낮아지기 때문에 회로 방정식은 키르히호프의 법칙에 따라

$$E(t) = LI' + RI + \frac{q}{C}$$

이다.

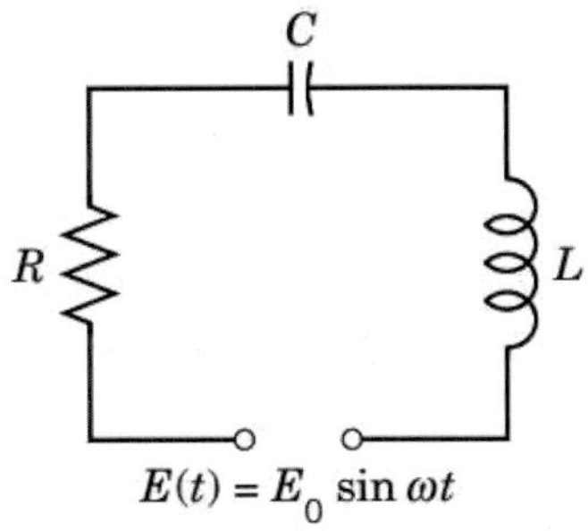

이름	기호	표기	단위	전압 강하
옴의 저항기		R 옴의 저항	옴(Ω)	RL
유도기		L 인덕턴스	핸리(H)	$L\dfrac{dL}{dt}$
축전기		C 축전용량	패럿(F)	Q/C

〈RLC-회로와 용어〉

이제 기전력이 $E(t) = E_0 \sin \omega t$ 형태로 공급된다고 하면

$$LI' + RI + \frac{q}{C} = E_0 \sin \omega t$$

등식을 미분하면

$$LI'' + RI' + \frac{1}{C} I = E_0 w \cos \omega t$$

를 얻는다. 여기서 축전기 전하량 q와 전류 I 사이에는 $\dfrac{dq}{dt} = I$의 관계가 있다.

탐구 문제 다음 RLC-회로를 수학의 세계로 데려오고 수학적 결론을 끌어내 보자.

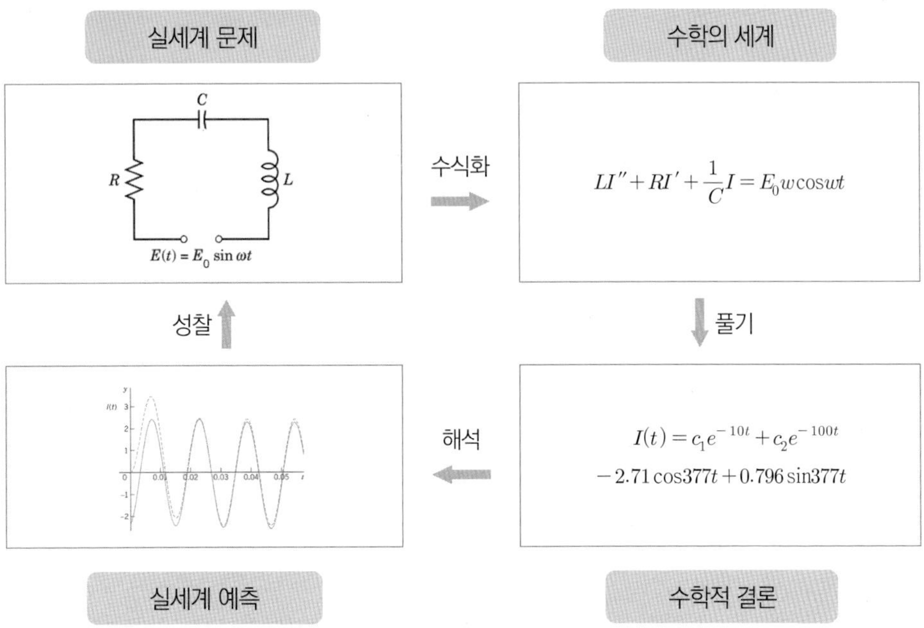

RLC-회로에서 외부 기전력이 $E_0 \sin \omega t$인 미분방정식

$$LI'' + RI' + \frac{1}{C} I = E_0 w \cos \omega t$$

의 해집합은 덧셈에 대하여 닫혀 있지 않다. 참고로 특이해 I_p를

$$I_p = K_1 \cos wt + K_2 \sin wt$$

라 하면, 두 상수 K_1, K_2를 결정해야만 한다. 이제 미분방정식을 복소수로 옮겨오면

$$LI'' + RI' + \frac{1}{C} I = E_0 w e^{iwt}$$

이때, 특이해는 $I_p = K e^{iwt}$로 상수 K 하나만 결정하기만 하면 된다. 실제로,

$$\left(-w^2 L + iwR + \frac{1}{C}\right) K e^{iwt} = E_0 w e^{iwt}$$

따라서

$$K = \frac{E_0}{-\left(wL - \frac{1}{wC}\right) + iR}$$

위 설명은 복소수가 왜 필요한가에 대한 좋은 예다. 용수철 시스템과 전기적 시스템은 맥락을 같이 한다. 이를 다음 표로 확인할 수 있다.

● 기계적 시스템과 전기적 시스템의 비교

기계적 시스템	전기적 시스템
질량 m	인덕턴스 L
저항 상수 c	저항 R
용수철 상수 k	1/축전용량 $1/C$
외부 힘 $E_0 \cos \omega t$	$\frac{d}{dt}(E_0 \sin \omega t)$
변위 $y(t)$	전류 $I(t)$

다음에서는 고교과정에서 풀이가 가능한 전기회로 문제를 다루어 보자.

2) LC-회로

중학교 〈과학 2〉에서는 전압과 전류의 관계인 옴의 법칙 $V = RI$을 다루고 고등학교 〈물리 II〉

에서는 LC-회로를 다룬다. LC-회로는 평균값 정리를 적용하기 좋은 대상이다. 이를 살펴보자.

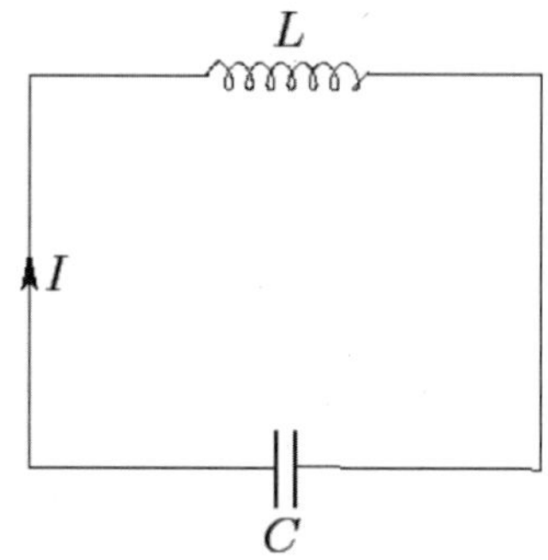

〈LC-회로〉

RLC-회로의 식에서 V_R을 제거하면 LC-회로의 방정식 $L\dfrac{dI}{dt}+\dfrac{1}{C}\int I\,dt=E(t)$를 얻을 수 있다. 전하량 $q(0)=0$이라고 하면

$$LI''+\frac{1}{C}I=E'(t)$$

이다. 예를 들면, $L=2$(헨리), $C=5\times10^{-5}$(패럿), $E=110$(볼트)이면

$$I''+10^4I=0$$

이다. 이 방정식은 대학 수준이 아닌 고등학교 수준에서도 충분히 풀 수 있다. 이 풀이의 핵심은 평균값 정리의 사용에 있기 때문이다. 이제 다음과 같은 식을 생각하자.

$$\begin{cases} c_1=100I(t)\cos100t-I'(t)\sin100t \\ c_2=100I(t)\sin100t+I'(t)\cos100t \end{cases}$$

양변을 미분하고 $I''=-10^4I$를 사용하면

$$\frac{dc_1}{dt}=\frac{dc_2}{dt}=0$$

으로 평균값 정리에 의하여 c_1, c_2는 상수이다. 이제 연립방정식에서 I'을 제거하면

$$c_1\cos100t+c_2\sin100t=100I(t)$$

즉,

$$I(t)=c_3\cos(100t)+c_4\sin(100t)\ \ (c_3,\,c_4\text{은 상수})$$

를 얻는다. 이를 좀 더 깊이 있는 수학의 세계에서 기술하면 이차원 $\mathbb{R}$-벡터공간

$$\{I \mid I'' + 10^4 I = 0\}$$

의 기저는 $\{\sin 100t, \cos 100t\}$이며 임의의 벡터는 $a\cos(100t) + b\sin(100t)$이다(여기서 a, b 는 실수).

3) RL-회로

저항기, 유도기, 스위치 외 기전력 E인 전원으로 구성된 회로를 생각해 보자. 유도기에 의한 기전력은

$$E_L = -L\frac{dI}{dt}$$

이다. 여기서 음의 부호는 유도기에서 기전력이 전류 증가의 반대 방향으로 생성됨을 의미한다. 따라서 이 회로에 키르히호프의 법칙을 사용하면

$$E(t) - IR - L\frac{di}{dt} = 0$$

으로 저항기와 유도기로 구성된 RL-회로 미분방정식이다. 우리 수학교육 입장에서 RL-회로를 살펴보자. RL-회로에서는 곱의 미분 방법이 어떻게 방정식 풀이에 사용되는가를 볼 수 있다.

저항기와 유도기에서의 전압 강하로부터 다음 식을 얻는다.

$$L\frac{dI}{dt} + RI = E(t),\ I(0) = 0$$

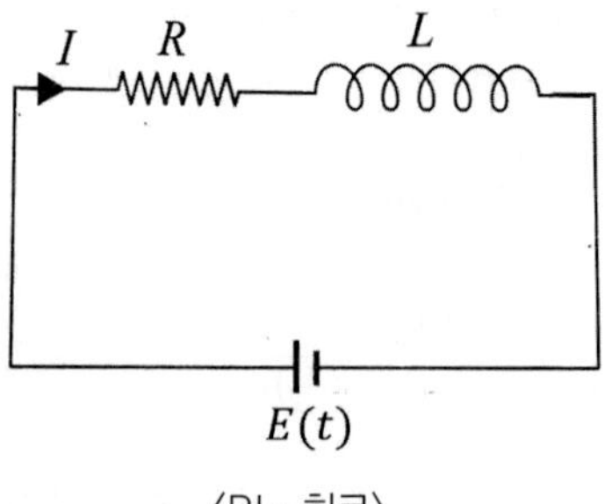

〈RL-회로〉

예를 들어, $L = 4, R = 12$, 그리고 $E(t) = 60$으로 하면

$$I' + 3I = 15,\ I(0) = 0$$

이다. 미분 I' 과 I가 함께 있다는 것은 곱의 미분 방법 $(fg)' = f'g + fg'$의 활용이 가능하다는 것을 의미할 수 있다.

즉, 양변 $I' + 3I = 15$에 $J(\neq 0)$를 곱했을 때,

$$I'J + 3IJ = 15J$$

에서 $I'J + 3IJ = (IJ)'$이 될 수 있을까?

$$I'J + 3IJ = I'J + IJ'$$

로부터

$$3IJ = I'J \text{ 또는 } 3J = J'$$

를 얻는다. 따라서

$$\frac{J'}{J} = 3 \text{ 또는 } \int \frac{J'}{J}\,dt = 3t + C$$

이다. 즉, $J = e^{3t}$로 택할 수 있다. 이제

$$I'e^{3t} + 3Ie^{3t} = 15e^{3t} \quad \text{또는 } (Ie^{3t})' = 15e^{3t}$$

그러므로 $Ie^{3t} = 5e^{3t} + C$, $I(0) = 0$로부터

$$I(t) = 5(1 - e^{-3t})$$

을 얻는다. 함수의 극한 $\lim_{t\to\infty} I(t)$의 해석이 수학시간의 그것보다 자연스럽다.

4) 전기적 시스템과 기계적 시스템에서 나타나는 이차방정식과 판별식

전기적 시스템과 기계적 시스템의 모델링은 수학과 교수 · 학습이 어떻게 변해야 하는가를 상징적으로 대변한다. 아무 숫자로나 주어지는 이차방정식은 의미 없다. 이차방정식은 자연 현상을 모델링해서 구하는 것인데, 그 과정에는 고생이 따른다. 판별식은 어떨까? 판별식이 자연 현상에서 무엇을 판별하는지 살펴보자.

탐구질문 》 이차방정식 $m\lambda^2 + c\lambda + k = 0$은 어떻게 만들어지고 이에 대한 이차방정식의 판별식 $D = c^2 - 4mk$는 무엇을 판별하나?

먼저, 외부 힘이 없는 용수철계에서

$$my'' + cy' + ky = 0,\ y(0) = A > 0,\ y'(0) = 0$$

이 만드는 움직임을 보았을 때, 이 움직임은 다항함수가 아니므로 복소지수함수 $y = e^{\lambda t}$로 접근하면 다음과 같다.

$$e^{\lambda t}(m\lambda^2 + c\lambda + k) = 0$$

이로부터 이차방정식

$$m\lambda^2 + c\lambda + k = 0$$

을 얻는다. 이제 판별식이 무엇을 판별하는지 알아보자.

- **판별식** $D = c^2 - 4mk > 0$

  $c^2 > 4mk$로 저항 c가 상대적으로 크다는 것이다. 따라서 저항이 커서 추가 상하운동을 하지 못하고 [그래프 1]처럼 0으로 수렴한다. 즉, 정지한다. 이를 과감쇄(overdamping)라고 한다.
- **판별식** $D = c^2 - 4mk = 0$

  진동이 있는 것도 아니고 없는 것도 아니다. 진동이 없으므로 t축 아래로 내려갈 수 없으며 진동이 있으므로 [그래프 1]보다는 아래 위치한다. 따라서 [그래프 2]가 만들어진다. 이를 임계감쇄(critical damping)라고 한다.
- **판별식** $D = c^2 - 4mk < 0$

  $c^2 < 4mk$로 저항 c가 상대적으로 작아서 추가 상하운동을 하면서 정지한다([그래프 3] 참고). 이를 저감쇄(underdamping)라고 한다.

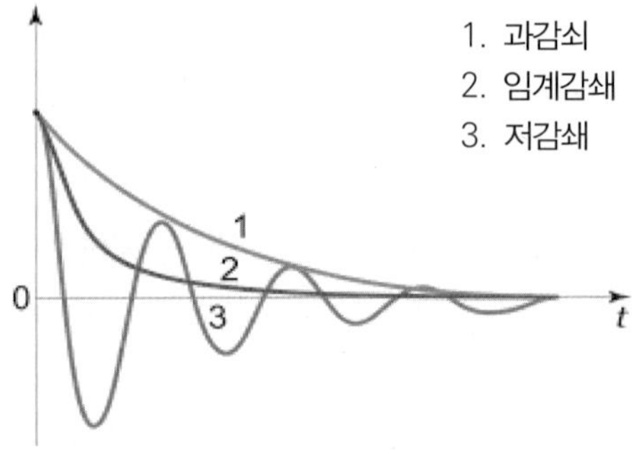

〈판별식의 상하운동 판정〉

이차방정식의 판별식은 중등과정에서는 실근, 허근, 그리고 중근을 판정하지만, 공학에서는 자연현상에서 온 미분방정식의 풀이 없이도 물체의 운동을 세 가지로 분류 판정할 수 있는 도구이다. 그 세 가지는 "진동 없음", "상하 진동이 존재", "진동이 있는 것도 없는 것도 아님"이다. 이것 또한 복소수가 왜 필요한가에 대한 훌륭한 예이다.

| 3 | 회귀: 최적화

두 절 〈3. 회귀〉, 〈4. 분류〉에서 간단히 기계학습에 대하여 알아보려고 한다. 인공지능이란 인간 지능을 흉내 낸 것으로 1950년 알렌 튜링이 논문에서 제기한 "Can machines think?"에서 시작되었다. 부연하자면, 현재의 인공지능은 본질적으로 패턴 인식 시스템이다. 기계학습도 패턴에 기반한 학습과 추론이다. 이와 같은 용어 사용에서 볼 때, 기계학습에서 수학의 역할이 크다는 것을 쉽게 알 수 있다. 다변수함수의 미적분, 선형대수, 행렬이론, 확률과 통계가 사용된다. 기계학습의 하위 구조인 딥러닝은 인간의 뇌를 모방하여 깊이 있는 신경망 모델을 사용한다. 예를 들면, 사진, 영상, 자연어 처리 등의 복잡한 패턴을 다룬다.

기계학습은 크게 지도학습과 비지도학습으로 나뉜다.[12] 지도학습은 기계에게 정답과 레이블 데이터를 만들어 주며 분류나 회귀 문제를 푸는 데 활용된다. 비지도학습은 입력값만 있을 뿐 레이블링을 하지 않으며 군집화[13], 확률밀도 추정, 공간 변환, 특징 추출, 차원 축소, 데이터 가시화 등과 같은 여러 개념이 뒤엉켜 사용된다. 회귀는 출력이 연속적으로 주어지지만, 분류는 몇 가지 부류로 나누어진다.

기계학습에서 지도학습에 대하여 그 위치를 간단히 알아보자.

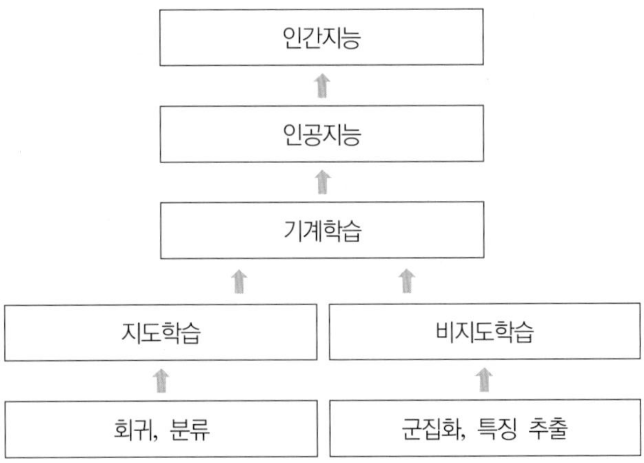

〈기계학습과 지도학습의 위치〉

첫 번째 지도학습의 종류는 연속적인 출력값을 예측한다. 우리는 여러 실험을 통해 입력과 출력을 얻어 기계에게 정답을 알려준다.

"기계야, 내가 구한 위 데이터들을 일차함수로 나타내렴"

기계가 인간에게 물어본다.

"주인님, 어떻게요?"

기계에게 어떤 수학적 방법(이변수함수의 미분, 선형대수의 정사영 등)을 가르쳐주어야 할까? 이로부터 지도학습으로 미래를 예측한다는 표현을 쓴다. 이 경우는 예측하려는 값이 연속인 경

---

12 학생들이 대학에 입학한 후에는 지도학습, 비지도학습, 준지도학습을 접한다..

13 독자들이 집합론 시간에 접한 집합의 partition을 말한다. 집합(훈련집합) $X=\{x_1, x_2, x_3, \dots, x_n\}$를 여러 부분집합의 합집합으로 나타낸다. 특히 각 부분집합이 $\cup C_i = X$, $C_i \cap C_j = \varnothing\ (i \neq j)$일 때, 경성 군집화(hard clustering)라고 한다.

우이며 이러한 학습문제를 회귀(regression)라고 부른다.

선형 회귀곡선의 간단한 예를 들어 보자. 여러분이 부동산 회사를 운영한다고 하자. 여러분은 한 지역의 중심인 지하철역 A로부터 떨어진 거리에 따라서 약 100군데의 임대료가 대략 선형적으로 결정된 데이터를 가지고 있다. 오늘 점포를 구하려는 고객이 찾아왔을 때, 어떤 상담이 가능할까?

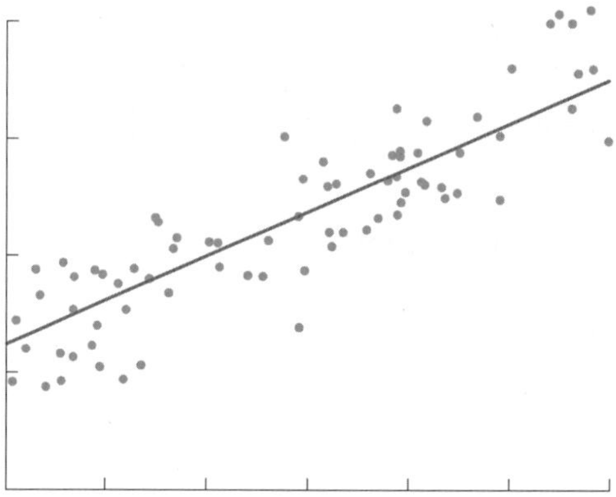

〈입력, 출력, 회귀곡선〉

또 다른 선형 회귀곡선의 예를 보자. 고등학생은 중학교에서 연립일차방정식을 배웠다. 예를 들면,

$$\begin{cases} a+b &= 2 \\ a+2b &= 5 \end{cases}$$

를 풀 수 있다. 이 연립방정식의 본질은 "평면상에 두 점이 주어지면 유일한 직선이 결정된다"라는 것이다. 위 연립방정식의 경우 두 점 $(1,2)$, $(2,5)$가 주어지면 이 두 점을 지나는 직선

$$y = -1+3x$$

를 구할 수 있다.

이제 학생이 공과대학에 입학하면 문제는 사뭇 복잡해진다. 두 점이 아니라 세 점을 주기도 하기 때문이다. 예를 들어 실험을 통하여 데이터 (1, 2), (2, 5), (3, 6)이 얻어졌다고 하자. 여러분이 눈치챘듯이 이 세 점은 동일 직선상에 존재하지 않는다. 즉, 연립방정식

$$\begin{cases} a+b &= 2 \\ a+2b &= 5 \\ a+3b &= 6 \end{cases}$$

의 해는 존재하지 않는다.

대학에서 편미분과 선형대수는 존재하지 않는 해를 근사적으로 구하는 최적의 방법을 제공한

다. 그래서 공대의 공학수학은 학생들에게 어렵다.[14]

주어진 데이터 집합을 일차다항식으로 볼 수 있다면, 이변수함수

$$L(a,b) = \sum_{i=1}^{3} ((a+bx_i)-y_i)^2$$

의 최솟값을 구하면 된다. 즉, 공학에서 왜 '다변수함수'가 필요하고 따라서 '편미분'이 필요한지를 알 수 있는 대목이다.

두 개의 변수 a, b에 대하여 이변수함수 $L(a,b)$의 값이 최소가 되려면(물론 최솟값이 존재하려면 조건이 하나 더 필요하지만 이를 나중에 다룰 것이다.)

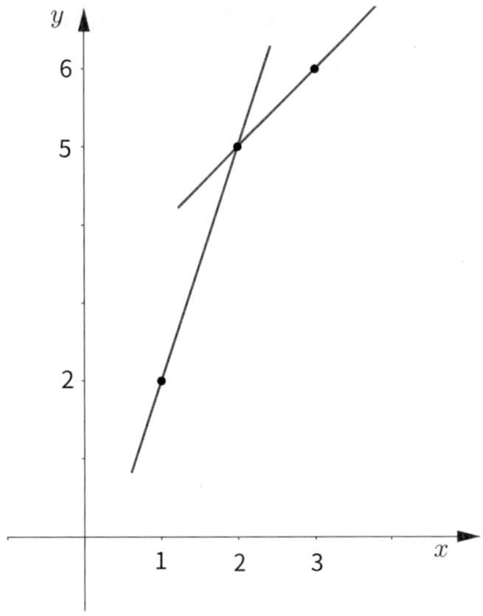
〈세 점과 직선의 관계〉

$$\begin{cases} \dfrac{\partial L}{\partial a} = -2\displaystyle\sum_{i=1}^{3}(y_i - a - bx_i) = 0 \\ \dfrac{\partial L}{\partial b} = -2\displaystyle\sum_{i=1}^{3} x_i\,(y_i - a - bx_i) = 0 \end{cases}$$

이로부터 연립방정식

$$\begin{cases} a3 + b\sum x_i = \sum y_i \\ a\sum x_i + b\sum {x_i}^2 = \sum x_i y_i \end{cases}$$

를 얻고, 연이어서 a, b 를 구한다.

이와 같은 연립방정식은 중학교 〈과학 1〉에서 다루는 용수철 문제로도 바꿀 수 있다. 질량이 각각 100g, 200g, 300g인 추를 한 용수철에 매달아 늘어난 길이를 측정했더니 각각 2cm, 3cm, 6cm이었을 때, 용수철 계수를 구하는 문제를 생각해 보자. 그런데 이미 알아본 대로 이 연립방정식의 해는 존재하지 않는다. 결론적으로 말하면, 해가 존재하지 않는 연립방정식을 강제(?)로 풀기 위하여 이변수함수를 도입하고 편미분(또는 벡터의 내적)을 사용하여 근사적으로 해결한다. 벡터의 내적은 최적화에서 많이 사용된다.

다음으로 비선형 회귀곡선이 건축과 예술에서 어떻게 사용되는지 간단히 알아보자.

특정 실험(또는 측정)에서 얻은 데이터를 기반으로 이를 일차함수, 이차함수, 타원 등으로 볼 수 있는 근거는 무엇인가? 또한, 어떻게 접근(curve fitting)하는 것이 합리적인가? 전자가 물리

14 물론 공학수학이 어렵다고 해서 고등학교에서 이와 관련된 〈기하〉와 〈미적분 II〉를 학생들에게 소위 '권장과목'으로 슬그머니 포장해서 강요해선 안 된다. 필자들이 제시했듯이 대학 입학 후에 이를 충분히 교육할 수 있는 '전 세계 공통 대학 교육과정'과 세계적 경쟁력을 갖춘 적합한 '교재'가 이미 준비되어 있다. 더욱이 〈확률과 통계〉 역시 대학에서 제공하는 〈통계학〉이면 충분하다. 대학은 엑셀 등의 소프트웨어를 사용하여 양질의 '데이터 기반 교육'을 학생들에게 제공하고 있다. 이것이 바로 대학 교육의 경쟁력이다.

적 배경을 요구한다면 후자는 정확도(accuracy)를 도입하여 "상대적으로 무엇으로 보는 것이 합리적인가?"를 결정한다.

4개의 데이터를 타원으로 볼 때 정확도를 어떻게 계산할까?

먼저 데이터 $(-1, 0)$, $(-1, 2)$, $(0, 2)$, $(1, 1)$을 타원 $\dfrac{x^2}{a^2}+\dfrac{y^2}{b^2}=1$로 보자. 편리한 계산을 위하여 $a_1=1/a^2$, $b_1=1/b^2$으로 사용하면 본 데이터 피팅은 4개의 데이터 (x_i, y_i) $(i=1, 2, 3, 4)$에 대하여 오차 $x_i^2a_1+y_i^2b_1-1=0$이 최소가 되어야 한다. 행렬로 표현하면

$$X=\begin{bmatrix} x_1^2 & y_1^2 \\ x_2^2 & y_2^2 \\ x_3^2 & y_3^2 \\ x_4^2 & y_4^2 \end{bmatrix},\ B=\begin{bmatrix} a_1 \\ b_1 \end{bmatrix},\ J=\begin{bmatrix} 1 \\ 1 \\ 1 \\ 1 \end{bmatrix}$$

에 대하여 $XB-J$를 최소화한다. 이때, 최소화된 모양 $B=X^+J$에서 X^+를 일반화된 역원이라 부른다. 이들에 대한 이론은 무시해도 되며 그 계산 결과는 Mathematica 등과 같은 소프트웨어에서 쉽게 얻을 수 있다. $R^2=|XB|^2/|J|^2$을 정확도라 부른다. 위의 예에서

$$X=\begin{bmatrix} 1 & 0 \\ 1 & 4 \\ 0 & 4 \\ 1 & 1 \end{bmatrix},\ B=X^+J=\begin{bmatrix} \dfrac{7}{11} \\ \dfrac{2}{11} \end{bmatrix},\ R^2 \fallingdotseq 0.932$$

즉, 4개의 데이터를 정확도 93.2% 하에서 타원으로 본 것이다.

다음은 모나리자의 얼굴이다. 데이터를 이용하여 모나리자 얼굴을 타원으로 보면, 정확도는 $R^2=0.9955$이다.

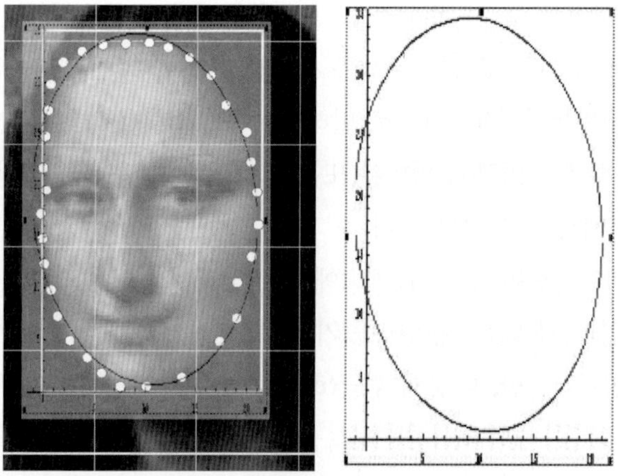

〈모나리자 얼굴과 데이터 피팅〉

$$-0.0078x^2-0.0033y^2+0.1686x+0.1241y-0.0009xy=1$$

원전의 냉각탑은 냉각 효율을 위하여 대부분 다음과 같이 아래로 갈수록 넓어지는 모양이다. 냉각탑에서 다음과 같은 좌표를 얻었을 때, 이것이 나타내는 곡선은 어떤 모양일까?

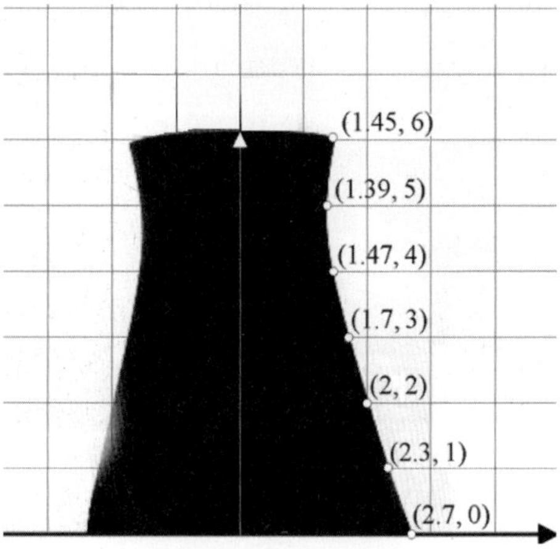

〈냉각탑과 데이터 피팅〉

곡선의 식을 일반이차다항식 $a_1 x^2 + a_2 y^2 + a_3 x + a_4 y + a_5 xy - 1 = 0$으로 계산하면 놀랍게도 그 결과는 아래와 같이 타원이고

$$-0.11x^2 - 0.0105y^2 + 0.67x + 0.19y - 0.06xy = 1$$

정확도는 $R^2 = 0.999996$이다.[15]

이 곡선을 쌍곡선으로 계산하면 정확도는 $R^2 = 0.998771$이다. 냉각탑은 쌍곡면 형태로 만들어진다고 알려져 있는데, 비록 아주 작은 차이이기는 하지만 쌍곡선의 정확도보다 타원의 정확도가 더 큰 이유는 무엇일까?

냉각탑과 모나리자 얼굴을 타원으로 말할 때는 회전이 수용된 것이다. 이때, 행렬의 역할이 필요하다. 공과대학에서 회전이란 행렬의 예이다.

여기서 한 가지 짚어볼 것이 있다. 흔히 모나리자의 얼굴이나 파르테논 신전에 황금비가 사용되었다고 말한다. 과연 그럴까? 모나리자의 얼굴에 접하는 사각형의 비율은 $\frac{34.014}{22.09} = 1.539791\ldots$이다. 황금비 1.618...과는 차이가 있다. 인터넷에는 사실과 다른 것들이 넘쳐나고 있다.

15 논문 Huylebrouck, D.(2007). "Curve Fitting in Architecture", *Nexus Network Journal 9*: 59-70을 참고하자. 특히, ChatGPT를 사용하여 데이터 피팅을 하면 다음 식을 얻는다.

$$0.0940 \cdot x^2 + 0.0479 \cdot xy + 0.0081 \cdot y^2 + -0.5542 \cdot x + -0.1524 \cdot y + 0.8115 = 0$$

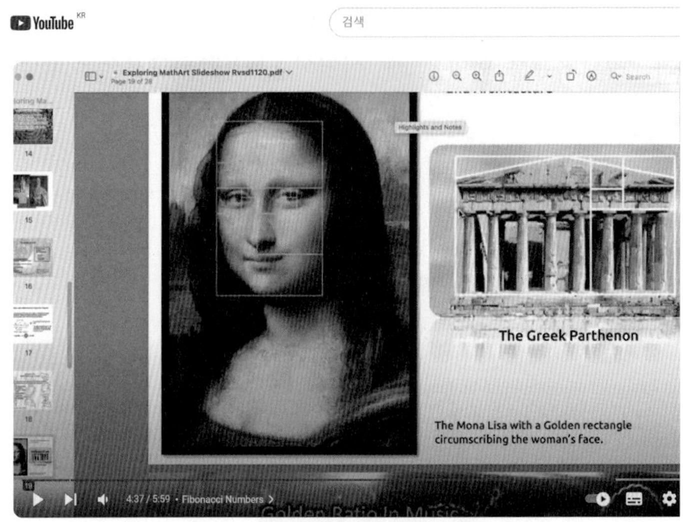

〈유튜브에서의 모나리자와 파르테논 신전: 황금비〉

인터넷에 넘쳐나는 부정확한 사실이나 잘못된 사실의 유포에는 ChatGPT로 대표되는 대화형 인공지능 서비스도 한몫하고 있다. 학생들은 과제를 제출할 때 대화형 인공지능 서비스를 이용하면서 '인공지능 환각 현상'에 대해서는 무방비인 경우가 많다. 따라서 교사는 학생들에게 "기계가 모방할 수 없는 인간의 특성은 무엇인가?"를 끊임없이 제기해야 한다. 강력한 인공지능 보편화 시대에 대비하기 위하여 수학교육에서 생각하는 것으로 창의적 사고 능력, 비판적 논의 능력, 본질 탐구를 위한 질문 능력을 꼽을 수 있다.

| 4 | 분류: 의사결정 트리

앞에서 알아본 회귀곡선과 다르게, 이산인 경우의 지도학습에서는 이런 문제를 분류(classification)라고 부른다. 분류는 지도학습의 하위 카테고리이다. 일련의 질문에 관한 결정을 통해 데이터를 분류하는 모델로 여길 수 있다. 고등학생이 초등학교 수학시간에 만났던 매우 간단하지만 중요한 의사결정 트리(decision tree)를 하나 소개한다.

초등수학에서 '돌리고, 뒤집고, 밀어 보자'라 하는 것을 인공지능 관련 대학에서는 Multi-Class Decision Tree', 대수학(Algebra)에서는 1차원 프리즈군(Seven Frieze Groups)"이라고 한다. 예를 들면, 우리나라 단청문양을 분류하는 데 쓰일 수 있다. 이는 1차원 구조로 90도 회전은 없다.

탐구 문제 초등학교 의사결정 트리: 1차원 프리즈군

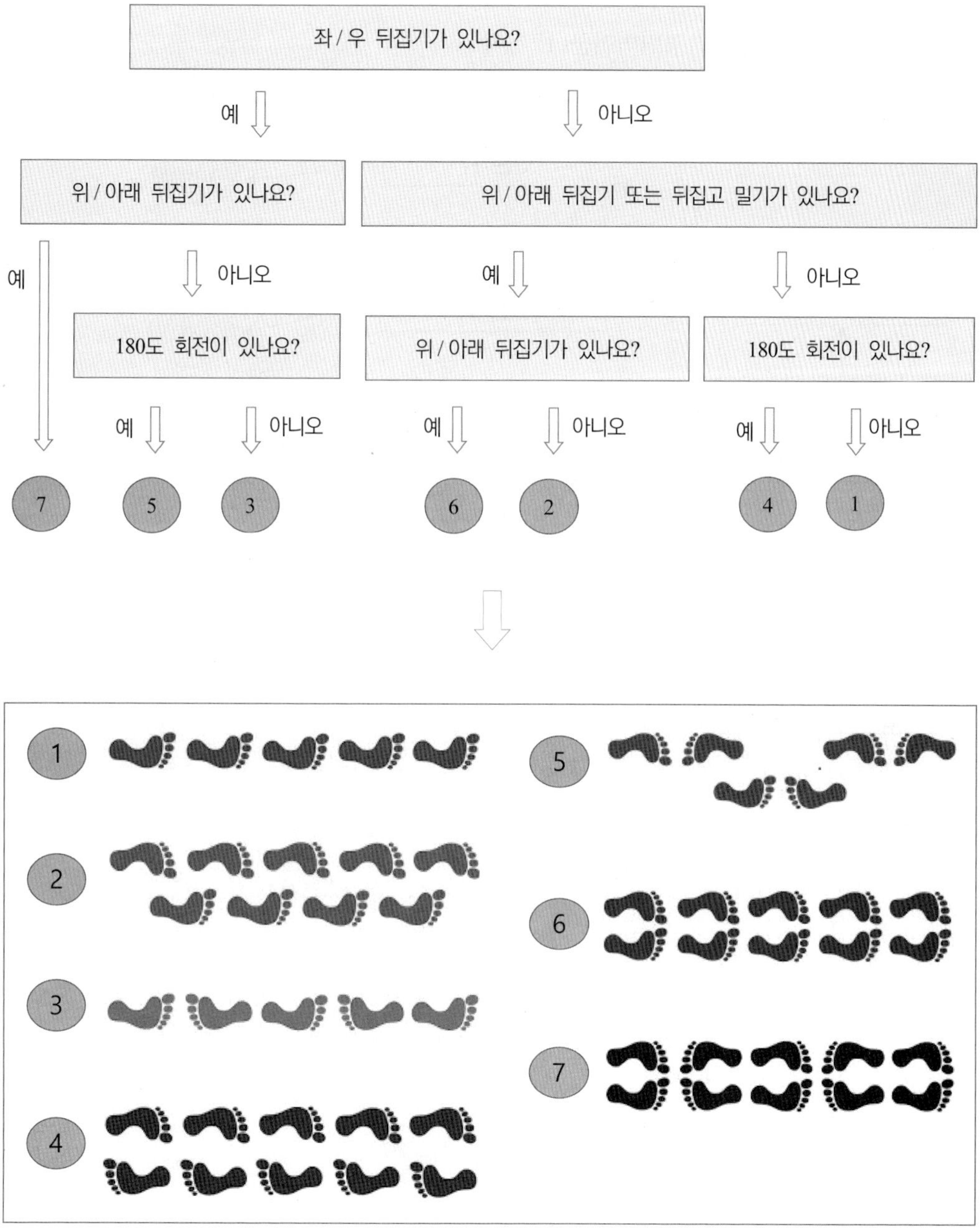

〈기계학습: 분류(decision tree)〉

이제 2차원 분류구조를 살펴보자. 충분히 큰 표본을 가진 디자인은 평면벽지군(wallpaper groups) 17가지로 분류된다.

탐구 문제 》 의사결정 트리: 평면벽지군 17가지

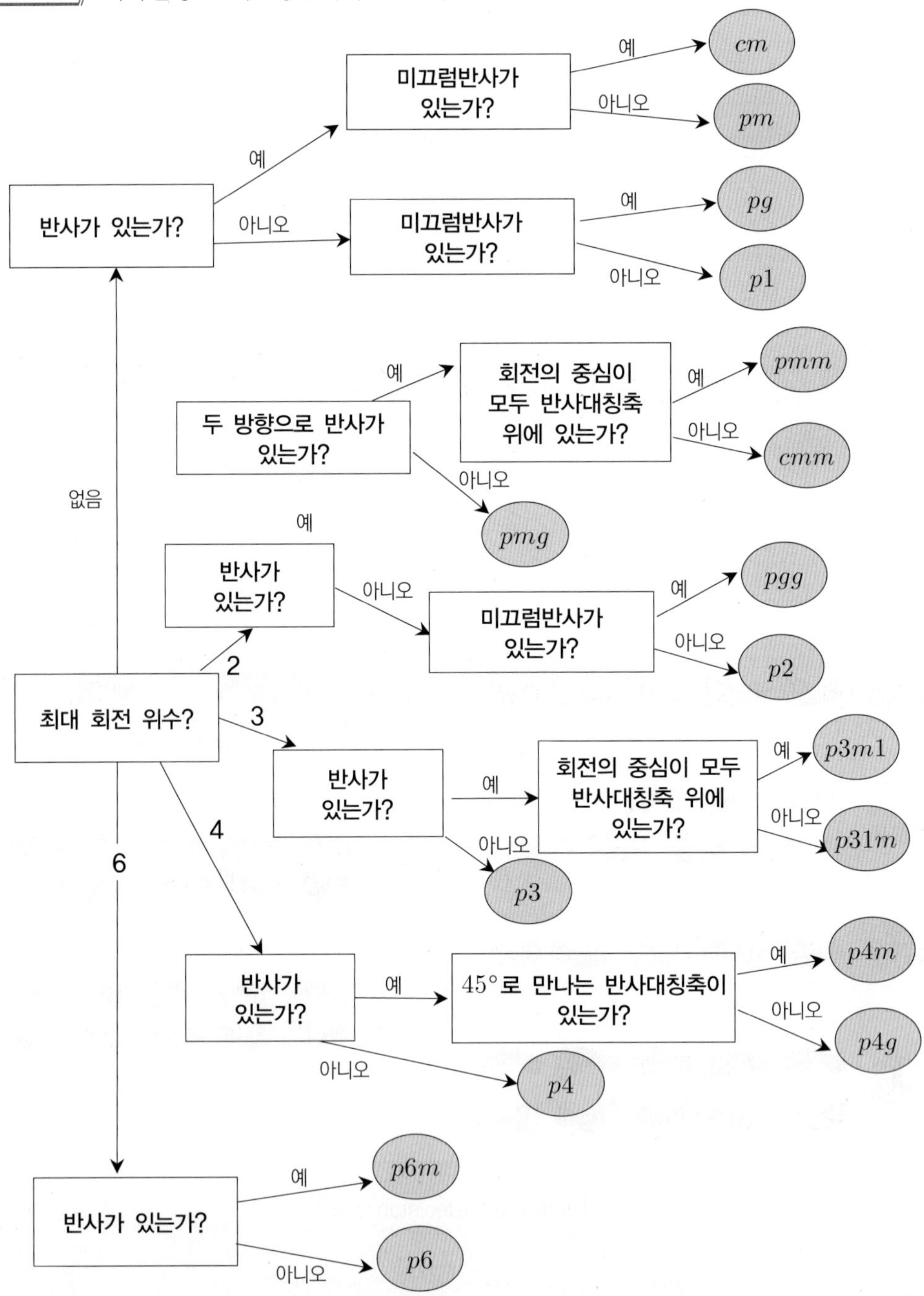

〈평면벽지군 17가지 분류도〉

탐구학습

기계학습에서 의사결정 트리 알고리즘을 사용하여 다음 디자인을 분류해 보자. 또한, 동일한 디자인이 여러 국가에 시대를 초월하여 나타나는 이유가 무엇인지 생각해 보자.

1. 우즈베키스탄 히바에서 촬영한 디자인과 우리나라 지하철 문 디자인

참고 >> 위 두 사진 속 디자인은 다음 신촌로터리에 위치한 한 건물의 디자인과 관련이 있다.

2. 튀르키예 왕궁 대리석과 인하대 근처 용현 시장 보도블록 디자인

참고 >> 동로마 에페소(튀르키예)의 명품 거리에서도 이를 확인할 수 있다.

3. 솟을금은 우리나라에서는 묘향산 보현사의 관음전에 처음으로 나타난다. 중동에서는 이란 셀주크 시대 11세기 초에 콰라콴 쌍둥이 탑에서 처음으로 찾아볼 수 있다. 이어지는 사진은 솟을금을 구현한 교구와 작도이다.

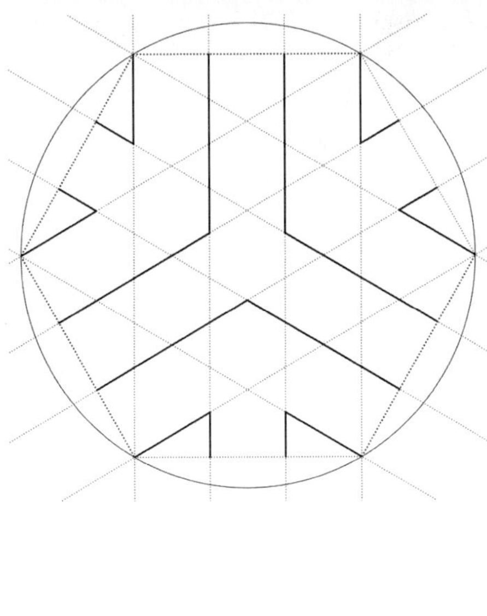

참고 >> 다음 사진은 우즈베키스탄 타슈켄트의 한 미용실 앞 보도블록으로 이란 셀주크 시대의 디자인이 사용되고 있다. 어떻게 분류될까? 왜 이와 같은 디자인의 교류가 일어날 수 있는가? 보도블록은 문화 콘텐츠인가?

4. 지하철문 디자인과 인도 타지마할 보도블록

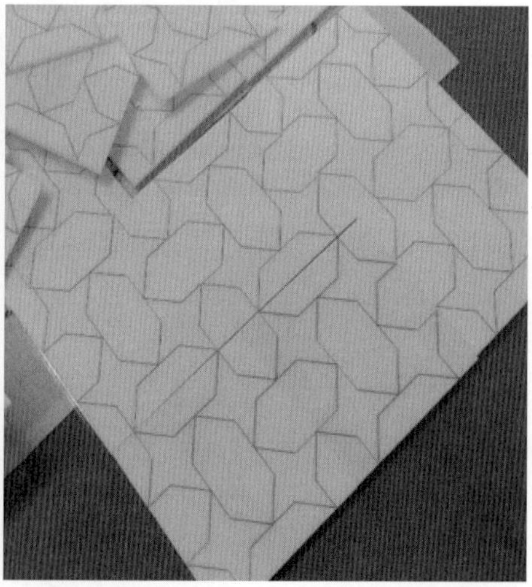

논술: 교육정책에 대한 단상

1. 2025년 7월 중에 일부 대학은 심화과목에 대한 소위 '권장과목'을 발표하였다. 이에 대한 합리적 논의를 위하여 다음과 같은 논의 항목을 제시해 본다. 이를 바탕으로 3,000~4,000자로 글을 작성해 보자. 이는 A대학의 내부의 문제라서 외부에서 문제를 제기하는 것이 부적합할지는 몰라도 공교육에 미치는 영향을 고려할 때, 비판적 논의가 진행되는 것은 필요하다.

(가) 전 세계 이공계 교육과정과 주요 교재는 표준화되어 있다.

공대 수학의 경우 〈Calculus, Differential equation〉, 〈Linear algebra〉가 공학의 기초 과목이고 이들에 대한 교재는 많아야 2, 3권이 무한 경쟁 속에서 살아남아 전 세계적으로 사용되고 있다. A대학이 학생들에게 전체적으로 제공하는 수학을 교과명으로 보면 〈미적분 1, 2〉, 〈공학수학, 1, 2, 3〉, 〈선형대수〉, 〈이산수학〉, 〈통계학〉을 들 수 있다. 〈미적분 1, 2〉는 각각 일변수, 다변수를 다루는 미적분학이며, 〈공학수학 1, 2〉는 각각 미분방정식과 편미분방정식을, 그리고 〈공학수학 3〉은 이차 편미분 수치해석학이다.

전 세계적으로 미적분학 교재는 주로 James Stewart의 《Calculus》(부록 제외 총 1212쪽)가 사용된다. 그렇다면 전 세계 최고의 대학들에서 사용되고 있는 이 교재를 A대학에서 사용하지 않고 자체 내에서 개발[16]하여 사용하는 이유가 무엇일까? 두 교재를 비교해보면 매우 쉽고 빠르게 James Stewart의 책이 우수하다는 것을 알 수 있다. 문제는 국내에서 영재고나 과학고에서 James Stewart의 책을 사용하기도 한다. 이들 고교 출신이 많이 입학하고 따라서 상이한 교재를 사용해야 하므로 내부에서 집필한 것으로 보인다.

(나) A대학에서 입학후 제공하는 이공계 1학년 수학교육을 교재를 대상으로 살펴보자.

1학년 1학기에 학생들이 배우는 내용은 크게 두 가지이다. 하나는 급수이고(제 I 부: pp. 3-147) 나머지 하나는 벡터와 행렬이다(제 II 부: pp. 153-314). 고교 과정과 비교하면 전자는 〈미적분 II〉이고 후자는 〈기하〉이다. 자세히 내용을 살펴보면 전반부는 굳이 〈미적분 II〉를 배우고 이 대학에 입학할 필요는 없다. 문제는 후반부에 있다. 벡터와 행렬을 다룬다고 했지만 세부 내용은 어렵다. 어려워도 너무 어렵다. A대학 2학년에서 제공하는 〈선형대수〉나 〈공학수학 1〉의 선형대수 내용[17]을 150여 쪽으로 요약해 놓았다. 행렬 크기도 4×4나 5×5를 거침없이 예로 다루고 행렬의 곱은 일반적 $m\times n$에서 행렬식(determinant)까지 치환(permutation)을 사용하여 관련 내용을 증명한다. 물론 공대 교수들은 환영할 텐데, 왜냐하면 공대 학생들이 2학년에 배울 내용(과목명으로 보면, 〈선형대수 1, 2〉, 〈항공우주 선형대수〉, 〈전기시스템 선형대수〉 등을 사용한다[18])을 1학년 1학기에 수학과에서 제공하기 때문이다. 이

16 김홍종 (2024). **미적분학 1, 2**, 제3개정판, 서울: 서울대학교출판문화원.

17 Kreyszig의 의 공학수학은 257~374쪽에서 선형대수학을 다룬다.

18 '항공우주 선형대수'란 용어는 없다. 이는 그 학과에서 〈선형대수〉를 자체적으로 강사 및 교재를 관장하겠다는 의미이다.

렇게 되면 특히, 2학년에 인공지능 관련 공학 강의(예를 들면, 〈머신러닝을 위한 기초수학 및 프로그래밍 실습〉, 〈인공지능 개론〉 등)를 공대에서 개설하는 데 매우 편리하다. 대학의 교육과정이 누구를 위한 것인지 생각해 볼 필요가 있다.

(다) A대학의 이공계 1, 2학년 교육과정과 1학년 〈미적분학 1, 2〉 교재를 보았을 때, 소위 권장과목을 설정하는 것이 공교육을 위하여 필요한 것인지 아니면 A대학 자체의 공대 교육과정 문제를 보완하려는 것인지 논의가 필요하다.
내용을 보았을 때, 권장과목 설정은 불필요하며 오히려 세계적 수준의 교재를 사용하지 않고 내부 개발교재를 사용하는 것이 적합한지, 그리고 단지 '근사다항식'과 2학년에서 개설되고 있는 〈선형대수〉를 실세계 문제(real world problem)를 다루지 않고 160여 쪽으로 요약하여 미리 가르치는 것이 올바른지를 대학 차원에서 검토해야 한다.

(라) 몇몇 대학이 요구하는 권장과목 수준을 2026년 QS 세계대학평가에서 국내 대학보다 우위에 있는 대학은 어떤 수준을 요구하는지 비교 연구해 보자.
한국 대학들과 달리 30위 내에 위치하는 호주의 두 대학이 적합하다. 500개 대학으로 보면 국내 A대학은 2등급 대학이다. 수능에서 심화과목이 제외가 논의될 당시(2024)에는 "수능에서 심화과목 배제는 자해행위, 하향평준화 막아야"라는 주장이 중앙일보에서 보도되기도 하였다. 수능에서 제외된 심화과목의 소위 권장과목 지정을 반대하면 다시 일부 교수들은 "이과 계열 대학교육 기반이 붕괴할 것", "이공계 전공 기초를 이해하기 위한 필수과목" 등으로 자신이 속한 대학의 교육과정을 전혀 모르고 언론에 투고할 것으로 보인다.

(마) 공과대학 교육과정은 양적인 면에서는 졸업학점이 130학점 내외가 되면서 일부 대학 공대 교수의 책임시수 문제로 공대 교수가 1학년 〈미적분학〉을 가르치기도 한다.
질적이 면에서는 우리나라 공대는 실질적으로 4년제가 아닌 3.5학년제라는 것에 있다. 취업준비 등으로 4학년 2학기가 없다고 보는 것이 합리적이다. 따라서 4학년에 가르칠 전공과목이 아래로 내려와서 2~3학년에 주요 전공이 자리 잡고 따라서 학생들은, A대학 〈미적분학〉처럼, 〈선형대수〉나 〈vector calculus〉를 1학년에 배워야 2학년 1학기부터 공학전공(예를 들면, 고체역학, 열역학, 동역학, 유체역학, 기계학습 등)을 수강하는 데 무리가 없다. 이와 같은 A대학의 내부 교육과정 문제로 대한민국 고교생들은 적어도 〈고급수학 I, II〉 수준의 수학을 고교에서 접하고 와야 한다.

(바) 누구를 위한 수학인가?
이제는 대학이 대한민국 고교의 경쟁력을 걱정할 것이 아니라 중국과 일본은 차치하고 호주, 싱가포르, 홍콩 등의 몇몇 대학보다 못한 국내 A대학 등의 경쟁력을 걱정해야 된다.

다 공학을 통한 심화수학의 이해: 실례를 중심으로

| 1 | 1강 공학에선 왜 이, 삼변수의 함수가 필요한가?

제1강은 주로 공과대학 〈미분적분학 2〉, 〈기계학습〉 교과와 관련이 있다. 그리고 학생들이 편미분방정식을 다루는 〈공학수학 2〉를 수강하려면 기초적인 편미분의 이해가 있어야 한다.

문제 제기

1. 공간에서 입자에 힘을 가하면 운동이 나타나며 입자가 움직인 경로를 '궤적'이라 한다. 힘과 궤적을 어떻게 연결 지을 수 있나?
2. 일변수함수를 미분할 때는 실수 집합을 정의역으로 한다. 이때, 실수가 전순서집합이라는 사실, 즉 "임의의 두 수 사이에는 대소관계가 존재한다"는 어떤 역할을 하는가?
3. 학생들이 중·고등학교에서 만나는 수많은 함수들은 모두 변수가 하나인 일변수함수이다. 그렇다면 왜 공과대학에 입학하면 이변수함수를 만나게 될까? 공학수학은 어려운 이유는 일반적으로 이변수함수에서 상식적인 예측이 통용되지 않기 때문이다. 어떤 점일까?

1) 이변수함수의 미분

고등학교에서 일변수함수를 미분하기 위하여 ① 함수의 극한 ② 함수의 연속성 ③ 함수의 미분가능성의 순서로 접근하였다. 마찬가지로 대학에서도 이변수함수를 미분하기 위하여 극한, 연속성, 미분가능성의 순서로 접근한다.

함수의 극한 → 함수의 연속 → 편미분

다만, 이변수함수를 미분할 때는 하나의 변수는 상수로 간주하고 다른 하나의 변수에 대해 미분한다. 이것을 편미분이라고 한다. 다음 두 그림처럼 x축 방향(왼쪽 그림), 또는 y축 방향(오른쪽 그림)으로 접근하여 편미분하자.

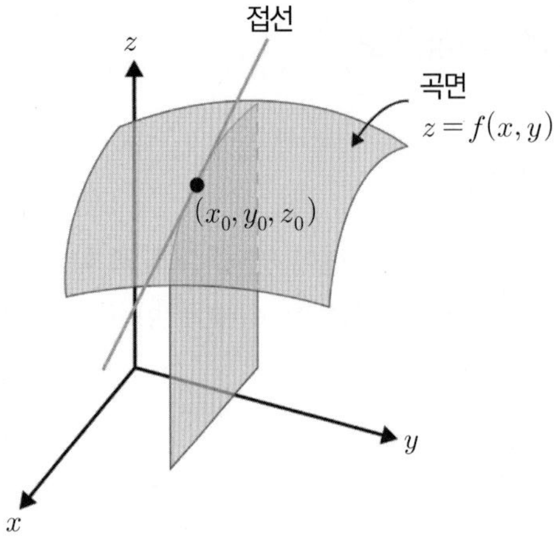

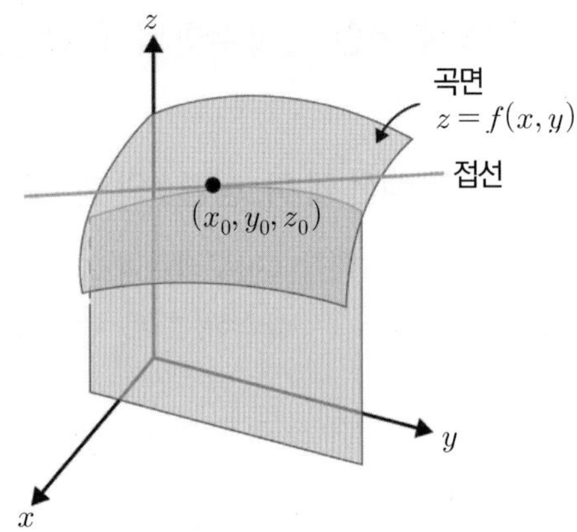

〈곡면에 나타난 x축 방향과 y축 방향의 접선〉

정의역의 점 (a, b)에서 함수 $z=f(x, y)$에 x축 방향과 y축 방향으로 도함수를 적용하면

$$f_x(a, b) = \lim_{h \to 0} \frac{f(a+h, b) - f(a, b)}{h}$$
$$f_y(a, b) = \lim_{h \to 0} \frac{f(a, b+h) - f(a, b)}{h}$$

를 각각 얻는다. 이들을 각각 x, y에 관한 (a, b)에서의 f의 편미분계수라 부르고 일반적으로 편도함수는 다음과 같이 정의된다.

$$f_x(x, y) = \lim_{h \to 0} \frac{f(x+h, y) - f(x, y)}{h}$$
$$f_y(x, y) = \lim_{h \to 0} \frac{f(x, y+h) - f(x, y)}{h}$$

같은 방법으로 연속해서 f_{xx}, f_{yy}, f_{xy}, f_{yx}를 정의할 수 있다.

예제 1 **함수 $f(x, y) = 4 - x^2 - 2y^2$에 대하여 $f_x(1, 1)$과 $f_y(1, 1)$을 구하자.**

편미분방정식의 뜻을 이해하려면 공학으로 접근하는 것이 최선이다. 예를 들면, 어떤 공간에서 한 점의 온도가 국소적으로 주변 온도의 평균과 같을 때는 온도의 변화율이 0이 되는데, 이것을 다음과 같은 이차 편미분방정식인 라플라스 방정식으로 나타낸다. 또, 음파, 전자기파 등을 나타내는 방정식을 파동방정식이라고 하는데, 파동방정식도 다음과 같은 이차 편미분방정식으로 나타난다.

$$\text{라플라스 방정식: } \frac{\partial^2 u}{\partial x^2} + \frac{\partial^2 u}{\partial y^2} = 0$$

$$\text{파동 방정식: } \frac{\partial^2 u}{\partial t^2} = a^2 \frac{\partial^2 u}{\partial x^2}$$

예제 2 이변수함수 $u(x,t) = \sin(x - at)$는 파동 방정식을 만족한다. 이번에는 이변수함수에서 $f_{xy}(a,b) = f_{yx}(a,b)$처럼 순서를 바꾸어 미분하는 것이 보장되는지 알아보자.

예제 3 이변수함수

$$f(x, y) = \begin{cases} xy\dfrac{x^2 - y^2}{x^2 + y^2} & (x, y) \neq (0.0) \\ 0 & (x, y) = (0,0) \end{cases}$$

에 대하여

$$f_{xy}(0, 0) = -1 \text{이고 } f_{yx}(0,0) = 1$$

이다.[19]

이변수함수의 미분에서 $f_{xy} = f_{yx}$라고 예단할 수도 있지만, 위의 예제 3에서 확인한 바와 같이 일반적으로 이를 기대할 수는 없다. 이와 같은 이유로 편도함수는 일변수도함수에 비하여 주의를 요한다. 다음 끌레로의 정리(Clairaut's Theorem)를 증명 없이 알아보자.

끌레로의 정리 >> 이변수함수 $z = f(x,y)$와 정의역에 있는 점 (x_0, y_0)에 대하여

① 점 (x_0, y_0)를 중심으로 한 개원판(open disk) D에서 함수 $z = f(x,y)$가 정의되고,

② 이 개원판 D에서 f_x, f_y, f_{xy}, f_{yx}가 연속일 때, $f_{xy}(x_0, y_0) = f_{yx}(x_0, y_0)$.

이쯤 되면 공대 수학이 끔찍하다고 느낄 수 있지만 결론적인 측면을 쉽게 알아보자.

2) 편미분의 활용: 최대 · 최소 문제

함수 $f(x) = x^3$와 같이 예외는 있지만, 일변수함수에서 함수의 극값은 '(도함수) = 0'으로부터 구한다. 이변수함수에서도 이것이 통용될까? 그래프를 통하여 직관적으로 알아보자.

---

19 https://en.wikipedia.org/wiki/Symmetry_of_second_derivatives

예제 4 (1) 함수 $f(x, y) = y^2 - x^2$ 의 그래프를 다음에서 확인하자.

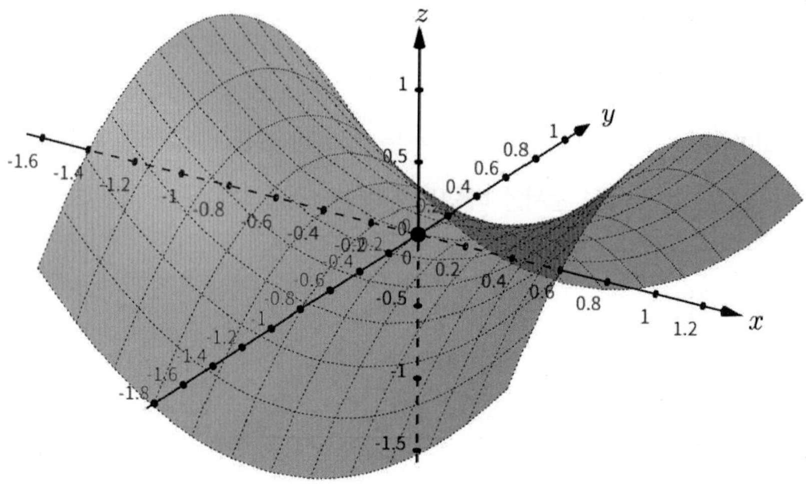

⟨함수 $f(x, y) = y^2 - x^2$ 의 그래프⟩

(2) 원점 $(0, 0)$에서 이 함수의 극값이 존재할까? 이 순간 참으로 황당한 상황에 놓이게 된다. 따라서 일변수함수(예를 들어, $f(x) = x^3,\ x = 0$) 때보다도 체계적인 판정법이 요구된다는 것을 알 수 있다. 증명 없이 다음을 소개한다.

정리 >> 함수 $f(x, y)$의 이차편도함수가 정의역 (a, b) 근방에서 연속이고 $f_x(a, b) = 0$, $f_y(a, b) = 0$이다. 이제, $D = D(a, b) = f_{xx}(a, b) f_{yy}(a, b) - [f_{xy}(a, b)]^2$로 정의하자. 이때, 다음이 성립한다.

① $D > 0,\ f_{xx}(a, b) > 0 \Rightarrow f(a, b)$는 극솟값(local min)이다.

② $D > 0,\ f_{xx}(a, b) < 0 \Rightarrow f(a, b)$는 극댓값(local max)이다.

③ $D < 0 \Rightarrow f(a, b)$는 극댓값도 아니고 극솟값도 아니다.

④ $D = 0 \Rightarrow$ 정보를 얻을 수 없다.

특히, ③에서 점 (a, b)를 안장점(saddle point)라 부른다(함수 $f(x, y) = y^2 - x^2$에서 $(0, 0)$은 안장점이다). ④에서 $D = 0$이면 정보를 얻을 수 없다. 즉, f가 (a, b)에서 극솟값이나 극댓값을 갖을 수도 있고 또는 (a, b)가 안장점일 수도 있다. D를 쉽게 기억하기 위하여 행렬식(determinant)을 다음과 같이 사용한다.

$$D = \begin{vmatrix} f_{xx} & f_{xy} \\ f_{yx} & f_{yy} \end{vmatrix}$$

대학에서는 왜 다변수함수를 만나게 될까?

기계학습에서 회귀곡선 $y = a + bx$ 등을 결정하는 과정을 설명할 때, 위 정리가 필요하다. 고등학생들이 중학교 과학시간에 만난 탄성력이 아주 좋은 예가 된다.

탐구학습

1. 함수 $f(x, y) = y^2 - x^2$의 그래프를 본문에서 알아보았고, 식

$$f_{xx}(0,\ 0)\ \times f_{yy}(0,\ 0) - \left(f_{xy}(0,\ 0)\right)^2$$

의 계산이 왜 필요한지도 증명 없이 알아보았다. 이를 의사결정 트리로 표현하면 다음과 같다.

$$D = \begin{vmatrix} f_{xx} & f_{xy} \\ f_{yx} & f_{yy} \end{vmatrix},\quad D = D(a, b)$$

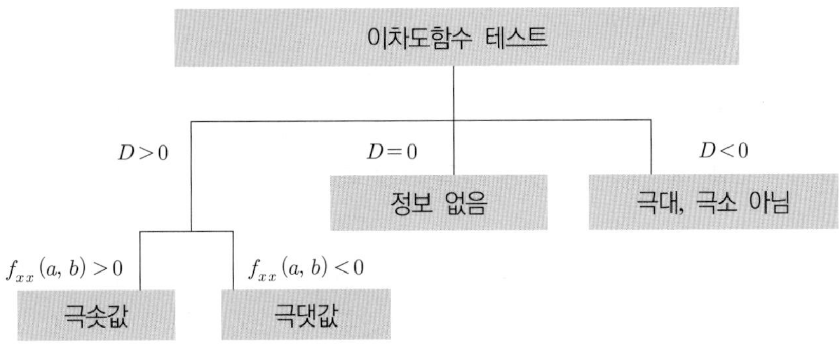

〈최대, 최솟값 결정을 위한 의사결정 트리〉

의사결정 트리를 이용한 교수법의 장점을 논의해 보자. 기존 수업에서 적용할 수 있는 예를 제시해 보자.

2. 중학교 과학시간에 다룬 탄성력을 의사결정 트리로 만들어 보자.

| 2 | 2강 공학에서 행렬이란 무엇인가?

학생들은 고등학교 1학년 수학에서 행렬의 뜻과 연산을 배우고 〈고급수학 1〉에서는 심화된 내용의 행렬을 다시 접한다. 2강의 내용은 주로 이공계 필수과목인 〈선형대수〉와 관련이 있다. 행렬은 고등학교에서 배우지 않아도 대학에 입학한 후에 수학과에서 제공하는 1학년 〈미분적분학 1, 2〉와 주로 공대에서 제공하는 2학년 〈공학수학 1, 2〉에서 충분히 배울 수 있는 대주제이다.

문제 제기

1. 인간은 행렬을 어떤 이유에서 도입했을까? 즉, 행렬은 인간의 '발견'일까 '발명'일까?
2. 공학에서 행렬의 용도는 무엇일까?

행렬과 관련된 다음 주요 내용을 질문 형식으로 살펴보자. 독자들은 복소수를 포함하는 수가 있는지를 한 번쯤 학생으로부터 질문을 받았을 것이다.

1) 행렬은 복소수의 일반화이다.

- 집합 $\mathbb{N} \subset \mathbb{Z} \subset \mathbb{Q} \subset \mathbb{R} \subset \mathbb{C} \subset Mat_{2\times 2}(\mathbb{R})$의 확장은 지수함수로 어떻게 연결되나? 특히, e^{x+yi} 또는 $e^{\begin{bmatrix} 0 & 2 & 5 \\ 0 & 0 & 3 \\ 0 & 0 & 0 \end{bmatrix}}$은 어떻게 정의되나? 복소수를 행렬로 볼 수 있는 이유는 무엇일까?
- 실수 세계에서의 기본함수(다항함수, 삼각함수, 지수함수)는 복소수 세계에서는 어떻게 변할까?
- 미분방정식 $y'' + y = 0$을 가만히 쳐다볼 때, $y(x)$가 다항함수가 아니라는 확신이 있으면 어떤 함수로 볼 수 있나? 이와 같은 문제를 오일러는 어떻게 해결했을까?
- 미분방정식 $y'' + y = 0$을 풀 때 행렬 $\begin{bmatrix} y' \\ y \end{bmatrix}' = \begin{bmatrix} 0 & -1 \\ 0 & 1 \end{bmatrix} \begin{bmatrix} y' \\ y \end{bmatrix}$의 꼴로 생각하는 것이 필요할까? 즉, $Y' = AY$(여기서 $Y = \begin{bmatrix} y' \\ y \end{bmatrix}$)의 행렬 꼴로 바꾸었을 때, 어떤 이점이 있을까?
- 중학교 때 배운 연립방정식은 결국 행렬의 계산일까?

2) 행렬은 실수/복소수와 다른 성질을 지닌다

- 행렬의 '합'과 '곱'에 대한 정의를 알아보고 많은 계산을 시행해 보자.
- 실수나 복소수에서 영(zero)이 아닌 두 수를 곱하면 0이 되지 않는다. 행렬에서도 이와 같은

성질을 기대할 수 있는가? 또한, 곱에 관한 교환법칙은 성립하는가?

3) 행렬은 함수다

- 행렬은 함수인가? 예를 들어보자.
- 행렬의 곱을 함수의 합성으로 볼 수 있는가? 다음 예를 살펴보자.

$$\begin{array}{ccccc} R^2 & \rightarrow & R^2 & \rightarrow & R^3 \\ & \begin{bmatrix} 1 & 0 \\ 3 & -1 \end{bmatrix} & & \begin{bmatrix} 2 & 1 \\ -3 & 1 \\ 4 & 0 \end{bmatrix} & \end{array}$$

행렬의 곱을 함수의 합성으로 볼 수 있다면 함수의 합성에서는 교환법칙이 성립하지 않으므로 행렬에서도 곱에 대한 교환법칙이 성립하지 않는다.

- 행렬 $\begin{bmatrix} 2 & -1 \\ 1 & 3 \end{bmatrix}$은 평면에서 평면으로 가는 함수이다. 즉, 2차원 벡터공간에서 2차원 벡터공간으로 가는 함수로 특별한 이름을 가지고 있다.

① 이를 '선형변환(linear transformation)'이라고도 부른다. 왜 선형변환이라는 용어를 쓸까?

② 다음과 같은 특별한 다음 성질을 만족하는 정의역의 원소 $\begin{bmatrix} x \\ y \end{bmatrix}$가 존재할까? 이를 기하적으로 설명해 보자.

$$\begin{bmatrix} 2 & -1 \\ 1 & 3 \end{bmatrix} \begin{bmatrix} x \\ y \end{bmatrix} = \lambda \begin{bmatrix} x \\ y \end{bmatrix} \quad (\text{여기서 } \lambda \neq 0).$$

4) 행렬의 행렬식(determinant)은 무엇을 '결정'하나?

- 크기가 2×2인 행렬 $\begin{bmatrix} a & b \\ c & d \end{bmatrix}$는 정사각형을 평행사변형으로 보낸다. 넓이의 변화는 어떻게 측정하는가? $ad-bc$가 음수일 때와 양수일 때는 기하적 의미가 서로 다르다. 예를 들어 음수인 경우를 기하적으로 설명해 보자. 방향(orientation)이 바뀌는 것에 주목하자.
- 연립방정식으로 $\begin{bmatrix} a\,b \\ c\,d \end{bmatrix} \begin{bmatrix} p\,q \\ r\,s \end{bmatrix} = \begin{bmatrix} 1\,0 \\ 0\,1 \end{bmatrix}$을 해결할 때, $ad-bc$가 0일 때와 0이 아닐 때를 구별해 보자.
- 크기가 2×2인 행렬의 역행렬을 구해보자.
- 평면 위의 두 점 (x_1, y_1), (x_2, y_2)를 지나는 방정식 $c_1x + c_2y + c_3 = 0$을 결정해 보자. 먼저, 두 점을 대입하면

$$\begin{cases} c_1x \quad + c_2y \quad + c_3 = 0 \\ c_1x_1 + c_2y_1 + c_3 = 0 \\ c_1x_2 + c_2y_2 + c_3 = 0 \end{cases}$$

행렬로 바꾸면

$$\begin{bmatrix} x & y & 1 \\ x_1 & y_1 & 1 \\ x_2 & y_2 & 1 \end{bmatrix} \begin{bmatrix} c_1 \\ c_2 \\ c_3 \end{bmatrix} = \begin{bmatrix} 0 \\ 0 \\ 0 \end{bmatrix}$$

위 3×3 행렬의 역행렬이 존재하면 계수 c_i는 0이므로 $\det \begin{bmatrix} x & y & 1 \\ x_1 & y_1 & 1 \\ x_2 & y_2 & 1 \end{bmatrix} = 0$이다. 예를 들어, 두 점을 $(2, 1)$, $(3, 7)$이라고 하면 $\det \begin{bmatrix} x & y & 1 \\ 2 & 1 & 1 \\ 3 & 7 & 1 \end{bmatrix} = 0$이므로 두 점을 지나는 직선의 방정식은 $-6x + y + 11 = 0$이다.

• 원으로 옮겨가 보자. 세 점 (x_1, y_1), (x_2, y_2), (x_3, y_3)을 원의 방정식

$$c_1(x^2 + y^2) + c_2x + c_3y + c_4 = 0$$

에 대입하여, 이를 행렬로 표시하고 행렬식의 값을 택하면

$$\det \begin{bmatrix} x^2 + y^2 & x & y & 1 \\ x_1^2 + y_1^2 & x_1 & y_1 & 1 \\ x_2^2 + y_2^2 & x_2 & y_2 & 1 \\ x_3^2 + y_3^2 & x_3 & y_3 & 1 \end{bmatrix} = 0$$

예를 들어, 세 점 $(1, 7)$, $(6, 2)$, $(4, 6)$을 지나는 원의 방정식을 구하면

$$\det \begin{bmatrix} x^2 + y^2 & x & y & 1 \\ 50 & 1 & 7 & 1 \\ 40 & 6 & 2 & 1 \\ 52 & 4 & 6 & 1 \end{bmatrix} = 0, \ (x-1)^2 + (y-2)^2 = 5^2$$

이다.

• 일반 이차형(general quadratic form)의 방정식

$$c_1x^2 + c_2xy + c_3y^2 + c_4x + c_5y + c_6 = 0$$

으로 옮겨가 보자.

태양의 위치를 직교좌표계의 원점으로 하여 태양을 돌고 있는 소행성의 궤적을 구해보자. 이

좌표계에서의 단위길이(astronomical unit) 1은 태양과 지구 사이의 평균 거리로 1억 5천만 킬로미터이다. 케플러의 타원 궤도 법칙에 의하여 관측자는 서로 다른 5개의 관측 자료가 필요하다. 예를 들어, 관측 자료가 다음과 같다고 하자.

$$(8.025, 8.310),\ (10.170, 6.355),\ (11.202, 3.212), (10.736, 0.375),\ (9.092, -2.267)$$

'행렬식$=0$'이므로

$$\det\begin{bmatrix} x^2 & xy & y^2 & x & y & 1 \\ 64.401 & 66.688 & 69.056 & 8.025 & 8.310 & 1 \\ 103.429 & 64.630 & 40.386 & 10.170 & 6.355 & 1 \\ 125.485 & 35.981 & 10.317 & 11.202 & 3.212 & 1 \\ 115.262 & 4.026 & 0.141 & 10.736 & 0.375 & 1 \\ 82.664 & -20.612 & 5.139 & 9.092 & -2.267 & 1 \end{bmatrix} = 0$$

으로부터

$$386.802x^2 - 102.895xy + 446.029y^2 - 2476.443x - 1427.998y - 17109.357 = 0$$

이 그래프는 손으로 그리기 어렵다. 프로그램을 이용하여 그리면 다음과 같이 장축과 단축이 x축, y축과 평행하지 않은 회전한 타원 모양이 나온다.[1)]

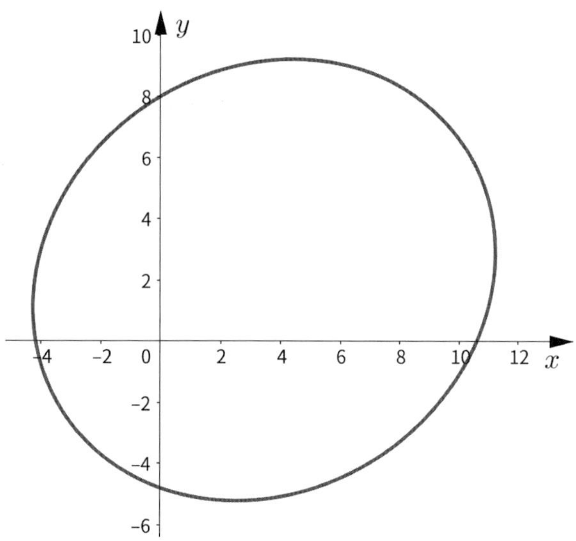

〈소행성 궤도: 타원〉

5) 행렬은 회전이다

일반 이차곡선 $x^2 + 2xy - y^2 - 1 = 0$의 그래프를 다음 과정을 거치면서 손으로 그려보자.

과정 1 >> 이차형 $q(x, y) = x^2 + 2xy - y^2$을 행렬로 표현하면 다음과 같다.

$$x^2 + 2xy - y^2 = [x, y]\begin{bmatrix}1 & 1\\1 & -1\end{bmatrix}\begin{bmatrix}x\\y\end{bmatrix}$$

과정 2 >> 행렬 $A := \begin{bmatrix}1 & 1\\1 & -1\end{bmatrix}$을 대각화하자.

① 행렬 A의 고윳값을 구하자.

$$\det(A - \lambda I) = \det\left(\begin{bmatrix}1 & 1\\1 & -1\end{bmatrix} - \lambda\begin{bmatrix}1 & 0\\0 & 1\end{bmatrix}\right) = \det\left(\begin{bmatrix}1-\lambda & 1\\1 & -1-\lambda\end{bmatrix}\right) = \lambda^2 - 2$$

이므로 고윳값 $\lambda = \pm\sqrt{2}$를 얻는다.

② 고윳값에 해당하는 고유벡터를 각각 구하자.

$\lambda = \sqrt{2}$일 때, 연립방정식 $\begin{cases}x + y = \sqrt{2}\,x\\x - y = \sqrt{2}\,y\end{cases}$으로부터 고유벡터는 $\begin{bmatrix}1\\\sqrt{2}-1\end{bmatrix}$이다. 마찬가지로 $\lambda = -\sqrt{2}$일 때, 고유벡터 $\begin{bmatrix}-1\\\sqrt{2}+1\end{bmatrix}$이다.

③ 두 고유벡터의 노름(norm, 벡터의 크기)을 1로 만든 후 이들을 순서대로 열로 사용하자.

$$Q := \begin{bmatrix}\dfrac{1}{\sqrt{4-2\sqrt{2}}} & \dfrac{-1}{\sqrt{4+2\sqrt{2}}}\\[2ex]\dfrac{\sqrt{2}-1}{\sqrt{4-2\sqrt{2}}} & \dfrac{\sqrt{2}+1}{\sqrt{4+2\sqrt{2}}}\end{bmatrix}.$$

이로부터 행렬 A의 대각화 $Q^T\begin{bmatrix}1 & 1\\1 & -1\end{bmatrix}Q = \begin{bmatrix}\sqrt{2} & 0\\0 & -\sqrt{2}\end{bmatrix}$를 얻는다(여기서 Q^T란 행렬 Q의 행과 열을 바꾼 전치행렬이다).

과정 3 >> 치환하여보자.

$$\begin{bmatrix}x\\y\end{bmatrix} = Q\begin{bmatrix}u\\v\end{bmatrix}$$

로 치환하자. 이때

$$[x, y] = \left(Q\begin{bmatrix}u\\v\end{bmatrix}\right)^T = \left(\begin{bmatrix}u\\v\end{bmatrix}\right)^T Q^T = [u, v]\,Q^T$$

이고

$$\begin{aligned} x^2+2xy-y^2 &= [x,\ y]\begin{bmatrix}1 & 1\\ 1 & -1\end{bmatrix}\begin{bmatrix}x\\ y\end{bmatrix} \\ &= [u,v]\,Q^T A\,Q\begin{bmatrix}u\\ v\end{bmatrix} \\ &= [u,v]\begin{bmatrix}\sqrt{2} & 0\\ 0 & -\sqrt{2}\end{bmatrix}\begin{bmatrix}u\\ v\end{bmatrix} \\ &= \sqrt{2}\,u^2-\sqrt{2}\,v^2 \end{aligned}$$

행렬을 사용한 치환 $\begin{bmatrix}x\\ y\end{bmatrix}=Q\begin{bmatrix}u\\ v\end{bmatrix}$에 의하여 $x^2+2xy-y^2-1=0$은 $\sqrt{2}\,u^2-\sqrt{2}\,v^2=1$로 바뀌었다. 즉, 행렬 A의 대각화 $\begin{bmatrix}\sqrt{2} & 0\\ 0 & -\sqrt{2}\end{bmatrix}$에 의하여 uv 항이 나타나지 않는다.

치환 $\begin{bmatrix}x\\ y\end{bmatrix}=Q\begin{bmatrix}u\\ v\end{bmatrix}$에 의하여 u축의 단위벡터 $\begin{bmatrix}1\\ 0\end{bmatrix}$이 xy좌표에서는

$$\begin{bmatrix}x\\ y\end{bmatrix}=Q\begin{bmatrix}1\\ 0\end{bmatrix}=\begin{bmatrix}\dfrac{1}{\sqrt{4-2\sqrt{2}}}\\ \dfrac{\sqrt{2}-1}{\sqrt{4-2\sqrt{2}}}\end{bmatrix}$$

이므로, uv축을 θ (여기서 $\tan(\theta)=\sqrt{2}-1$) 만큼 시계 방향으로 회전하면 xy축과 일치한다. 따라서, 쌍곡선 $\sqrt{2}\,u^2-\sqrt{2}\,v^2=1$의 그래프를 θ 만큼 반시계 방향으로 회전하면 일반 이차곡선 $x^2+2xy-y^2-1=0$의 그래프를 얻는다.

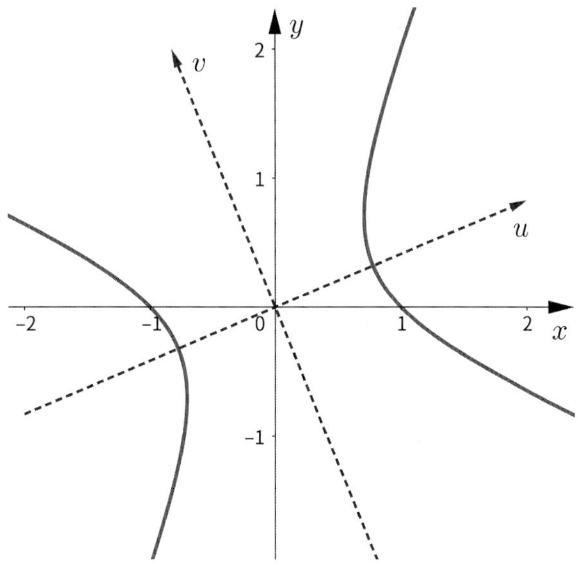

〈 $x^2+2xy-y^2-1=0$의 그래프〉

| 3 | 3강 행렬은 공학에서 어떻게 활용되는가?

행렬의 응용에 대하여 알아보자.

문제 제기

1. 앞 장에서 행렬에 대하여 알아보았다. 공대에서 행렬의 역할은 무엇일까? 그래프 이론, 검색엔진과 관련하여 행렬의 역할을 알아보자.

1) 연결행렬 1

행렬과 행렬의 곱은 무엇을 말하는가? 다음 그림을 바탕으로 생각해 보자.

4개의 공항 사이에 노선이 아래 그림과 같을 때, 이에 대응하는 행렬 $M = (a_{ij})$를 i에서 j로 노선이 있으면 $a_{ij} = 1$, 노선이 없으면 $a_{ij} = 0$으로 정의한다.

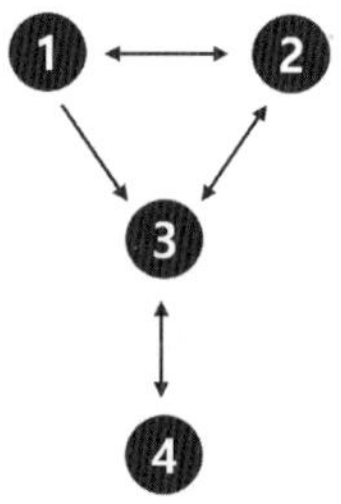

〈4개 공항의 노선도〉

따라서 4개의 공항의 노선을 행렬로 나타내면

$$M = \begin{bmatrix} 0 & 1 & 1 & 0 \\ 1 & 0 & 1 & 0 \\ 0 & 1 & 0 & 1 \\ 0 & 0 & 1 & 0 \end{bmatrix}$$

이다. 이처럼 정의된 행렬 M을 연결행렬(adjacency matrix)이라 부른다. 그래프 이론(graph theory)의 대표적인 예이다.

연결행렬에서 행렬의 곱 M^n은 $n-1$번 갈아타서 갈 수 있는 경우의 수를 나타낸다. 예를 들어, $M^2 = \begin{bmatrix} 1 & 1 & 1 & 1 \\ 0 & 2 & 1 & 1 \\ 1 & 0 & 2 & 0 \\ 0 & 1 & 0 & 1 \end{bmatrix} = (b_{ij})$에서 $b_{22} = 2$는 한 번 갈아타서 ❷에서 ❷로 가는 방법은 ❶이나 ❸을 경유하는 총 2가지가 존재함을 말한다. 한편 ❷에서 ❹로 가는 비행편이 없었지만(즉, $a_{24} = 0$) 한 번 갈아타면 $b_{24} = 1$이다. 즉, ❷에서 ❸을 거쳐 ❹로 가는 방법이 1가지가 있다.

위와 같이 연결행렬이 필요한 이유는 공항이 4개가 아니기 때문이다. 만일 대한항공이 전 세계 200개의 공항에 편도 및 왕복 노선, 그리고 갈아타기 등의 복잡한 노선을 운영한다면 행렬 없이는 불가능하다.

2) 연결행렬 2

한 렌터카 회사는 전국에 세 개의 영업장 1, 2, 3을 두고 운영하고 있다. 고객은 렌트한 차를 아무 영업장에서 반납해도 된다. 매니저는 지난 몇 년간의 자료를 바탕으로 다음과 같은 확률을 얻었다.

$$R = \begin{bmatrix} 0.8 & 0.3 & 0.2 \\ 0.1 & 0.2 & 0.6 \\ 0.1 & 0.5 & 0.2 \end{bmatrix} = (a_{ij})$$

여기서 a_{ij}는 j영업장에서 자동차를 렌트하여 i영업장에 반납하는 확률이다. 이제, 지금까지 축적한 데이터를 어떻게 활용해야 할까?

만일 자동차를 영업장 2에서 빌려 어느 영업장에 반납하는지 그 비율을 보려면 초기벡터 $x^{(0)} = \begin{bmatrix} 0 \\ 1 \\ 0 \end{bmatrix}$을 사용한다. 즉, $R\,x^{(0)} = \begin{bmatrix} 0.3 \\ 0.2 \\ 0.5 \end{bmatrix}$로 영업장 2에서 빌려서 각각 영업장 1, 2, 3에 반납할 확률을 보여주고 있다. 이때, $x^{(1)} = R\,x^{(0)}$, $x^{(2)} = Rx^{(1)} = R^2\,x^{(0)}$이며

$$x^{(11)} = R^{11}\,x^{(0)} = \begin{bmatrix} 0.557 \\ 0.230 \\ 0.213 \end{bmatrix}$$

으로 수렴한다. 장기간에 걸쳐 영업장 2에서 빌린 차는 55.7%가 영업장 1에 반납되고 23%는 영업장 2, 그리고 21.3%는 영업장 3에 반납되는 것으로 예측할 수 있다. 여기서 행렬 R을 마코브 체인(Markov chain)이라고 한다.

독자들은 $\begin{bmatrix} a_{11} & a_{12} & a_{13} \\ a_{21} & a_{22} & a_{23} \\ a_{31} & a_{32} & a_{33} \end{bmatrix} \begin{bmatrix} a_{11} & a_{12} & a_{13} \\ a_{21} & a_{22} & a_{23} \\ a_{31} & a_{32} & a_{33} \end{bmatrix}$을 계산하여 이를 토대로 행렬의 곱의 활용을 즐기기 바란다. 예를 들어, 곱에서 1행 1열 $a_{11}a_{11} + a_{12}a_{21} + a_{13}a_{31}$은 무엇을 말할까?

3) 행렬의 거듭제곱

대각선만 있는 행렬의 거듭제곱은 매우 쉽다. 예를 들어 $D = \begin{bmatrix} 5 & 0 & 0 \\ 0 & 2 & 0 \\ 0 & 0 & 3 \end{bmatrix}$인 경우 $D^{2025} = \begin{bmatrix} 5^{2025} & 0 & 0 \\ 0 & 2^{2025} & 0 \\ 0 & 0 & 3^{2025} \end{bmatrix}$이다. 일반적인 행렬 M의 경우에는 거듭제곱을 구하는 데 시간이 매우 오래

걸리지만, 고윳값과 고유벡터를 이용하면 적당한 행렬 P를 구하여 $PMP^{-1}=D$처럼 대각선만 살아 있는 경우로 만들 수도 있다. 이를 바탕으로 M^{2025}를 구한다면 다음과 같이 곱셈의 횟수를 2회로 줄일 수 있다.

$$(PMP^{-1})^{2025}=PM^{2025}P^{-1}=D^{2025},\ M^{2025}=P^{-1}D^{2025}P$$

다만, 행렬을 항상 대각선만 살아 있는 행렬로 바꿀 수는 없다. 이때는 주어진 행렬을 대각선 방향으로 정사각형 블록들로 분할하는 블록 대각행렬로 대각화할 수밖에 없다. 제4강 1절에서 이를 다루도록 하겠다.

4) 연결행렬 3[20]

다음 그림과 같이 다른 사이트를 참조하고 있는 10개의 사이트가 있다.

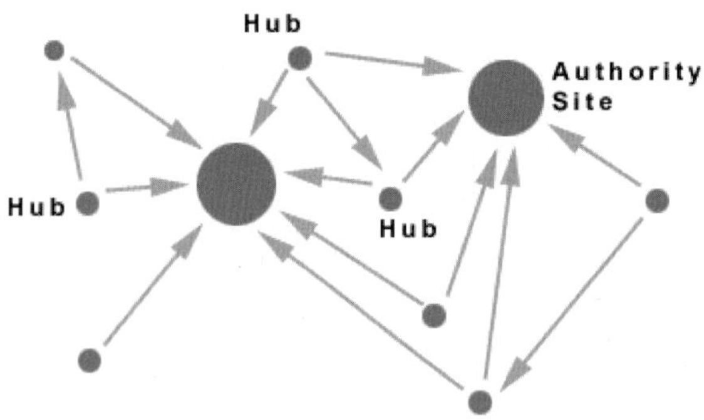

〈10개 사이트의 검색 집합〉

위의 검색 집합에서 만들어지는 연결행렬은

$$A=\begin{bmatrix}0&1&0&0&1&0&0&1&0&0\\0&0&0&0&1&0&0&0&0&0\\0&0&0&0&1&0&0&0&0&0\\0&0&0&0&0&1&1&0&0&0\\0&0&0&0&0&0&0&1&0&0\\0&1&1&1&1&0&0&1&0&1\\0&0&0&0&0&0&0&0&0&1\\0&0&0&0&1&0&0&0&0&0\\0&0&0&0&0&1&0&0&0&0\\0&0&0&0&0&1&0&0&0&0\end{bmatrix}$$

이다(여기서, [site i]가 [site j]를 참조하면 $a_{ij}=1$, 그렇지 않으면 $a_{ij}=0$).

20 독자들은 Anton, H., and Rorres, C.(2011). *Elementary linear algebra,* 10th. ed., New York: Wiley,에서 496-501쪽을 참고하기 바란다..

각 열벡터의 성분을 합하여 만든 벡터를 초기 hub벡터(h_0)라 하며, 각 행벡터의 성분을 합하여 만든 벡터를 초기 authority벡터(a_0)라 한다. 특히, a_0를 처음부터 단위벡터로 만들면

$$a_0 = \frac{1}{\sqrt{54}} \begin{bmatrix} 0 \\ 2 \\ 1 \\ 1 \\ 5 \\ 3 \\ 1 \\ 3 \\ 0 \\ 2 \end{bmatrix}$$

이다. 이로부터, $h_1 = \frac{Aa_0}{\| Aa_0 \|}$, $a_1 = \frac{A^T h_1}{\| A^T h_1 \|}$, $h_2 = \frac{Aa_1}{\| Aa_1 \|}$, $a_2 = \frac{A^T h_2}{\| A^T h_2 \|}$, ... 등으로 계산해나간다(앞서 사용했듯이 A^T는 전치행렬이다). 행렬 AA^T의 성질에 의하여 이와 같은 반복은 안정화되어 a_9와 a_{10}은 거의 같다. 이때,

$$a_{10} = \begin{bmatrix} 0 \\ 0.41990 \\ 0.25337 \\ 0.25337 \\ 0.62957 \\ 0.00002 \\ 0.00001 \\ 0.47165 \\ 0 \\ 0.28460 \end{bmatrix} \text{ (new authority weight)}$$

따라서, 사이트 1, 사이트 6, 사이트 7, 사이트 9는 본 검색에서 관계가 매우 적고, 인터넷 검색엔진의 연결행렬 A로부터 중요도가 높은 사이트부터 나열하면(rank the sites in decreasing order of authority) 사이트 5, 사이트 8, 사이트 2, 사이트 10, 그리고 동률인 사이트 3, 4이다.

다음은 좀 오래되었지만, 행렬을 이해하는 데 도움이 되는 기사라 소개한다.

검색엔진 메커니즘

충무김밥을 검색했다...

① 수집하고 ② 언어를 색인하고 ③ 순서를(검색 모델링) 정한다

기술 용어도 비유인 경우가 많다. '검색엔진'도 그 중 하나다. 검색엔진은 사실 검색기능을 수행하는 소프

트웨어다. 배기통도 없고 시동을 걸 때(키워드를 입력할 때) '부르릉' 소리가 나지도 않는다. 하지만 '엔진'이라는 비유는 이 소프트웨어에 잘 어울린다. 인터넷은 수많은 볼거리가 펼쳐진 광활한 공간이다. 검색창에 키워드를 입력하고 엔터 키를 누를 때마다 사람들은 멋진 검색결과를 기대한다. 멋진 스포츠카 운전석에 앉아 시동을 걸고 어디론가 가고 싶은 꿈과 비슷하다. 이런 기대감을 만족시키려면 검색 소프트웨어는 성능 좋은 '엔진'처럼 움직여야 한다.

검색엔진은 수천만 줄의 컴퓨터 언어로 만들어진 소프트웨어다. 가까이에서 보면 스포츠카 엔진처럼 깔끔하지 않다. 수천 마리의 거미가 수십, 수백년 동안 짜놓은 거미줄처럼 어지럽다. 다만 이 거미줄들은 '알고리즘(algorithm)'이라는 논리적 연산들로 연결돼 각자 필요한 기능을 수행한다. 검색엔진을 구성하는 소프트웨어들의 기능은 다양하다. 하지만 크게 보면 세 가지 기능, '수집' · '색인' · '검색 모델링(랭킹)' 가운데 일부를 담당한다고 볼 수 있다.

검색엔진의 첫 번째 기능은 웹 문서를 '수집'하는 것이다. 수집은 단번에 끝나지 않고 수시로 꾸준히 이뤄진다. 웹 문서의 양이 방대하기도 하지만 계속 바뀌기 때문이다. 좋은 검색결과를 내기 위해서는 문서의 수정 내용이 검색결과에 바로 반영되어야 한다. 네이버 서버 안의 문서는 변화가 생기면 자동으로 업데이트가 되지만 외부 문서의 경우 로봇이라고 불리는 수집 프로그램이 돌아다니며 확인해야 한다. 물론 자주 방문하면 변화 내용을 빨리 알 수 있다. 그러나 너무 자주 방문하면 해당 사이트에 장애가 생길 수도 있다(누군가 계속 집 초인종을 누르는 것과 비슷하다). 또 '수집하지 마라'고 닫아 놓은 사이트도 적지 않다. 좋은 수집 프로그램은 인터넷 구석구석까지 찾지만 상대방에게 부담을 주지 않으면서 에티켓도 잘 따르도록 설계해야 한다.

두 번째 '색인(index)' 기능은 언어 처리와 관련된 영역이다. 가령 '개봉 영화'라는 검색어를 입력했을 때 '개봉동 영화아파트'라는 결과가 나온다면 실망할 것이다. 그럼 '충무김밥'은 어떨까? 김밥의 한 종류인 '충무김밥' 관련 내용이 나가야 할까? 충무에 있는 김밥집이 나오면 틀린 것일까? 이 과정을 논리적으로 푸는 단계가 바로 색인이다. 특히 우리말은 음절로 자르느냐 형태소로 자르느냐, 띄어쓰기를 인식하느냐 마느냐 등에 따라 엄청난 차이가 생긴다.

가령 한 · 일 축구 경기 다음날이면 많이 입력되는 '일본전 골'이라는 질의를 예로 들어보자. 이를 형태소로 자르면 '일본' · '전' · '골'로 분류되지만 '음절'로 분류하면 '일 · 일본 · 본 · 본전 · 전 · 전골 · 골'로 추출된다. 이 경우 음절 단위 색인 추출을 하면 '일본전 골'에 엉뚱하게 '일본'의 '전골' 요리를 설명하는 문서가 나올 수도 있다. 이런 색인 작업은 빠른 검색을 위해서도 필요하다. 각 웹 문서가 어떤 내용과 단어를 포함하고 있는지 정리해놓지 않고 검색어가 들어올 때마다 전체 문서를 돌아다닌다면 검색시간이 길어질 수밖에 없다.

수집 · 색인이 잘 됐을 경우 남은 문제는 '어떤 문서가 검색결과 상단에 가야 하느냐'이다. 현재 네이버 블로그에서 걸그룹 '소녀시대'라는 색인을 갖고 있는 문서는 약 74만 건이다. 이 문서 중 사람들이 가장 원하는 문서가 무엇인지 결정하는 게 '검색 모델링'이다. 검색 서비스 초기에는 질의가 포함된 문서(즉 유사도가 높은 문서)를 찾는 것이 모델링이었다. 가령 '소녀시대'라는 질의가 오면 '소녀시대'라는 단어를 많이 포함한 문서를 보여주는 식이다. 하지만 웹 문서가 급증하면서 질의를 많이 포함한다고 해서 만족스러운 문서가 될 가능성은 점차 낮아졌다. 오히려 질의가 너무 많이 포함된 경우 문서 질이 떨어지는 경우도 있었다. 이제는 해당 질의가 문서 앞에 있는지 뒤에 있는지, 문서 전체에 얼마나 골고루 퍼져 있는지 등을 살피는 등 보다 정교한 모델을 사용한다.

유사도와 별개로 문서 자체의 고유한 특성을 반영하기도 한다. 가령 다른 문서와 많이 링크된 문서는 품질이 좋다고 판단하고 뉴스 문서의 경우 최신 뉴스인지 여부를 평가 요소로 고려한다. 최근에는 해당 웹 문서가 얼마나 많은 클릭을 받았고 이용자들이 얼마나 오래 머물렀는지 같은 이용자 피드백도 반영하고 있다.

마지막으로 각 질의 종류별로 다양한 요소들을 어떤 비율로 조합할지 고려해야 하는데, 만약 고유의 특성 값을 너무 높게 설정해 버리면 질의와 동떨어진 검색결과가 나올 수도 있기 때문이다.

검색엔진은 이처럼 수집·색인·모델링(랭킹) 기능을 하는 소프트웨어의 집합체이다. 하지만 이 소프트웨어가 장애 없이 돌아가기 위해서는 다른 요소들도 필요하다. 검색어 입력 후 1초 이내에 결과를 내놓기 위해서는 앞서 설명한 소프트웨어가 담긴 수만 대의 서버가 쉴 새 없이 돌아가야 하는데, 이를 위해서는 안정적인 대용량 데이터 처리 시스템이 뒷받침돼야 한다. 그렇지 않으면 한 번의 검색결과를 내놓을 수 있을지는 모르나 하루 약 1억 6000만 건(연간 580억 건)의 질의에 안정적으로 답할 수 없기 때문이다.

이윤식, Weekly BIZ [Tech] 2011, 8월 19일

탐구학습

1. (그래프 이론). 다음 방향 그래프(directed graph)를 행렬 A라고 할 때, A^2, A^3을 각각 계산하시오. 그리고 이 그래프를 실세계 문제로 서술하자.

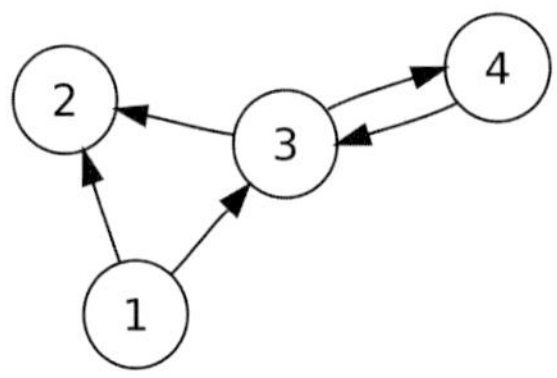

2. (그래프 이론). 앞서 본 문제의 역으로 다음 행렬의 방향 그래프를 그려보자.

$$\begin{bmatrix} 0 & 1 & 0 & 0 & 0 \\ 0 & 0 & 0 & 1 & 0 \\ 1 & 0 & 0 & 0 & 0 \\ 0 & 0 & 0 & 0 & 1 \\ 0 & 0 & 1 & 0 & 0 \end{bmatrix}$$

3. (마코브 체인). 다음 주어진 행렬 계산을 확률을 포함한 실세계 문제로 스토리를 꾸며보자.

① $A = \begin{bmatrix} 0.5 & 0.4 & 0.6 \\ 0.2 & 0.2 & 0.3 \\ 0.3 & 0.4 & 0.1 \end{bmatrix}$ ② $X(0) = \begin{bmatrix} 0 \\ 1 \\ 0 \end{bmatrix}$ ③ $A^6 X(0) \fallingdotseq \begin{bmatrix} 0.504 \\ 0.227 \\ 0.269 \end{bmatrix}$

4. 다음 주어진 계산 결과로부터 행렬 A의 거듭제곱 A^6을 구하여 보자.

$$A = \begin{bmatrix} 3 & 2 \\ 2 & 3 \end{bmatrix},\ P = \begin{bmatrix} \frac{1}{\sqrt{2}} & \frac{1}{\sqrt{2}} \\ \frac{-1}{\sqrt{2}} & \frac{1}{\sqrt{2}} \end{bmatrix},\ P^{-1}AP = \begin{bmatrix} 1 & 0 \\ 0 & 5 \end{bmatrix}$$

5. 〈검색엔진 메커니즘〉을 400자로 요약해 보자.

|4| 4강 기계학습과 행렬

문제 제기

1. 공학에서 행렬의 역할은 좀 더 깊이 있게 알아보자. 미분연산자도 행렬일까?
2. 행렬은 미분의 역할을 대신할 수 있을까?

1) 연립(미분)방정식과 행렬

학생은 중고등학교에서 연립방정식을 만나고, 대학에 입학한 후에는 연립미분방정식을 만난다. 공과대학 2학년 1학기 〈공학수학 1〉에서 연립미분방정식을 접한다. 다음 연립미분방정식을 통하여 행렬의 역할을 살펴보자. 연립미분방정식의 풀이는 행렬의 '대각화(diagonalization)' 또는 '블록 대각화'를 요구한다.

다음 연립미분방정식을 보자.

$$\begin{cases} y_1' = 2y_1 + 2y_2 + y_3 \\ y_2' = y_1 + 3y_2 + 4y_3 \\ y_3' = -y_1 - 2y_2 - 2y_3 \end{cases}$$

단, $y_1(0) = y_2(0) = y_3(0) = 1$.

$$A = \begin{bmatrix} 2 & 2 & 1 \\ 1 & 3 & 4 \\ -1 & -2 & -2 \end{bmatrix} \text{라면, } P^{-1}\begin{bmatrix} 2 & 2 & 1 \\ 1 & 3 & 4 \\ -1 & -2 & -2 \end{bmatrix}P = \begin{bmatrix} 1 & 1 & 0 \\ 0 & 1 & 1 \\ 0 & 0 & 1 \end{bmatrix}$$

여기서

$$P = \begin{bmatrix} 2 & 1 & 1 \\ -1 & 1 & 0 \\ 0 & -1 & 0 \end{bmatrix} \text{이고 } P^{-1} = \begin{bmatrix} 0 & -1 & -1 \\ 0 & 0 & -1 \\ 1 & 2 & 3 \end{bmatrix}$$

(세부 계산은 생략한다). 이제 $Y' = AY$ 로 하면 $Y = PZ$. 따라서 $PZ' = APZ$ 이고

$$Z' = P^{-1}APZ = \begin{bmatrix} 1 & 1 & 0 \\ 0 & 1 & 1 \\ 0 & 0 & 1 \end{bmatrix} Z.$$

따라서 좀 더 간단한 연립방정식

$$\begin{cases} z_1' = z_1 + z_2 \\ z_2' = z_2 + z_3 \\ z_3' = z_3 \end{cases}$$

을 얻는다. 결국

$$z_3' = z_3 \text{ 이므로 } z_3 = c_1 e^t$$

$$z_2' - z_2 = c_1 e^t \text{ 이므로 } z_2 = (c_1 t + c_2)e^t$$

$$z_1' - z_1 = (c_1 t + c_2)e^t \text{ 이므로 } z_1 = (\frac{1}{2}c_1 t^2 + c_2 t + c_3)e^t.$$

따라서 얻고자 하는 해는 다음과 같다.

$$Y = \begin{bmatrix} y_1 \\ y_2 \\ y_3 \end{bmatrix} = \begin{bmatrix} 2 & 1 & 1 \\ -1 & 1 & 0 \\ 0 & -1 & 0 \end{bmatrix} \begin{bmatrix} (\frac{1}{2}c_1 t^2 + c_2 t + c_3)e^t \\ (c_1 t + c_2)e^t \\ c_1 e^t \end{bmatrix}$$

여기서 $c_1 = 6, c_2 = -1, c_3 = -2$ (이유는 $y_1(0) = y_2(0) = y_3(0) = 1$).

2) 행렬의 대각화란 무엇을 위한 것인가?

앞 예에서 행렬의 대각화(또는 블록 대각화)가 가져오는 장점을 음미해 보자. 여러 변수의 복잡한 관계를 가능한 단순화시킨다는 것을 알 수 있다.

3) 미분연산자와 행렬

고등학교 〈미적분 I〉에서 미분계수란 무엇일까? 미분계수 표현을 행렬로 옮겨가 보자.

먼저 다음과 같은 미분계수 표현을 그림으로 이해해 보자.

$$\vdots$$

$$f'(x_n) = \lim_{h \to 0} \frac{f(x_{n+1}) - f(x_{n-1})}{2h}$$

$$f'(x_{n-1}) = \lim_{h \to 0} \frac{f(x_n) - f(x_{n-2})}{2h}$$

$$\vdots$$

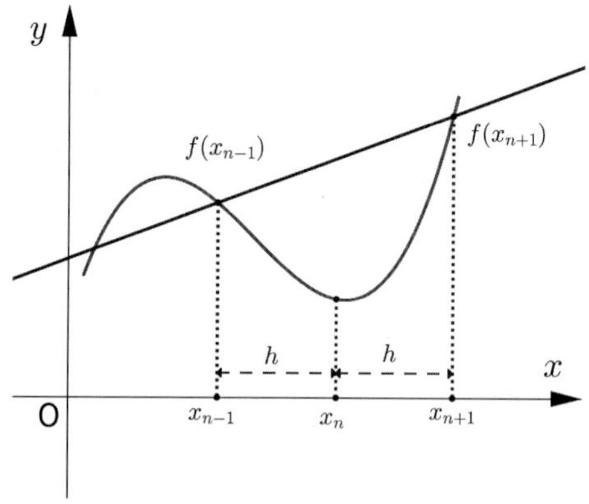

이제 위의 미분계수 표현을 행렬로 옮겨 보자. 기호 $\lim_{h \to 0}$에서 $h \to 0$은 h가 0에 한없이 가까이 간다는 뜻이지만 현실적으로 $h = 0.0001$이면 충분하지 않을까? 이는 미분연산자 행렬이 유한임을 의미한다.

$$\begin{vmatrix} \vdots \\ f'(x_{n+2}) \\ f'(x_{n+1}) \\ f'(x_n) \\ f'(x_{n-1}) \\ f'(x_{n-2}) \\ \vdots \end{vmatrix} = \frac{1}{2h} \begin{vmatrix} \ddots & & & \vdots & & & / \\ & 0 & -1 & 0 & 0 & 0 & \\ & 1 & 0 & -1 & 0 & 0 & \\ \cdots & 0 & 1 & 0 & -1 & 0 & \cdots \\ & 0 & 0 & 1 & 0 & -1 & \\ & 0 & 0 & 0 & 1 & 0 & \\ / & & & \vdots & & & \ddots \end{vmatrix} \begin{vmatrix} \vdots \\ f(x_{n+2}) \\ \boldsymbol{f(x_{n+1})} \\ f(x_n) \\ \boldsymbol{f(x_{n-1})} \\ f(x_{n-2}) \\ \vdots \end{vmatrix}$$

위 미분연산자 M을 행렬 관점에서 표현하면

$$M^T = -M \text{ (skew-symmetric, 반대칭행렬)}$$

이다. 말로 하면

"미분은 행과 열을 바꾸면 음수(−)만큼 차이가 나는 행렬이다"

미분이 가지고 있는 대표적인 행렬적 성질인 '반대칭행렬'에 대하여 알아보자.

- 미분연산자와 같은 반대칭행렬의 여러 예를 찾아보자.
- $n \times n$ 행렬 A에 대하여

$$C = \frac{1}{2}(A + A^T),\ D = \frac{1}{2}(A - A^T)$$

는 각각 대칭행렬, 반대칭행렬이다. 임의의 실수로 만들어진 정방행렬은 대칭행렬과 반대칭행렬의 합으로 표현된다. 예를 들어 확인해 보자.

- 반대칭행렬의 대각선은 모두 영(0)이다.
- 반대칭인 행렬의 고윳값(eigen value)은 어떤 수일까? 여러 예를 들어 보고 결과를 추론해 보자.

4) 행렬의 고윳값과 분해(decomposition)

수학교육에서 분해를 교수법으로 사용해 왔다. 예를 들어, 어떤 식이 자연수에 대하여 성립함을 보일 때, 자연수를 짝수와 홀수로 분해하여 성립함을 보일 수 있다. 또는 소수와 합성수로 분해하여 주어진 항등식을 증명할 수 있다. 조금 어려운 이야기지만, 복소수에서도 이와 같은 분해가 매우 유용하다. 즉 복소수의 분해는 물리적 현상을 분류한다. 우리 학생들은 공과대학 2학년 1학기에 다음을 접한다. 즉, 실세계 문제에서 행렬이 만들어지고 다시 행렬에서 복소수가 만들어진다.

연립미분방정식 $\begin{cases} y_1' = y_2 \\ y_2' = -4y_1 \end{cases}$ 을 행렬로 옮겨오면 다음과 같다.

$$Y' = \begin{bmatrix} 0 & 1 \\ -4 & 0 \end{bmatrix} Y,\ Y = \begin{bmatrix} y_1 \\ y_2 \end{bmatrix}$$

이때, 고윳값은 실수부가 없는 순수한 허수 $2i$, $-2i$이다. 행렬의 영(0)이 아닌 고윳값이 실수부가 없는 순수 허수이므로 아래와 같이 y_1y_2평면[21]에서 타원이 된다.

$$2y_1^2 + \frac{1}{2}y_2^2 = (\text{상수})$$

이는 다음 쪽에서 말하는 5가지 중에 중심(centers)의 경우에 해당한다. 이와 같이 연립방정식 체계에서 고윳값만 알면 문제를 끝까지 풀지 않고서도 여러 현상 중에 어떤 특징을 갖는지 예측할 수 있다. 공학 문제에서 '분해(decomposition)'의 방법이 매우 중요하다는 것을 확인할 수 있다. 복소수의 분해는 언급한 대로 공대에서 사용되는 매우 중요한 문제 예측 및 해결의 한 방법이다.

---

21 위상평면((phase plane)으로 번역하기도 한다.

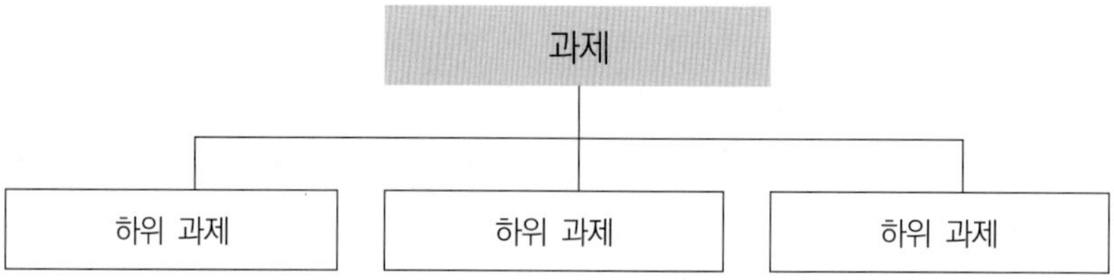

〈분해를 통한 문제해결〉

$y_1 y_2$ 평면에서 $\dfrac{dy_2}{dy_1}$ 이 정의되지 못하는 점을 시스템의 임계점(critical point)이라 한다. 이들의 하위 과제는 복소수를 분해한 5가지 유형으로 나타난다.

● 복소수를 통한 임계점 분해

임계점	고윳값 (예)
비고유 마디점(improper nodes)	실근 ($\lambda_1 = -2,\ \lambda_2 = -4$)
고유 마디점(proper nodes)	중근($\lambda_1 = \lambda_2 = 1$)
안장점(saddle points)	서로 다른 실근($\lambda_1 = 1,\ \lambda_2 = -1$)
중심(centers)	실수부 없음 ($\lambda_1 = 2i,\ \lambda_2 = -2i$)
나선점(spiral points)	실수부, 허수부 모두 있음($\lambda_1 = -1+i,\ \lambda_2 = -1-i$)

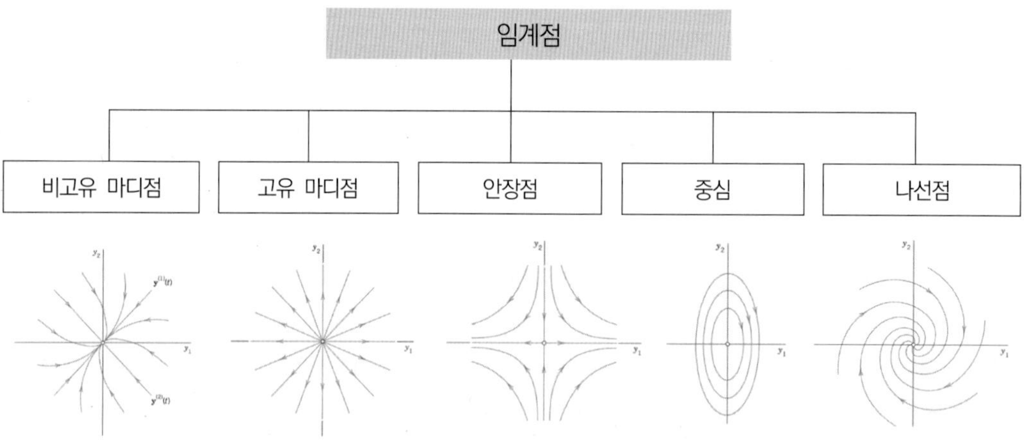

우리 학생들이 공과대학에 진학하면 좀 더 세분화된 것들을 만나게 될 것이다. 다음 표는 게임을 만드는 과제를 하위 과제로 분해하는 예이다.

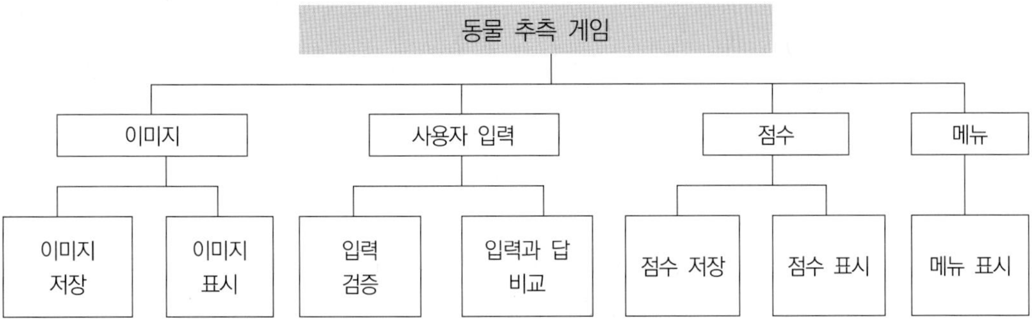

〈게임 만들기에 분해를 적용하기〉

5) 지도학습과 다항식 결정

주어진 데이터 집합을 일차다항식으로 볼 수 있다면 이변수함수

$$L(a,b) = \sum_{i=1}^{3}((a+bx_i)-y_i)^2$$

의 최솟값(local minimum)을 구하는 최소제곱법으로 일차다항식을 구할 수 있다. 이것은 또한 행렬로 바꿀 수 있다.

두 변수 a, b에 대하여 이변수함수 $L(a, b)$의 값이 최소라면

$$\begin{cases} \dfrac{\partial L}{\partial a} = -2\displaystyle\sum_{i=1}^{3}(y_i - a - bx_i) = 0 \\ \dfrac{\partial L}{\partial b} = -2\displaystyle\sum_{i=1}^{3}x_i(y_i - a - bx_i) = 0 \end{cases}$$

이로부터 연립방정식

$$\begin{cases} 3a + b\sum x_i = \sum y_i \\ a\sum x_i + b\sum {x_i}^2 = \sum x_i y_i \end{cases}$$

를 얻고, 다시 이를 행렬 형태로 표현하면 다음과 같다.

$$\begin{bmatrix} 3 & \sum x_i \\ \sum x_i & \sum x_i^2 \end{bmatrix}\begin{bmatrix} a \\ b \end{bmatrix} = \begin{bmatrix} \sum y_i \\ \sum x_i y_i \end{bmatrix}$$

이제 이를 행렬로 전개할 수 있다. $n=3$으로 단순화하면 행렬 $A = \begin{bmatrix} 1 & x_1 \\ 1 & x_2 \\ 1 & x_3 \end{bmatrix}$에 대한 전치행렬은 $A^T = \begin{bmatrix} 1 & 1 & 1 \\ x_1 & x_2 & x_3 \end{bmatrix}$이다. 이때,

$$\begin{bmatrix} 3 & \sum x_i \\ \sum x_i & \sum x_i^2 \end{bmatrix} = A^T A, \quad \begin{bmatrix} \sum y_i \\ \sum x_i y_i \end{bmatrix} = A^T \begin{bmatrix} y_1 \\ y_2 \\ y_3 \end{bmatrix}$$

따라서 편미분에서 온 연립방정식은 다음과 같이 단순한 행렬 간의 관계로 변형된다.

$$A^T A \begin{bmatrix} a \\ b \end{bmatrix} = A^T \begin{bmatrix} y_1 \\ y_2 \\ y_3 \end{bmatrix}, \quad \text{또는} \quad \begin{bmatrix} a \\ b \end{bmatrix} = (A^T A)^{-1} A^T \begin{bmatrix} y_1 \\ y_2 \\ y_3 \end{bmatrix}$$

즉, 행렬, 벡터, 내적의 연산으로만 표현된다. 다시 말하면, 행렬, 벡터, 내적으로 미분을 대신할 수 있다.

탐구질문 》 편미분의 용도를 행렬이 대신할 수 있는가?

아무런 편미분의 계산 없이

$$A^T A \begin{bmatrix} a \\ b \end{bmatrix} = A^T \begin{bmatrix} y_1 \\ y_2 \\ y_3 \end{bmatrix}$$

를 구할 수 있을까? 이를 〈5강 벡터공간과 내적이란 무엇인가?〉에서 다룬다.

위에서는 어떤 데이터를 일차다항식으로 볼 때 행렬을 이용하여 직선의 방정식을 구하는 방법을 알아보았다. 실험 데이터를 얻었을 때 이것을 일차, 이차 또는 삼차다항식으로 접근할 수 있는 물리적인 근거는 무엇인가? 학생들이 수학 탐구 보고서[22]를 쓸 때, 데이터를 대변하는 다항함수를 올바르게 선택했는지를 지도하는 것은 매우 중요한데, 이는 주로 물리적인 현상을 기반으로 한다. 훅의 법칙을 사용하여 용수철 상수를 구하는 문제는 일차다항식 결정의 대표적인 예이다. 따라서 중학교 〈과학 1, 2, 3〉과 고등학교 〈통합과학〉, 〈물리 1, 2〉를 수학교사들이 알고 있으면 서·논술 지도/평가에 많은 도움이 된다.

• 일차다항식의 예

제약회사에서 신약을 개발한 후 실험을 바탕으로 환자에게 신약을 처방하려 한다. 신약을 0단위부터 1단위까지 특정 사람에게 투여하여 콜레스테롤의 수치 C(milligrams/unit volum of blood)를 다음과 같이 얻었다고 하자.

22 부록에서 학생들이 관심을 두고 있는 수학주제를 제공하였다.

신약의 단위 D	0.0	0.2	0.4	0.6	0.8	1.0
콜레스테롤 수치 C	289	273	254	226	213	189

위 표로부터 이상적인 직선의 방정식 $C = a + bD$를 결정할 수 있다. 표에 해당하는 식은

$$\begin{bmatrix} 1 & 0.0 \\ 1 & 0.2 \\ 1 & 0.4 \\ 1 & 0.6 \\ 1 & 0.8 \\ 1 & 1.0 \end{bmatrix} \begin{bmatrix} a \\ b \end{bmatrix} = \begin{bmatrix} 289 \\ 273 \\ 254 \\ 226 \\ 213 \\ 189 \end{bmatrix}$$

따라서,

$$\begin{bmatrix} a \\ b \end{bmatrix} = \begin{bmatrix} 6 & 3.0 \\ 3 & 2.2 \end{bmatrix}^{-1} \begin{bmatrix} 1444.0 \\ 615.2 \end{bmatrix} = \begin{bmatrix} 291.24 \\ -101.14 \end{bmatrix}$$

이고, 원하는 이상적인 직선의 방정식은 $C = 291.24 - (101.14)D$ 이다.[2)]

• 이차다항식의 예

다음 데이터는 Texas Instruments의 CBR을 사용하여 교실에서 축구공을 아래로 낙하시키면서 위치를 수집한 것이다.

시간(초)	센서로부터의 거리(미터)
1.247	0.825
1.290	0.842
1.333	0.875
1.376	0.926
1.419	0.995
1.462	1.082
1.505	1.183
1.548	1.306
1.591	1.471
1.634	1.609

TI-92를 사용하여 이를 이차다항식[23]으로 접근하면

$$y(x) = 8.336068 - 12.172454\,x + 4.932078\,x^2$$

을 얻는다. 이때, 우리는 이차항의 계수(중력가속도의 절반)에 물리적 관심이 있다.

• 삼차다항식의 예

다음 데이터는 댈러스에서 오사카행 아메리칸 에어라인-157기의 착륙 직전 35km 전부터 기내화면에 제공된 비행기의 고도(km)를 기록한 것이다(2001년 10월 8일 저자 기록). 비행기가 인천공항에 안전하게 착륙하려면 어떤 수학/과학적 원리가 필요한지 알아보자.[24]

착륙지점으로부터의 거리(km)	7	11	18	24	35
고도(km)	0.238	0.480	0.860	1.190	1.234

주어진 위치에서 비행기의 고도를 알 때, 이를 삼차함수로 최적화하면 비행기의 궤적을 알 수 있다. 위 데이터를 함수 $y(x) = a + bx + cx^2 + dx^3$으로 접근하자. 위 데이터를 함수에 대입하면 미지수 a, b, c, d에 대한 5개의 방정식으로 구성된 연립방정식을 얻는다.

$$\begin{pmatrix} 1 & 0 & 0 & 0 \\ 1 & 7 & 49 & 343 \\ 1 & 11 & 121 & 1331 \\ 1 & 18 & 324 & 5832 \\ 1 & 24 & 576 & 13824 \\ 1 & 35 & 1225 & 42875 \end{pmatrix} \begin{pmatrix} a \\ b \\ c \\ d \end{pmatrix} = \begin{pmatrix} 0 \\ 0.238 \\ 0.480 \\ 0.860 \\ 1.190 \\ 1.234 \end{pmatrix}$$

이를 파이썬을 이용하여 최적화하면 착륙지점에서 35 km 떨어진 곳에서부터의 비행기의 궤적은 다음 삼차함수로 나타난다.[3)]

$$y(x) = 0.00044992508 + 0.01634625297x + 0.003156362736x^2 - 0.0000747207549x^3$$

23 〈통합과학〉 "중력은 어떻게 작용하는가?"에서 다룬다.

24 Stewart, J., Clegg, D., and Watson, S.(2020). *Calculus*, Cengage. (209쪽 참고)

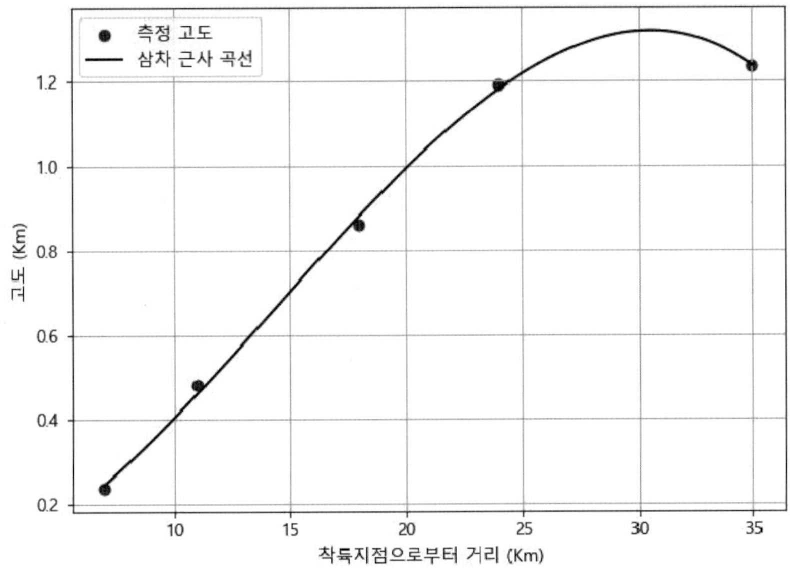

〈비행기의 착륙 전 고도 궤적 (3차 다항식 근사)〉

탐구학습

1. (지하철역까지의 거리와 5평 1층 상가의 월 임대료) 지하철역과 건물 사이의 거리에 따른 5평 기준 월 임대료 자료를 보자.

지하철역까지의 거리(km)	월 임대료(십만 원)
0.5	8.7
0.8	7.5
1.1	7.1
1.5	6.8

이로부터 회귀곡선 $y = a + bx$를 손 계산으로 구하자.

2. 오마르 하얌은 모스크를 짓는 과정에서 한 예각이 $57.065°$인 직각삼각형을 만들어내었다. 이는 삼차방정식과 관련이 있는데, 이것을 주제로 하여 모델링 지도를 해보자. 이 모델링에서 $\{y \mid my'' + cy' + ky = 0\}$은 이차원 벡터공간이다.[25]

---

25 Amir-Moez(1962). “A paper of Omar Khayyam”, *Scripta Mathematica* 26(4): 323-327.
Rashed, R.(2015). *Classical mathematics from Al-Khwarizmi to Descartes*, New York: Routledge.

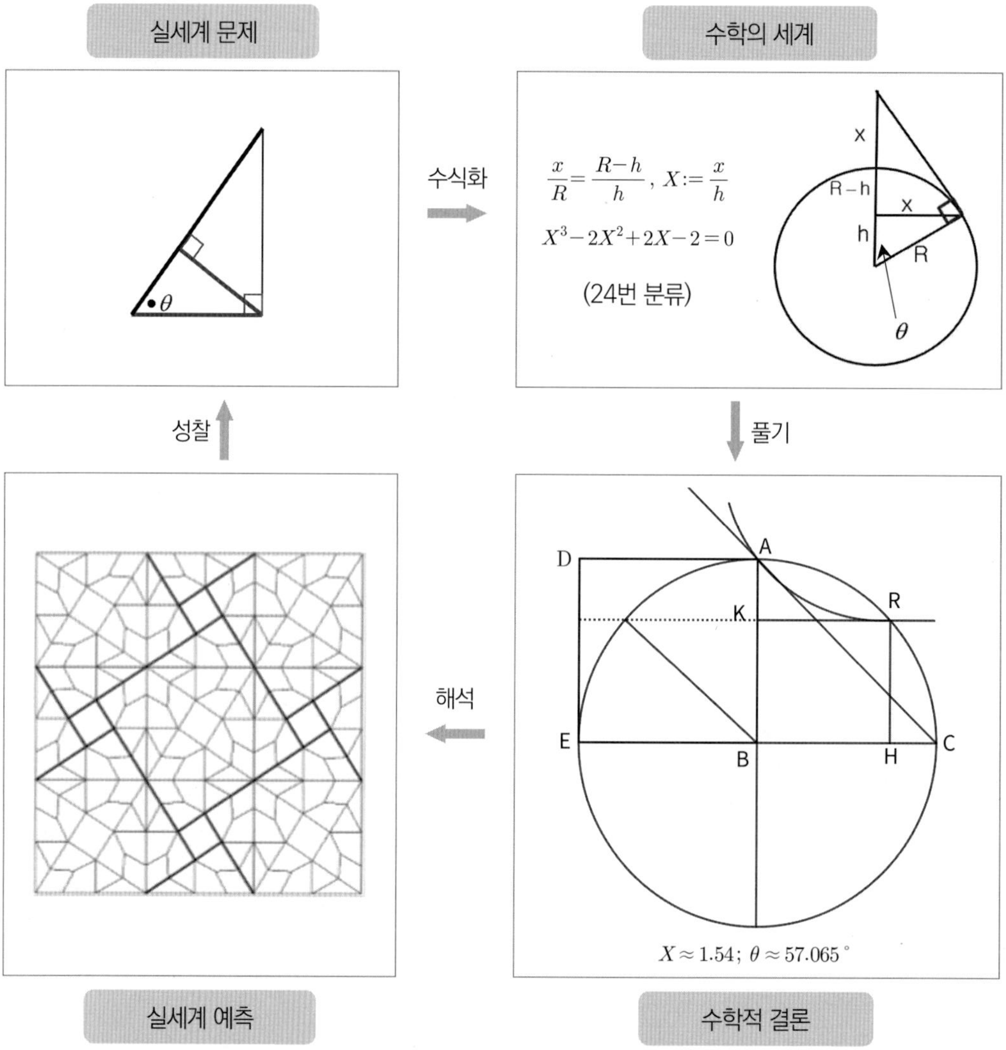

〈Modeling : 오마르의 삼차방정식〉

| 5 | 5강 벡터공간과 내적이란 무엇인가?

문제 제기

1. 〈물리학 Ⅱ〉 힘과 운동에서 벡터를 언급한다. 여기서 말하는 벡터공간과 그 연산(알짜힘 구하기)은 무엇인가? 〈물리학 Ⅰ〉에서 '비스듬히 작용하는 힘이 하는 일'은 내적과 관련이 있는가?
2. 행렬, 벡터, 내적 또는 벡터공간은 공과대학에서는 어떻게 사용될까? 구체적인 예를 몇 가지 보면서 생각해 보자.

1) 벡터공간, 벡터란 무엇인가?

정의 1 >> $(V, +)$를 덧셈에 대한 아벨군(additive abelian group), $k, l \in \mathbb{R}$, 그리고 $\boldsymbol{u}, \boldsymbol{v} \in V$라 하자. V가 스칼라곱 $\mathbb{R} \times V \to V$, $(r, \boldsymbol{v}) \to r\boldsymbol{v}$에 대하여

① $k(\boldsymbol{u}+\boldsymbol{v}) = k\boldsymbol{u} + k\boldsymbol{v}$

② $(k+l)\boldsymbol{u} = k\boldsymbol{u} + l\boldsymbol{u}$

③ $k(l\boldsymbol{u}) = (kl)\boldsymbol{u}$

④ $1\boldsymbol{u} = \boldsymbol{u}$

를 만족할 때, V를 $\mathbb{R}$-벡터공간이라 하고 V의 원소를 '벡터' 그리고 실수를 '스칼라'라 부른다. 공학에서 자주 사용되는 벡터공간의 예를 간략히 7가지로 알아보자.

예제 1 벡터공간의 예1

$V = \mathbb{R} \times \mathbb{R} = \mathbb{R}^2$는 다음 두 연산에 의하여 벡터공간이 된다.

① $(x_1, y_1) + (x_2, y_2) = (x_1 + x_2, y_1 + y_2)$

② $k(x, y) = (kx, ky)$.

특히, ①은 기하적으로 평행사변형을 만들기 때문에 흔히 "평행사변형법"이라 부르고 ②에서 정의한 스칼라 배는 기하적으로 k배 늘리거나 줄이는(음인 경우는 반대 방향) 것을 의미한다.

예제 2 벡터공간의 예2

용수철계나 전기회로에서 만들어지는 해집합 $\{y \mid y'' + y = 0\}$은 이차원 벡터공간이다.

예제 3 벡터공간의 예3

이차 이하 다항식의 모임 $P_2 = \{a + bx + cx^2 \mid a, b, c \in \mathbb{R}\}$은 다항식 간의 일반적인 합과 스칼라 연산 $k(a + bx + cx^2) = ka + kbx + kcx^2$에 의하여 삼차원 벡터공간이다.

예제 4 벡터공간의 예4

먼저 집합으로 언급한다. 이때, 연산에 대하여 닫혀 있음이 자명하므로 벡터공간으로 쉽게 볼 수 있다. 예를 들면, 삼각함수 모임

$$T = \{a_0 + a_k \operatorname{sinn}(kx) + b_k \cos(kx) \mid a_0, a_k, b_k \in \mathbb{R}, k = 1, 2, 3, \ldots\}$$

은 무한차원 벡터공간이다.

예제 5 벡터공간의 예5

일부의 원소를 기반으로 이들을 포함하는 벡터공간을 언급하기도 한다. 예를 들어, 간단한 문장을 '문서행렬'로 표현하여 벡터로 본다.

● 문서와 벡터 성분

	안녕	나	수학	리만	물리	아인슈타인	싫어
T1	1	1	1	1	0	0	0
T2	1	1	0	0	1	1	0
T3	1	0	1	1	0	1	1

이로부터 문서행렬을 칠차원 벡터공간의 벡터로 표현한다.

$$\vec{u} = \ <1,1,1,1,0,0,0>$$
$$\vec{v} = \ <1,1,0,0,1,1,0>$$
$$\vec{w} = \ <1,0,1,1,0,1,1>$$

예제 6 벡터공간의 예6

특정 두 벡터로 생성된 벡터공간은

$$W = \left\{ c\begin{bmatrix}1\\1\\1\end{bmatrix} + d\begin{bmatrix}x_1\\x_2\\x_3\end{bmatrix} \mid c, d\text{는 실수} \right\}$$

와 같이 표현된다.

예제 7 벡터공간의 예7

(1) 체(field) $F_2 = \{0, 1\}$에 대하여 $V = (F_2)^5$의 원소의 개수는 $2^5 = 32$이고 원소 $<1,\ 0,\ 1,\ 0,\ 1> \in V$를 괄호 없이 간단히 10101로 사용한다.

부호 $C = \{00000, 01101, 10110, 11011\}$는 오차원 벡터공간 $V = (F_2)^5$의 부분공간이다.

특히, 부분공간 C는 두 원소 10110, 01101에 의하여 생성된다. 즉,

11011=10110 + 01101. 따라서 부호 C는 이차원 벡터공간이다.

(2) 위 4개의 벡터는 {동, 서, 남, 북}을 뜻하며 이와 같은 부호체계는 실제로 미군이 베트남 전쟁에서 사용한 것이다. 수색대가 받은 노이즈가 들어간 수신벡터 $\boldsymbol{w} = 11110$을 복호하자.

$\boldsymbol{w} = 11110$에 대하여

$$\boldsymbol{w} + C = \{11110,\ 10011,\ 01000,\ 00101\}$$

이고 0이 제일 많은 것(coset leader)은 01000이고 결과적으로

$$\boldsymbol{w} + C = \{11110,\ 10011,\ 01000,\ 00101\} = 01000 + \mathrm{C}$$

따라서, $\boldsymbol{w} = 11110$는

$$\boldsymbol{w} - 01000 = 11110 - 01000 = 10110 = 남$$

으로 복호된다.

이제, 동, 서, 남, 북을 다음과 같이 바꾸어 생각해 볼 수 있다.

색	부호
흰색	00000
검정색	01101
빨간색	10110
파랑색	11011

여러분은 벡터공간, 벡터, 수신벡터, 복호 등의 이론을 이해했으므로 다음 기사를 수준 높게 재해석하여 읽을 수 있다.

참고 >> 화성 탐사선은 지구와 어떻게 통신할까?[26]

우주는 진공 공간이다. 보통 대부분의 파동은 매질이 있어야 전송된다. 이 논리에 따르면 진공 공간인 우주에서는 전파가 전달되지 않아 통신이 되지 않을 것으로 보인다. 그러나 우린 미국항공우주국(NASA)에서 우주로 쏘아올린 각종 탐사선들이 보내온 정보들을 NASA 홈페이지를 통해 보고 있다. NASA가 지난 8월6일 화성에 쏘아 올린 탐사 로봇 '큐리오시티'의 활약상을 큐리오시티 전용 웹사이트를 통해 보고 있는 것처럼 말이다.

큐리오시티는 화성에 미생물이 존재했는지 등 화성에서의 인류 생존 가능성을 평가하기 위해 NASA가 쏘아 올린 탐사 로봇이다. 길이 3m, 무게 900kg으로 경차 1대 크기다. 큐리오시티는 화성 표면에 무사히 안착하기 무섭게 사진과 동영상 등 각종 정보를 지구로 전달하고 있다. 대체 어떻게 지구로 정보를 전달하고 있는 것일까.

"전파는 다른 매질이 없어도 전송할 수 있습니다. 대기중이든 진공인 공간에서든 상관 없습니

26 이지영, 2012. 08. 14(엔터프라이즈)

다. 우주 공간에서도 통신이 가능하다는 얘기지요"

이성팔 한국전자통신연구원 위성시스템팀 책임연구원은 우주와 지구 간 통신에는 라디오나 텔레비전 같은 방송기기나 휴대폰 같은 통신기기에 사용되는 전파가 사용된다고 설명했다. 탐사 로봇이 수집한 데이터를 지구로 전송하는 통신 원리가 지구에서 텔레비전 영상과 음향을 송수신하는 원리와 크게 다르지 않다는 얘기다.

차이가 있다면 우주에서 사용하는 주파수들은 지상과 비교했을 때 먼 거리를 다니다보니 전파 세기가 강한 높은 주파수 대역을 사용한다. 이렇게 주파수가 높아지면 직진성이 강해서 장애물이 있거나 비가 올 때 세기가 약해지는 감쇠 현상이 두드러지진다. 매질이 없는 우주 공간에서 방향만 잘 맞춘다면 거의 일직선으로 주파수가 지구에 전송돼 정보를 받을 수 있다.

"우주에서 사용하는 주파수 대역은 1GHz에서 30GHz 사이입니다. 라디오가 700MHz를 수준의 주파수를 사용한다는 점에 비쳐봤을 때 약 1천배 이상 높은 주파수를 사용하고 있는 셈이지요. 지상에서 사용하는 텔레비전과 라디오 주파수 대역이 나뉘어 있는 것처럼 우주에서 사용하는 주파수 대역이 나뉘어 있습니다"

큐리오시티에는 하루에 두 번 극초단파(UHF) 주파수를 통해 정보를 보낸다. 내장된 3개의 안테나는 이때 사용된다. 큐리오시티가 보낸 데이터가 지구에 도달하기까지는 약 15분이 걸린다.

지구와 화성 간 거리는 2억 5천만 km다. 여기에 큐리오시티가 지구의 공전과 자전을 염두에 두고 주파수를 지구에 보내기 때문에 전송 시간 차이가 발생한다. 우주와 지구 간 실시간 통신은 거의 불가능하다.

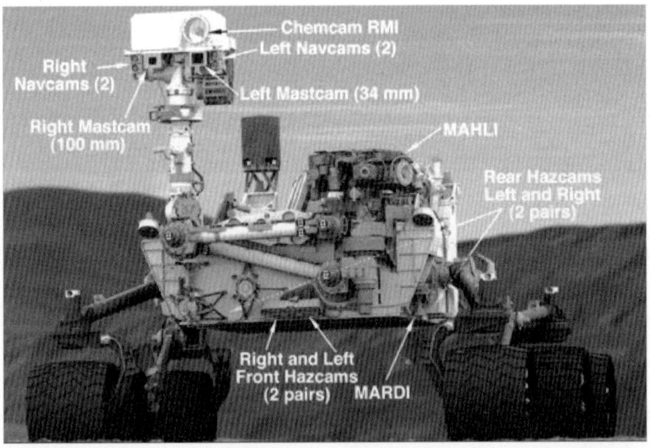

그렇다 보니 NASA는 조금이라도 정보를 전달 받는 데 걸리는 시간을 줄이고자, 인공위성 오디세이를 활용한다. 2001년 발사돼 화성 궤도를 돌고 있는 오디세이는 화성 탐사 로봇의 데이터 대부분을 화성과 지구 사이에서 중개하고 있다. 오디세이가 탐사로봇 큐리오시티와 통신하고 이를 지구로 다시 전송하는 셈이다. 화성 궤도를 돌고 있는 또 다른 위성 화성 궤도 정찰위성(MRO)과 유럽 화성 익스프레스(EME)도 큐리오시티로부터 정보를 전달받아 지구로 전송하는

중개 역할을 담당하고 있다.

예를 들어 큐리오시티가 화성 표면에서 찍은 사진을 지구로 전송하는 경우 이 사진은 15분이나 지나서야 지구에 도착한다. 사진은 그것을 구성하는 무수히 많은 점으로 분해돼 전기 신호로 변환된 뒤 전파에 담아 인공위성에 전송하고, 인공위성은 이 신호를 받아 다시 지구로 전송한다. 이 과정에서 각각의 점들은 밝기에 따라 전기 신호로 변환된다.

아무리 높은 주파수를 사용해도 지상과 달리 우주 공간에서의 통신은 수신신호가 약한 탓에 방해 신호가 섞일 수 있다. 지구에서는 이 전파를 받아 원래의 과정을 되감기하는 식으로 다시 전기 신호로 바꾸고 신호에 섞여 들어온 잡음을 제거한다. 그 다음에야 겨우 큐리오시티 같은 탐사선이 우주에서 보낸 사진을 받아볼 수 있다.

정보를 수신하기 위해 지구에서는 접시형의 거대한 전파망원경 여러 대를 동원한다. 전파망원경은 전파를 반사해 한 곳에 모을 수 있는 구조로 되어 있기에 아주 약한 전파라도 탐지할 수 있어 우주탐사선과의 교신에 사용된다.

NASA는 이렇게 큐리오시티로부터 받은 정보를 클라우드에 저장한 다음 웹사이트로 사용자들과 공유하고 있다. NASA 산하 제트 추진 연구소(JPL)은 아마존웹서비스(AWS)의 서비스를 도입해 큐리오시티가 수집한 이미지와 메타데이터를 실시간 비디오 스트리밍으로 서비스 중이다. 이를 위해 AWS의 가상서버, 데이터베이스(DB), 스토리지(S3), 라우팅, 콘텐츠딜리버리서비스(CDN) 등을 도입했다.

결론적으로, 위의 표를 다시 강조하면, 4개의 부호는 두 원소 $\{0, 1\}$을 스칼라로 하는 벡터공간이다. 특히, 벡터공간 C는 두 원소 10110, 01101에 의하여 만들어지며 이를 기저(basis)라 한다. 즉, 11011=10110 + 01101. C를 이차원 벡터공간이라 부른다.

2) 벡터 사이에 내적을 왜 정의하나?

정의 2 >> V가 $\mathbb{R}$-벡터공간일 때, $\boldsymbol{u}, \boldsymbol{v}, \boldsymbol{w} \in V$, 실수 r에 대하여 다음 4개의 조건을 만족하는 함수 $<\ ,\ > : V \times V \to \mathbb{R}$을 V에서의 내적(inner product)이라 부른다.

① $<\boldsymbol{u}, \boldsymbol{v}> = <\boldsymbol{v}, \boldsymbol{u}>$.

② $<\boldsymbol{u}+\boldsymbol{v}, \boldsymbol{w}> = <\boldsymbol{u}, \boldsymbol{w}> + <\boldsymbol{v}, \boldsymbol{w}>$.

③ $<r\boldsymbol{u}, \boldsymbol{v}> = r<\boldsymbol{u}, \boldsymbol{v}>$.

④ $<\boldsymbol{u},\boldsymbol{u}> \geq 0$이고, $<\boldsymbol{u}, \boldsymbol{u}> = 0 \Leftrightarrow \boldsymbol{u} = \mathbf{0}$.

벡터공간에서 정의2를 만족하는 함수 $<\ .\ >$는 내적이 되므로 벡터공간에 존재하는 내적은 유일하지 않다. 공학에서 사용되는 중요한 몇 가지 내적을 살펴보자.

먼저, 알카시정리(코사인정리, $c^2 = a^2 + b^2 - 2ab\cos C$)가 필요하다. 다음 그림을 살펴보자.

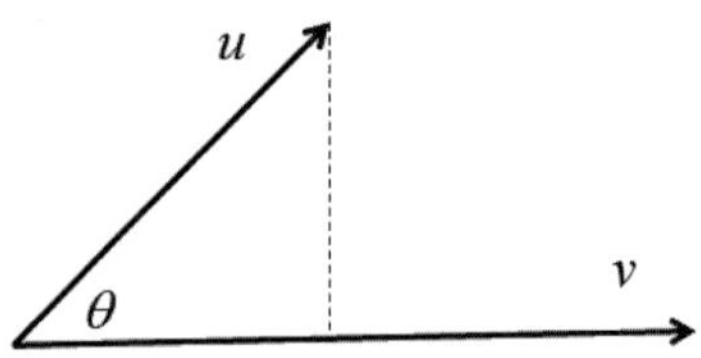

사잇각이 θ 인 두 벡터 $\boldsymbol{u}, \boldsymbol{v}$ 가 있다. 벡터 $\boldsymbol{u}$ 를 벡터 $\boldsymbol{v}$ 에 수직으로 내린다. 먼저 수직으로 내린 선분의 길이는 $|\boldsymbol{u}|\cos(\theta)$이고, 여기서 $|\boldsymbol{u}|$는 벡터 $\boldsymbol{u}$ 의 길이(크기)이다.

한편, 벡터 $\boldsymbol{v}$ 방향의 단위벡터는 $\frac{\boldsymbol{v}}{|\boldsymbol{v}|}$이므로 벡터 $\boldsymbol{u}$ 를 벡터 $\boldsymbol{v}$ 에 수직으로 내린 벡터는 $|\boldsymbol{u}|\cos(\theta)\frac{\boldsymbol{v}}{|\boldsymbol{v}|}$ 이다. 흔히 "수직으로 내린다"를 "정사영(projection)시키다"로 쓰고 있다. 이를 기호 $proj_{\boldsymbol{v}}\,\boldsymbol{u}$로 쓴다. 따라서, $proj_{\boldsymbol{v}}\,\boldsymbol{u} = \frac{|\boldsymbol{u}||\boldsymbol{v}|\cos(\theta)}{|\boldsymbol{v}|^2}\boldsymbol{v}$이다.

특히, $|\boldsymbol{u}||\boldsymbol{v}|\cos(\theta)$를 $\boldsymbol{u}\cdot\boldsymbol{v}$로 표시하자. 즉, $\boldsymbol{u}\cdot\boldsymbol{v} = |\boldsymbol{u}||\boldsymbol{v}|\cos(\theta)$이다. 두 벡터의 좌표를 $\boldsymbol{u} = < x_1,\ y_1 >$, $\boldsymbol{v} = < x_2,\ y_2 >$로 설정하고 다음 직교좌표계로 가보자.

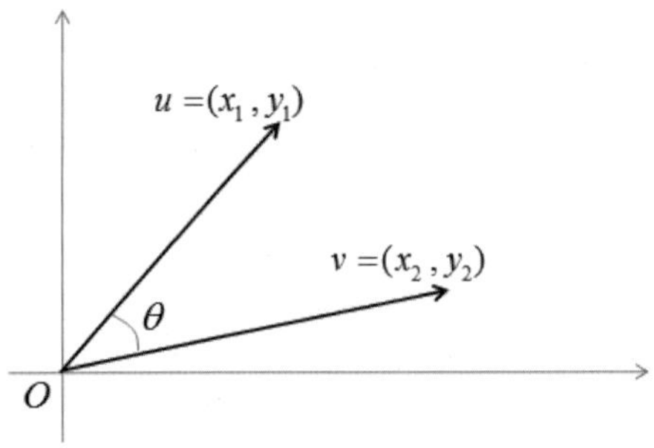

이때, $|\boldsymbol{u}||\boldsymbol{v}|\cos(\theta) = \sqrt{x_1^2 + y_1^2}\ \sqrt{x_2^2 + y_2^2}\ \cos(\theta)$이고 두 벡터에 의하여 만들어지는 삼각형에 알카시정리를 적용하면

$$|\boldsymbol{u}-\boldsymbol{v}|^2 = |\boldsymbol{u}|^2 + |\boldsymbol{v}|^2 - 2|\boldsymbol{u}||\boldsymbol{v}|\cos(\theta).$$

이제 $\boldsymbol{u}-\boldsymbol{v} = < x_1 - x_2,\ y_1 - y_2 >$이므로 $|\boldsymbol{u}-\boldsymbol{v}|^2 = (x_1-x_2)^2 + (y_1-y_2)^2$이다. 한편, $|\boldsymbol{u}|^2 + |\boldsymbol{v}|^2 - 2|\boldsymbol{u}||\boldsymbol{v}|\cos(\theta) = (x_1^2+y_1^2) + (x_2^2+y_2^2) - 2|\boldsymbol{u}||\boldsymbol{v}|\cos(\theta)$이므로

$$(x_1-x_2)^2 + (y_1-y_2)^2 = (x_1^2+y_1^2) + (x_2^2+y_2^2) - 2|\boldsymbol{u}||\boldsymbol{v}|\cos(\theta)$$

따라서, $x_1x_2 + y_1y_2 = |\boldsymbol{u}||\boldsymbol{v}|\cos(\theta)$를 얻는다.

한편, 고등학교에서 두 벡터 $\boldsymbol{u} = < x_1, y_1 >$, $\boldsymbol{v} = < x_2, y_2 >$의 내적을 다음과 같이 정의한다.

$$\boldsymbol{u} \cdot \boldsymbol{v} = x_1x_2 + y_1y_2 = |\boldsymbol{u}||\boldsymbol{v}|\cos(\theta)$$

독자들은 고등학교 〈기하〉에서 사용하는 내적이 여러 내적 중에 하나라는 것을 기억하자.

이번에는 문장의 유사도(코사인 유사도, cosine similarity) 측정에 대하여 알아보자. 다음과 같은 문서가 있다. Text1과 Text2의 유사도를 내적이 측정한다.

TEXT1. 안녕 나는 수학자 리만이라고 해
TEXT2. 안녕 나는 물리학자 아인슈타인이라고 해
TEXT3. 안녕 수학과 리만을 좋아해. 아인슈타인은 싫어

① 형태소 분석

〈'안녕', '나', '수학', '리만'〉
〈'안녕', '나', '물리', '아인슈타인'〉
〈'안녕', '수학', '리만', '아인슈타인', '싫어'〉

② 명사를 문서행렬로 표현

	안녕	나	수학	리만	물리	아인슈타인	싫어
T1	1	1	1	1	0	0	0
T2	1	1	0	0	1	1	0
T3	1	0	1	1	0	1	1

③ 문서행렬을 다음 7차원 벡터공간의 벡터로 표현한다.

$$\vec{u} = < 1, 1, 1, 1, 0, 0, 0 >, \ \vec{v} = < 1, 1, 0, 0, 1, 1, 0 >, \ \vec{w} = < 1, 0, 1, 1, 0, 1, 1 >$$

이제, 코사인 유사도 $\cos(\theta) = \dfrac{\vec{u} \cdot \vec{v}}{|\vec{u}||\vec{v}|}$를 계산한다. 즉,

$$\cos(\theta) = \frac{\sum_{i=1}^{7} x_i y_i}{\sqrt{\sum_{i=1}^{7} x_i^2}\sqrt{\sum_{i=1}^{7} y_i^2}} = \frac{2}{4}$$

따라서 Text1과 Text2는 50% 유사도를 갖는다. 또 다른 다음 예에서 독자들은 유사도를 계

산해보기를 바란다.

Father = [1, 0, 1, 1, 1, 0, 0], Mother = [1, 0, 1, 1, 0, 1, 1]

Features	Father	Mother
Is Noun	1	1
Is Verb	0	0
Is present tense	1	1
Is human	1	1
Is Male	1	0
Is long hair	0	1
Can cook	0	1

3) 인공 신경망(artificial neural network)[27]: 벡터와 내적

이 내용은 중학교 〈과학 3〉에서 다루는 "신경계는 신호를 전달해"이다.[28]

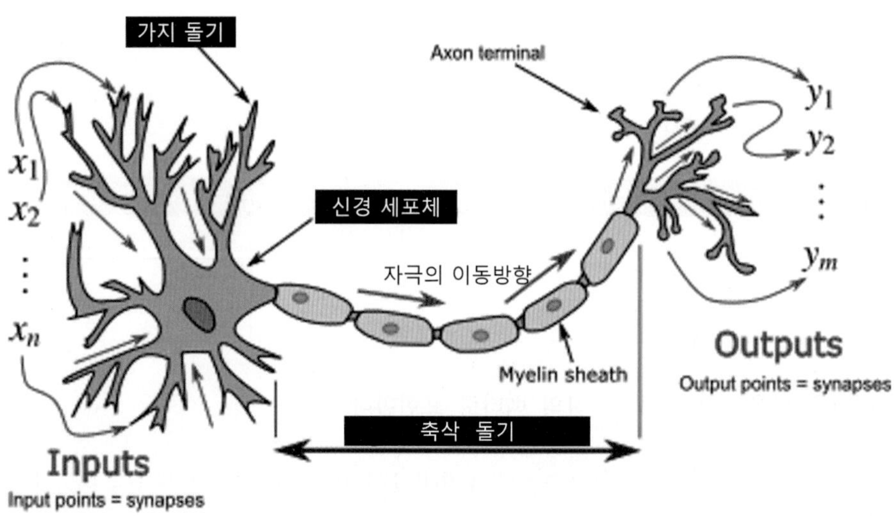

〈신경계는 신호를 전달해〉

위 그림에서 신경계를 구성하는 신경세포를 뉴런이라 하며 뉴런은 신경 세포체(cell body), 가지 돌기(dendrite), 축삭 돌기(myelinated axon)로 이루어져 있다. 여기서 가지 돌기는 다른 신경세포로부터 입력을 받아들이는 역할을 하며 받아들인 입력들은 신경세포체에서 정해진 방식에 따라서 처리한다. 축삭 돌기는 처리된 정보를 다른 신경세포로 전달하는 역할을 한다.

27 〈2015 중학교 과학3〉 자극의 전달과 반응에서 "신경계는 신호를 전달해"를 다룬다.

28 https://en.wikipedia.org/wiki/Artificial_neural_network

퍼셉트론은 입력값 벡터 X와 가중값 벡터 W가 존재하며 이들의 내적을 가중합이라 하고, 내적은 이들을 하나의 입력값으로 정돈한다.

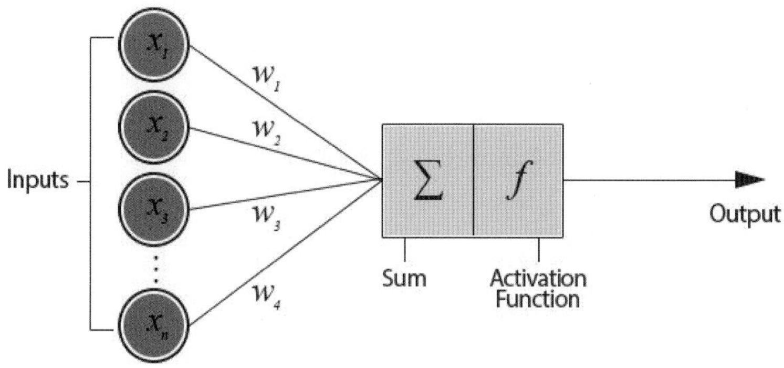

〈내적을 이용한 가중합〉

이를 식으로 나타내 보자.

$$X = \begin{bmatrix} x_1 \\ x_2 \\ x_3 \\ x_4 \\ \vdots \\ x_n \end{bmatrix},\ W = \begin{bmatrix} w_1 \\ w_2 \\ w_3 \\ w_4 \\ \vdots \\ w_n \end{bmatrix},\ < W, X > = W^T X = w_1 x_1 + w_2 x_2 + w_3 x_3 + \cdots + w_n x_n$$

활성화 함수(activation function)는 계단함수 $f = \begin{cases} 0 & < W, X > \le 0) \\ 1 & < W, X > \ > 0) \end{cases}$을 사용하여 output 0 또는 1을 결정한다. 다른 한편, 계단함수 대신 지수함수 $f(x) = \dfrac{1}{1+e^{-x}}$ (logistic sigmoid function)을 사용하기도 하는데 이때, 실수 입력값을 [0,1] 사이의 값으로 변환한다.

● 활성화 함수의 예

함수명	함수
계단함수	$f(x) = \begin{cases} 1 & (x \ge 0) \\ -1 & (x < 0) \end{cases}$
로지스틱 시그모이드	$f(x) = \dfrac{1}{1+e^{-x}}$
하이퍼볼릭 탄젠트	$f(x) = \dfrac{e^x - e^{-x}}{e^x + e^{-x}}$
소프트플러스	$f(x) = \ln(1+e^x)$
렉티파이어	$f(x) = \max(0, x)$

4) 미분과 벡터공간

(1) 직선 $y = a + bx$에 세 점 $(x_1, y_1), (x_2, y_2), (x_3, y_3)$을 대입하면 연립방정식

$$\begin{cases} y_1 = a + bx_1 \\ y_2 = a + bx_2 \\ y_3 = a + bx_3 \end{cases}$$

이 생긴다. 세 점이 일직선 위에 존재하지 않는다면 위 연립방정식의 해는 존재하지 않는다. 어떻게 해결할까?

(2) 이때, 두 벡터로 생성된 벡터공간

$$W = \left\{ c \begin{bmatrix} 1 \\ 1 \\ 1 \end{bmatrix} + d \begin{bmatrix} x_1 \\ x_2 \\ x_3 \end{bmatrix} \mid c, d\text{는 실수} \right\}$$

를 살펴보자. 해가 존재하지 않는 연립방정식을

$$A \begin{bmatrix} a \\ b \end{bmatrix} = proj_W f$$

로 변형하는 것이 최적의 선택이다. 한편, 벡터 $f - proj_W f$는 정의에 따라 벡터공간 W에 수직이다.

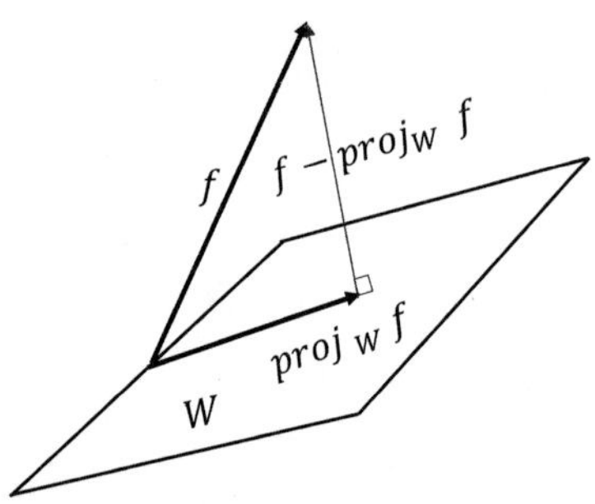

〈벡터공간 W와 수직인 벡터 $f - proj_W f$〉

따라서, W의 원소와의 내적은 0이다. 즉,

$$A^T(f - proj_W f) = \begin{vmatrix} 0 \\ 0 \end{vmatrix}$$

앞서 언급한 최적의 선택 $A \begin{bmatrix} a \\ b \end{bmatrix} = proj_W f$를 사용하면

$$A^T\left(f - A \begin{bmatrix} a \\ b \end{bmatrix}\right) = \begin{bmatrix} 0 \\ 0 \end{bmatrix} \quad \text{또는} \quad A^T A \begin{bmatrix} a \\ b \end{bmatrix} = A^T f$$

(3) 즉, 미분을 사용하여 얻었던 식

$$\begin{bmatrix} a \\ b \end{bmatrix} = (A^T A)^{-1} A^T \begin{bmatrix} y_1 \\ y_2 \\ y_3 \end{bmatrix}$$

를 다시 얻을 수 있다. 여기서 우리는 미분에 대한 그 어떤 것도 사용하지 않았다. 앞서 알아 본 미분은 행렬 연산자임을 상기하자!

5) 구간 $[-1, 1]$에서 지수함수 e^x를 다항함수로 접근

지수함수 $y = e^x$ 를 이차다항식으로 접근할 수 있다. 세부 이론은 생략하며 독자들은 선형대수 책을 참고하기 바란다.

먼저, $P_2 = \{a + bx + cx^2 \mid a, b, c \in \mathbb{R}\}$를 포함한 벡터공간에서 내적

$$< f,\ g > = \int_{-1}^{1} f(x)\, g(x)\, dx$$

에 대하여 그램-슈미트 방법을 이용하여 P_2의 직교기저를 구한다.

① $v_1 = 1$ 으로 시작하면

② $v_2 = x - \dfrac{\int_{-1}^{1} x\, dx}{\int_{-1}^{1} dx} 1 = x$

③ $v_3 = x^2 - \dfrac{\int_{-1}^{1} x^2\, dx}{\int_{-1}^{1} dx} 1 - \dfrac{\int_{-1}^{1} x^3\, dx}{\int_{-1}^{1} x^2\, dx} x = x^2 - \dfrac{1}{3}$

다시, 직교기저 $\left\{1,\ x,\ x^2 - \dfrac{1}{3}\right\}$을 각 길이가 1인 단위직교기저로 만들면

$$\left\{ \frac{1}{\sqrt{2}},\ \sqrt{\frac{3}{2}}\, x,\ \frac{1}{2}\sqrt{\frac{5}{2}}\,(3x^2 - 1) \right\}$$

이고, 따라서 다음을 얻는다.

$$< e^x,\ \frac{1}{\sqrt{2}} > = \int_{-1}^{1} e^x \frac{1}{\sqrt{2}} dx = \frac{1}{\sqrt{2}}(e - e^{-1})$$

$$< e^x,\ \sqrt{\frac{3}{2}}\, x > = \int_{-1}^{1} e^x \sqrt{\frac{3}{2}}\, x\, dx = \sqrt{6}\, e^{-1}$$

$$< e^x,\ \frac{1}{2}\sqrt{\frac{5}{2}}(3x^2-1) > = \int_{-1}^{1} e^x \frac{1}{2}\sqrt{\frac{5}{2}}(3x^2-1)dx = \sqrt{\frac{5}{2}}(e-7e^{-1})$$

결론적으로 벡터 e^x 는 P_2의 원소가 아니며 벡터

$$\left(\frac{33}{4}e^{-1}-\frac{3}{4}e\right)+3e^{-1}x+\frac{15}{4}(e-7e^{-1})x^2$$

는 P_2의 원소로 e^x 와 가장 가까운 벡터이다. 이 두 그래프의 가까운 정도를 눈으로 확인한다.

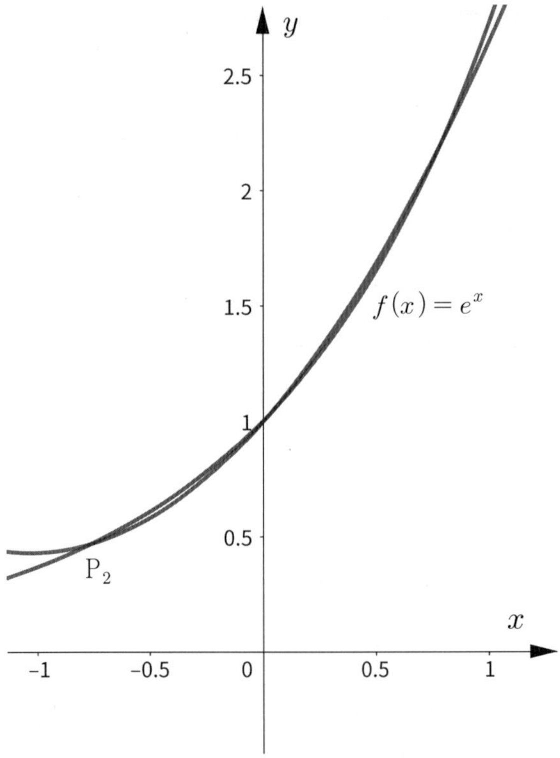

여기서 사용된 내적은 정적분이다. 즉, 정적분은 내적의 훌륭한 예이다. 고등학교에서 여러분은 정적분에서 다음 두 성질

$$\int_a^b [f(x)+g(x)]\,dx = \int_a^b f(x)\,dx + \int_a^b g(x)\,dx$$

$$\int_a^b k\,f(x)\,dx = k\int_a^b f(x)\,dx$$

을 강의했다. 공대에서 이 두 성질은 (함수)벡터공간에서 정적분은 "선형변환(linear transformation)"이라는 것을 말한다. 더욱이 두 함수 $f(x)$와 $g(x)$에서 정적분 $\int_1^2 f(x)g(x)\,dx$ 를

고등학교에서 계산했다는 것은 두 벡터 $f(x)$와 $g(x)$의 내적을 구한 것이다. 앞에서 알아본 대로, $\int_1^2 x\, e^x\, dx$는 두 벡터의 내적이다.

정적분에는 어떤 목적이 있다. 거칠게 표현하면 〈미적분 II〉의 정적분 계산은 내적이라고 보아도 무방하다.

다음에서 〈미적분 II〉에서 등장하는 정적분(또는 내적) $\int_0^{2\pi} x\cos(x)\, dx$, $\int_0^{2\pi} x\sin(x)\, dx$ 등을 공학적 용도로 알아보자.

6) 연속인 주기함수로의 근사(approximate)

학생들은 대학 2, 3학년 때 다음과 같은 정적분을 배운다. 공대에선 "푸리에 급수(Fourier series)"라고 부른다.

탐구질문 》 주기가 2π인 함수 $f(x)=x$로 만들어지는 불연속인 톱니함수(sawtooth function)를 연속함수로 접근할 수 있는가?

구간 $[0, 2\pi]$에서 연속인 모든 함수를 $C[0, 2\pi]$라 하고

$$1, \sin x, \ldots, \sin 4x, \cos x, \ldots, \cos 4x$$

로 생성된 $C[0, 2\pi]$의 9차원 부분공간에서 벡터 $f(x)=x$와 가장 가까운 벡터 $g(x)$를 구할 수 있다. 기저 $\{1, \sin x, \ldots, \sin 4x, \cos x, \ldots, \cos 4x\}$는 행복하게도 직교기저이다. 그 이유는 독자들이 현행 〈미적분 II〉에서 지도하는 정적분

$$< \cos mx, \cos nx > = \int_0^{2\pi} \cos mx \cos nx\, dx = 0 \ (n \neq m)$$

$$< \sin mx, \sin nx > = \int_0^{2\pi} \sin mx \sin nx\, dx = 0 \ (n \neq m)$$

$$< \cos mx, \sin nx > = \int_0^{2\pi} \cos mx \sin nx\, dx = 0$$

에서 찾을 수 있다. 단위직교기저(orthonormal basis)로 바꾸면

$$\left\{ \frac{1}{\sqrt{2\pi}}, \frac{1}{\sqrt{\pi}}\sin x, \cdots, \frac{1}{\sqrt{\pi}}\sin 4x, \frac{1}{\sqrt{\pi}}\cos x, \cdots, \frac{1}{\sqrt{\pi}}\cos 4x \right\}$$

이고, 한편 $k=1, 2, 3, 4$에 대하여

$$\int_0^{2\pi} x \sin kx \, dx = -\frac{2\pi}{k}, \quad \int_0^{2\pi} x \cos kx \, dx = 0$$

이므로

$$g(x) := \pi - 2\left(\sin x + \frac{\sin 2x}{2} + \frac{\sin 3x}{3} + \frac{\sin 4x}{4}\right) \ (g(x) \text{의 푸리에 급수})$$

를 얻는다.

두 그래프를 비교해 보자.

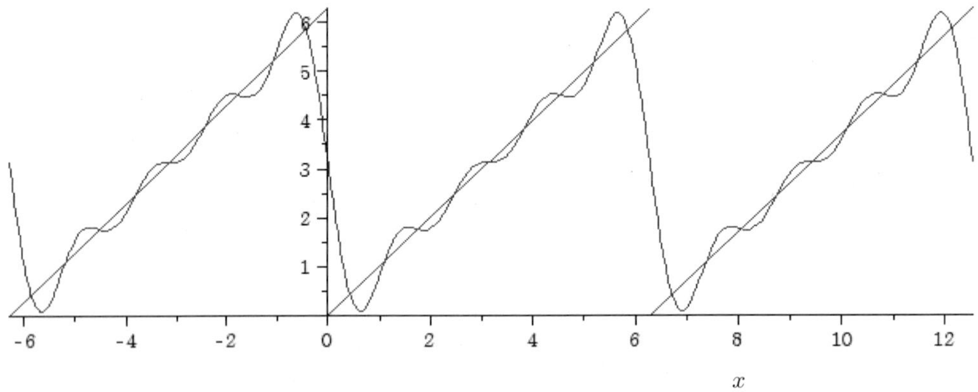

다시 말하면 공학에서 불연속 주기함수를 만나면 이를 (근사적인) 연속함수로 전환해야 하는데, 이때 필요한 것이 내적(정적분)이다.

탐구학습

1. 활성화 함수로 자주 쓰이는 지수함수 $y = \dfrac{1}{1+e^{-x}}$의 그래프의 개형을 그리시오.

2. 4개의 점 $(0,1)$, $(1,3)$, $(2,4)$, $(3,4)$를 동시에 지나는 직선은 존재하지 않는다. 이들의 최종 회귀 곡선이 $y = 1.5 + x$임을 선형대수 관점에서 확인하시오.

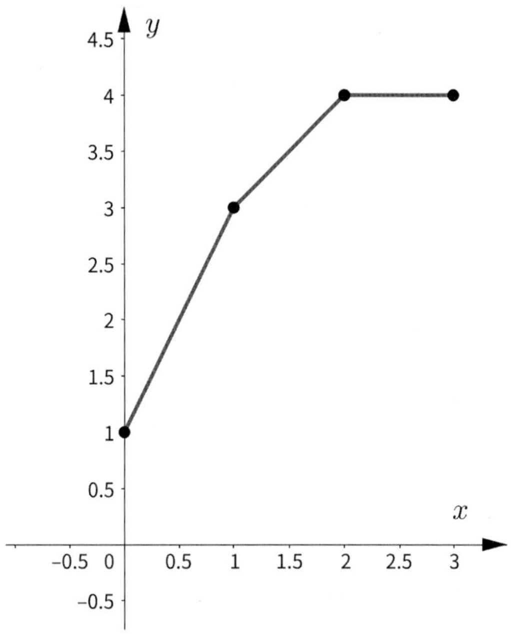

직선 $y = a + bx$가 주어진 네 점을 지난다면 연립방정식

$$\begin{cases} 1 = a + b \cdot 0 \\ 3 = a + b \cdot 1 \\ 4 = a + b \cdot 2 \\ 4 = a + b \cdot 3 \end{cases}$$

의 해는 존재한다. 이를 행렬을 사용하여 재구성하면

$$\begin{bmatrix} 1 & 0 \\ 1 & 1 \\ 1 & 2 \\ 1 & 3 \end{bmatrix} \begin{bmatrix} a \\ b \end{bmatrix} = \begin{bmatrix} 1 \\ 3 \\ 4 \\ 4 \end{bmatrix}, \text{ 또는 } a \begin{bmatrix} 1 \\ 1 \\ 1 \\ 1 \end{bmatrix} + b \begin{bmatrix} 0 \\ 1 \\ 2 \\ 3 \end{bmatrix} = \begin{bmatrix} 1 \\ 3 \\ 4 \\ 4 \end{bmatrix}$$

그런데, 이를 만족하는 실수 a, b가 존재하지 않는다는 것은 벡터 $\boldsymbol{b} = \begin{bmatrix} 1 \\ 3 \\ 4 \\ 4 \end{bmatrix}$가 행렬 $A = \begin{bmatrix} 1 & 0 \\ 1 & 1 \\ 1 & 2 \\ 1 & 3 \end{bmatrix}$의 두 열벡터 $\begin{bmatrix} 1 \\ 1 \\ 1 \\ 1 \end{bmatrix}, \begin{bmatrix} 0 \\ 1 \\ 2 \\ 3 \end{bmatrix}$로 만들어진 공간에 속하지 않음을 의미한다. 따라서, 최선의 방법은 벡터 $\boldsymbol{b}$를 두 열벡터로 생성된 공간 W에 정사영시킨 벡터 $proj_W \boldsymbol{b}$를 이용하여 $A \begin{bmatrix} a \\ b \end{bmatrix} = proj_W \boldsymbol{b}$로 변형하여 연립방정식 문제를 해결한다.

이제 문제는 다음 그림과 같은 벡터 $proj_W \boldsymbol{b}$를 구하는 것인데 이에 대한 기술적인 방법은 벡터 $\boldsymbol{b} - proj_W \boldsymbol{b}$는 정의에 의하여 공간 W에 수직이고 따라서 $A^T(\boldsymbol{b} - proj_W \boldsymbol{b}) = \mathbf{0}$이다.

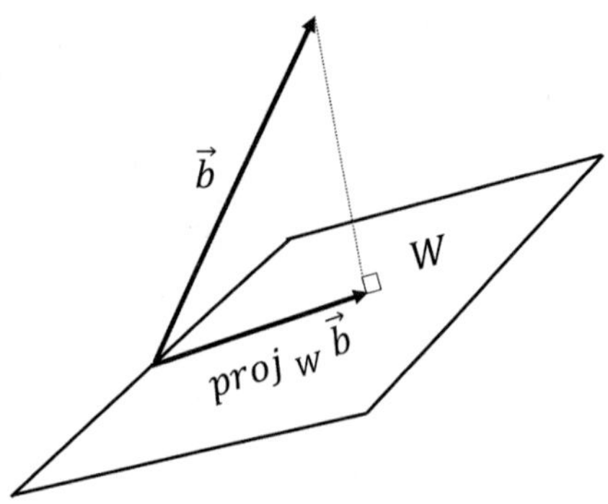

〈정사영 벡터 $proj_W\, b$〉

한편, 최선으로 선택한 식에서

$$\boldsymbol{b} - A\begin{bmatrix} a \\ b \end{bmatrix} = \boldsymbol{b} - proj_W\, \boldsymbol{b}$$

이므로

$$A^T(\boldsymbol{b} - A\begin{bmatrix} a \\ b \end{bmatrix}) = \boldsymbol{0},\ A^TA\begin{bmatrix} a \\ b \end{bmatrix} = A^T\boldsymbol{b},\ \text{또는}\ \begin{bmatrix} a \\ b \end{bmatrix} = (A^TA)^{-1}A^T\boldsymbol{b}$$

따라서 구하려는 a, b 는

$$\begin{bmatrix} a \\ b \end{bmatrix} = (A^TA)^{-1}A^T\boldsymbol{b}\ \begin{bmatrix} 1.5 \\ 1 \end{bmatrix}$$

즉, $y = 1.5 + x$ 이다.

3. 고등학교에서는 '정적분을 계산하여라'라고 하지만 대학에서는 '내적을 구하여라'로 문장이 바뀐다. 다음 정적분 계산의 의미를 알아보자.

(1) $\int_{-1}^{1} x\, e^x\, dx$ (2) $\int_0^{2\pi} x\cos x\, dx$

(3) $\int_0^{2\pi} x\sin x\ dx$ (4) $\int_0^{2\pi} \sin x\ \sin x\ dx$

(5) $\int_0^{2\pi} \sin x\ \cos x\ dx$ (6) $\int_0^{2\pi} \cos x\ \cos x\ dx$

4. 다음 4개의 색이 벡터공간임을 알고 있다. 벡터의 연산(합) 표를 완성하시오. 예를 들어 $01101 + 10110 = 11011$ 이다. 당연히 연산은 닫혀 있어야 한다.

색	부호
흰색	00000
검정색	01101
빨간색	10110
파랑색	11011

	00000	01101	10110	11011
00000				
01101				
10110				
11011				

5. 참고 >> 〈화성 탐사선은 지구와 어떻게 통신할까?〉를 400자로 요약하시오.

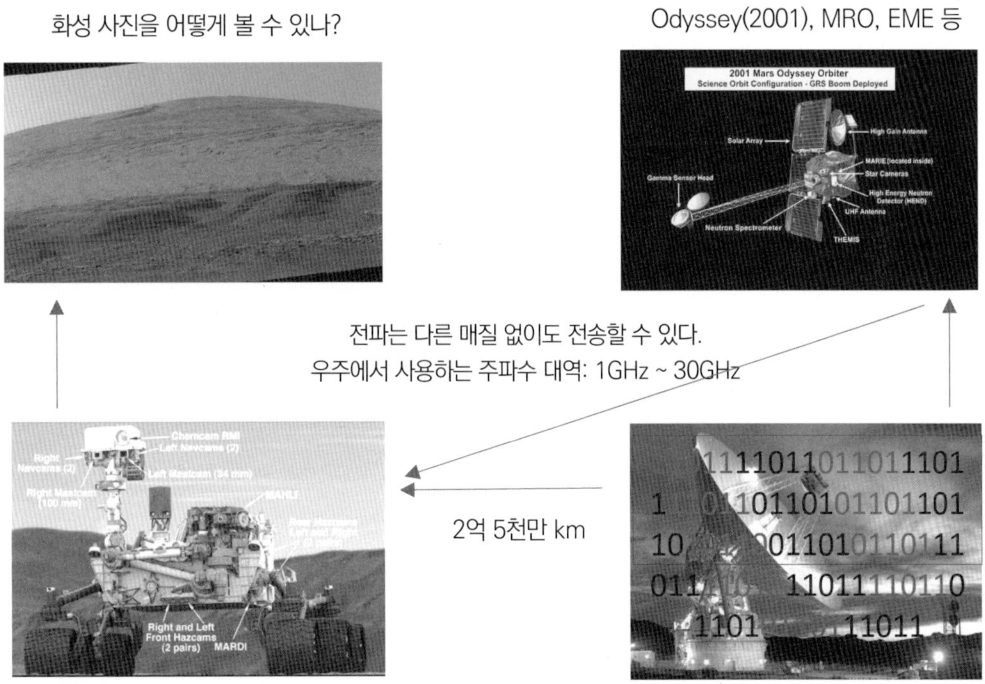

〈화성 탐사선의 사진 전송〉

|6| 6강 연속확률분포

일변수함수의 정적분 $\int_{-\infty}^{\infty} e^{-x^2} dx$의 계산은 일변수에서는 불가능하므로 중적분(double integral)으로 넘어가야만 한다. 이것이 바로 "왜 이변수함수가 필요한가?"에 대한 훌륭한 예이다. 〈미적분 II〉에서는 적분 구간에서 무한대(∞)를 다루지 않는다. 그 이유는 무엇일까? 수능에서 〈미적분 II〉가 제외된 상황에서 교육과정의 재구성이 필요하며 이때, 적분 구간에서 무한대(∞)를 다루는 것도 좋다. 예를 들어 보자.

학생들은 대학 통계학에서 구간이 무한대인 정적분을 배운다. 지수분포(exponential distribution)

$$f(t) = \begin{cases} 0 & (t < 0) \\ ce^{-ct} & (t \geq 0) \end{cases}$$

에 대하여 평균은

$$\mu = \int_{-\infty}^{\infty} t\, f(t)\, dt = \int_{-\infty}^{\infty} cte^{-ct}\, dt$$

로 주어진다. 이때,

$$\int_{0}^{\infty} cte^{-ct}\, dt = \lim_{x\to\infty} \int_{0}^{x} cte^{-ct}\, dt$$

이고 분리적분 방법을 쓰면

$$\int_{0}^{\infty} cte^{-ct}\, dt = \lim_{x\to\infty} \left(\left[-te^{-ct} \right]_0^x + \int_{0}^{x} e^{-ct}\, dt \right)$$

따라서 극한

$$\lim_{x\to\infty} \frac{x}{e^{cx}}$$

를 얻는다.

여기서 우리는 로피탈 규칙(l'Hospital rule)[29]을 사용할 수밖에 없다. 교육과정에서는 이를 다루지 않기 때문에 공교육은 정적분에서 무한대를 다룰 수 없는 것이 당연하다. 본 주제는 수능이 없는 상황에서 2026년부터 교육과정 재구성으로서 로피탈 규칙과 적분 구간의 무한대(improper integral)인 경우를 다루는 것이 의미가 있다.

---

29 〈고급수학 II〉 47-49쪽에서 다룬다.

문제 제기

1. 고등학교 〈확률과 통계〉의 확률밀도함수에 원주율 π가 나오는 이유는 무엇일까?

1) 확률밀도함수

다음 조건을 만족하는 $f(x)$를 확률변수 X의 확률밀도함수(probability density function)라 한다.

(1) 모든 x에 대하여 $f(x) \geq 0$

(2) $P(a \leq X \leq b) = \int_a^b f(x)\,dx$

(3) $P(-\infty \leq X \leq \infty) = \int_{-\infty}^{\infty} f(x)\,dx = 1$

2) 평균(mean)

$f(x)$를 확률밀도함수라 할 때, 평균 μ는 다음과 같이 정의된다.

$$\mu = \int_{-\infty}^{\infty} x f(x)\,dx$$

참고 >> 이와 같은 정적분은 앞에서 알아본 대로 로피탈 규칙을 필요로 하기도 한다.

3) 정규분포(normal distribution)

평균이 μ이고 표준편차가 σ인 확률변수 X 확률밀도함수는 다음과 같다.

$$f(x) = \frac{1}{\sigma\sqrt{2\pi}} e^{-\frac{(x-\mu)^2}{2\sigma^2}}$$

이때,

$$\int_{-\infty}^{\infty} f(x)\,dx = 1$$

이다. 그 이유를 다음 여러 단계를 거쳐 살펴보자. 참고로 〈확률과 통계〉에서는 "그래프와 x축 사이의 넓이는 1이다"로 기술한다.

(1) A, c를 양의 상수라 하고, 다음 함수를 생각하자.

$$f(t) = \begin{cases} 0 & (t < 0) \\ Ae^{-ct} & (t \geq 0) \end{cases}$$

① 확률밀도함수로 만들고 그래프를 그려보자.

② 어떤 형태의 적분을 만날까?

(2) (지수분포) 양의 상수 c에 대하여 다음 함수를 생각하자.

$$f(t) = \begin{cases} 0 & (t < 0) \\ ce^{-ct} & (t \geq 0) \end{cases}$$

① 평균을 구하자.

② 어떤 형태의 적분을 만나나? 왜 로피탈 규칙이 필요한가?

③ 로피탈 규칙을 사용하나?

④ $f(t) = \begin{cases} 0 & (t < 0) \\ \dfrac{1}{\mu} e^{-ct} & (t \geq 0) \end{cases}$가 만들어지나?

(3) 확률밀도함수 $f(x) = \dfrac{1}{\sigma\sqrt{2\pi}} e^{-\frac{(x-\mu)^2}{2\sigma^2}}$ 에 대하여 다음 연속된 질문을 자세히 알아보자.

① $I = \displaystyle\int_{-\infty}^{\infty} e^{-x^2}\, dx$ 의 계산이 기본적으로 필요하다. 그런데 이 정적분은 일변수함수 이론에서는 불가능하다.

② 이변수함수의 정적분(중적분) $I^2 = \displaystyle\int_{-\infty}^{\infty}\int_{-\infty}^{\infty} e^{-(x^2+y^2)}\, dx\, dy$ 로 옮겨가야 한다.[30]

③ 이를 위하여 변환 $x = r\cos\theta$, $y = r\sin\theta$로 택하면(다음 그림에서 왼쪽이 정의역이다.)

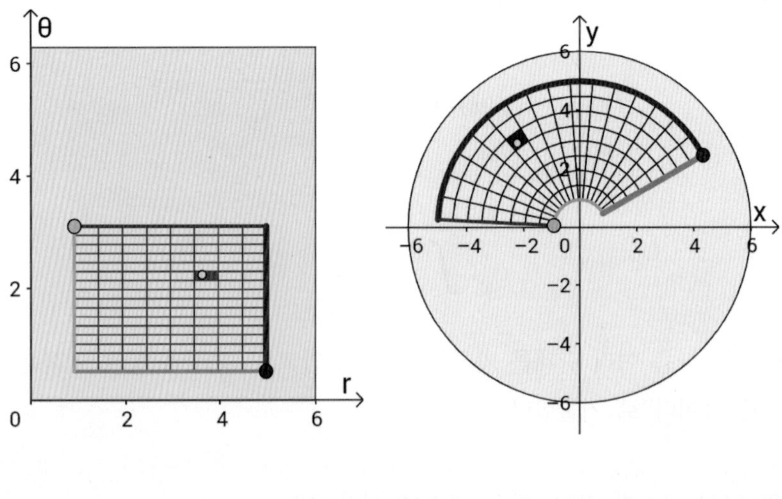

30 독자들은 Fubini의 정리를 참고해보자.

$$I^2 = \int_0^{2\pi} \int_0^{\infty} e^{-r^2}\, r \quad dr\, d\theta$$

로 바뀌게 된다. 여기서 r 을 자코비안(Jacobian)[31]이라 부른다. 변환의 결과로 외적(cross product)과 관련이 있는 항이다. 〈3. 정적분으로 도입되는 함수 2) 감마함수〉에서 이를 다시 다룬다.

④ 따라서 $\int_{-\infty}^{\infty} e^{-x^2}\, dx = \sqrt{\pi}$ 를 얻는다.

⑤ $f(x) = \dfrac{1}{\sigma\sqrt{2\pi}}\, e^{-\frac{(x-\mu)^2}{2\sigma^2}}$ 에서 지수함수 앞에 상수 $\dfrac{1}{\sigma\sqrt{2\pi}}$ 이 왜 필요할까?

⑥ 일변수함수에서 $\dfrac{1}{\sqrt{2\pi}} \int_1^2 e^{-\frac{x^2}{2}}\, dx$ 는 정적분이 불가능하다. 그렇다면 수업 중에 사용하는 표준정규분포표는 어떻게 만들었나? 이를 주제로 〈미적분 II〉 시간에 교육과정을 재구성해 보자. 우리가 주제를 사용한 이유는 〈확률과 통계〉와의 연계로 보기 때문이다(〈4. 정적분은 무리수의 근삿값을 구한다 1〉 심슨의 규칙 참고).

31 실제 $|r|$이 필요하지만 $r > 0$이므로 절댓값이 생략되었다.

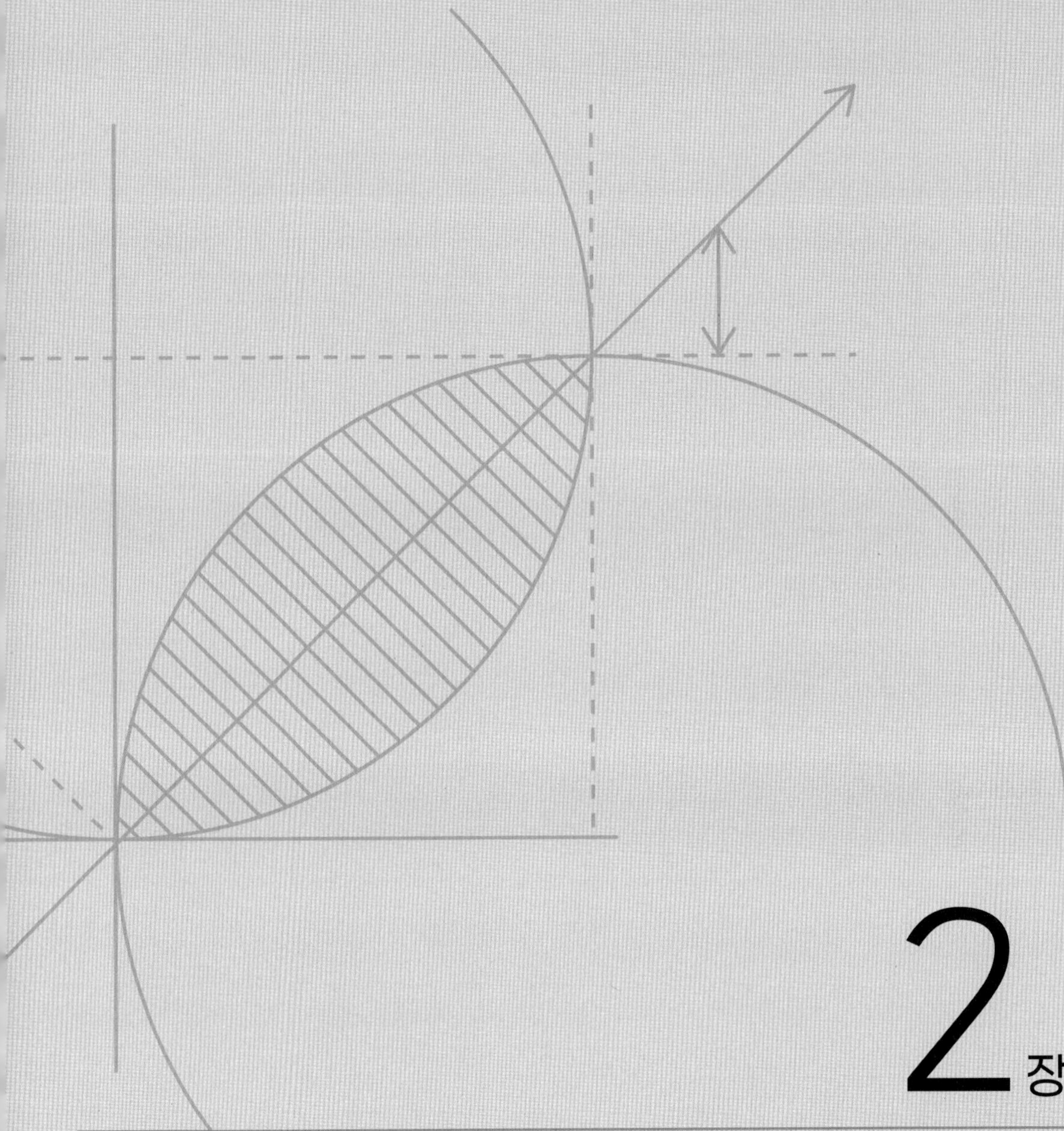

2장

수학과 개념 기반 탐구학습: 〈미적분 I, II〉의 교수 · 학습 – Modeling, Optimization, Symbolism

어떻게 아는가?(How do you know?)

칼 포퍼(K. Popper)는 만약 여러분이 어떻게 아는가?라고 나에게 묻는다면, 나의 대답은 이럴 것이다. '나는 모른다. 나는 다만 추측을 제안할 뿐이다. 만약 여러분이 내 문제에 관심이 있어서, 여러분이 나의 추측에 비판을 하고 대안을 제시한다면, 나는 매우 만족할 것이고, 나는 다시 여러분의 대안을 비판하고자 할 것이다.'

데이비드 밀러, 《포퍼 선집》, 철학과 현실사, 2018

가 도입

| 1 | 개념 기반 탐구학습

이 장에서 〈미적분 I, II〉 내용으로 6개념 중에서 모델링 이론을 다루려고 한다. 이를 2002 개정 교육과정 용어를 빌린다면 "깊이 있는 학습을 어떻게 가능하게 할 수 있는가?"라는 질문에 대한 하나의 제시이다. 이 질문은 현시점에서 "수능에서 제외된 〈기하〉와 〈미적분 II〉의 깊이 있는 학습을 어떻게 조직할까?"로 바꾸어 생각할 수도 있다.

미적분학과 관련된 깊이 있는 학습은 "미적분학에서의 본질적 질문이란 무엇일까?", 라는 질문으로 대신할 수 있다. 우리는 14가지의 예로 미적분의 본질을 탐구하려 한다.

교과서 〈미적분 I, II〉에서 다루고 있는 미적분을 상세히 알아보자. 대학 교육과정에서 보면 '미분과 적분', '미분방정식', '편미분방정식' 그리고 '선형대수학'과 연결되어 있다. 이 장에서는 먼저 대학에서 접한 내용을 고등학교 교육과정과 연계하여 다루고, 그 다음으로는 교과서 〈미적분 I, II〉를 바탕으로 서 · 논술문제를 지도/평가하는 방법을 다룬다.

2022 교육과정에서 교과목별 의미를 살펴보면 〈미적분 I〉은 다항함수를 대상으로 한 미적분의 개념을 다루고 있다. 이에 반하여 〈미적분 II〉는 초월함수를 주요 대상으로 하여 기교적인 적분 기법을 다루고 있다. 이런 의미에서 〈미적분 I〉은 개념적인 교과이기 때문에 그 중요성은 더욱 높다. 개념을 이해할 때는 용어도 중요한 역할을 하는데, 곱의 미분에서 부분적분법은 그 의미를 이해하기에 적절한 표현이 아니다. 부분적분법은 integration by parts를 번역한 것으로 'parts'를 부분이라고 번역하면 오해의 소지가 있다. 마찬가지로 부분분수법도 partial fraction의 'partial'을 부분으로 번역하여 사용하고 있다. parts의 의미를 그대로 옮겨오기 위해서는 부분이라는 단어보다는 다른 부분으로 분리한다는 의미를 살리는 번역이 타당하다. 즉, 부분적분법과 부분분수법을 각각 '분리적분 방법' 그리고 '분수분리 방법'으로 사용하기를 제안한다.

| 2 | 고등학교 미분 지도

1) 고교 미분 지도 다시 보기: 무엇이 문제인가?

실수 세계에서 가장 기본이 되는 일변수함수의 미분 방법을 살펴보자.

문제 제기

1. 중학교, 고등학교에서는 매우 많은 함수를 배운다. 이들을 크게 세 종류로 구분해 보자.
2. 고등학교에서 미분법을 학습할 때, 슬쩍(?) 넘어간 것들이 많이 있다. 물론 그럴 수밖에 없다. 그러나 어디에 문제가 있는지를 명확하게 인지하는 것이 필요하다. 다음 세 가지 질문을 즐겨보자.

〈미적분 I, II〉에서 미분 지도의 출발은

$$\frac{d}{dx}e^x = e^x$$

에 두고 있다. 그 이유에 대하여 살펴보자. 이를 〈미적분 II〉의 교육과정을 재구성하여 수업을 구상해 보자.

질문 1. $y = x^n$을 미분할 때, 어디서 문제가 발생하고, 이를 어떻게 해결하나?
질문 2. 삼각함수 미분에서 학생들에게 필요한 지식은 무엇인가?
질문 3. 지수함수 미분에서 '수치적 증거'는 왜 필요한가?

이제 미분을 시작해 보자.

- 상수함수 $y = c$ $(c \in \mathbb{R})$의 미분을 시도한다.
- 다항함수 $y = x^n$ $(n = 1, 2, 3, 4, \ldots)$의 미분을 시도한다.
- $y = x^{-n}$ $(n = 1, 2, 3, 4, \ldots)$로 멱이 음수인 경우의 미분을 시도한다. 여기까지는 아무 문제가 없었을 것이다. 이제 다음을 보자.
- 멱이 유리수나 무리수 경우인 경우에 미분을 시도할 수 있나? 예를 들어, $y = x^{\frac{7}{3}}$ 또는 $y = x^{\pi}$을 시도할 수 있나? 문제가 발생하였을 것이다. 따라서 다른 방법을 찾아야 한다.
- 문제를 해결하기 위하여 지수함수 $y = b^x$ $(b > 0)$에 주목하자. 여기서, 문제는 "다음 극한값이 존재하는가?"이다.

$$\lim_{h \to 0}\frac{b^h - 1}{h}$$

이 문제는 엄밀하게 대학교 2학년 〈실해석학 개론〉에서 다룬다. 고등학교에서는 이 문제를 어떻게 해결할 수 있을까? 아마도 계산기나 스프레드시트를 이용하여 다음과 같은 표를 만들어 지도하는 것이 가장 낫지 않을까 싶다. 먼저 $b = 2$와 $b = 3$으로 선택한 다음 표를 보자.

h	$\frac{2^h-1}{h}$	$\frac{3^h-1}{h}$
0.1	0.7177346254	1.1612317403
0.01	0.6955550057	1.1046691938
0.001	0.6933874626	1.0992159842
0.0001	0.6931712038	1.0986726383
0.00001	0.6931495828	1.0986183234
0.000001	0.6931474208	1.0986128922
0.0000001	0.6931472041	1.0986123500
0.00000001	0.6931471841	1.0986122900
0.000000001	0.6931470953	1.0986123122

위 표는 두 값을 소수점 아래 열째 자리까지 계산한 것이다. 위 표에서 두 식의 극한값이 존재한다면 소수점 여섯째 자리까지의 값이 0.693147과 1.098612임을 알 수 있다. 이로부터 다음 부등식을 예상할 수 있다.

$$\lim_{h\to 0}\frac{2^h-1}{h}=0.693147\cdots<1<\lim_{h\to 0}\frac{3^h-1}{h}=1.098612\cdots$$

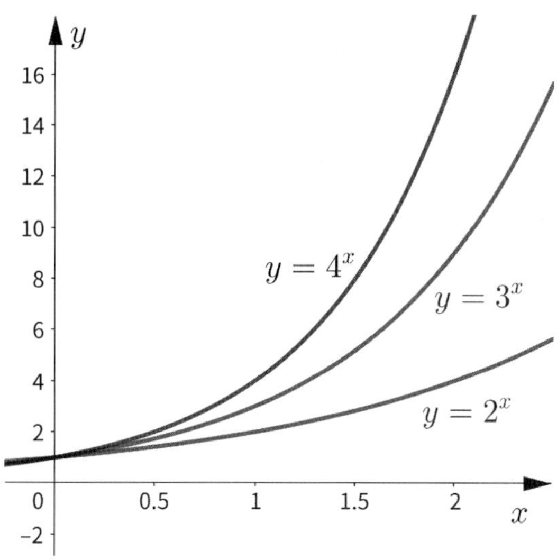

〈지수함수 $y=2^x$, $y=3^x$, $y=4^x$의 그래프〉

이제 위의 부등식으로부터

$$\lim_{h \to 0} \frac{B^h - 1}{h} = 1$$

이 성립하는 어떤 수 B를 학생들은 인식할 수 있을까? 이때 $2 < B < 3$임에 주목해야 한다.

- 위의 식을 만족하는 어떤 수 B를 추정(inference)한다. 그 수를 $B = e$라고 하면 $\lim_{h \to 0} \frac{e^h - 1}{h} = 1$이라는 식이 만들어진다. 우리 인간은 이런 수를 발견/발명했다. 따라서 $\frac{d}{dx} e^x = e^x$ 이다.

  참고로 위 부등식에서 $\lim_{h \to 0} \frac{2^h - 1}{h} = \ln 2$이고 $\lim_{h \to 0} \frac{3^h - 1}{h} = \ln 3$ 이다.
- 이제 합성함수 미분 방법, 역함수 미분 방법을 사용하여 임의의 실수 $n \in \mathbb{R}$ 에 대하여 $y = x^n$ 을 미분하면 $y' = nx^{n-1}$을 얻어 문제가 해결되었다.

2) 좌극한과 우극한이란?

고등학교에서는 좌극한과 우극한이 함수가 연속인가, 미분계수가 존재하는가를 판단의 기준으로 역할을 하는 경우가 대부분이다. 그러나 실세계에서는 데이터가 유한하기 때문에 좌극한, 우극한 자체가 자료를 해석하는 도구가 되는 경우가 많다. 다음의 예를 살펴보자.

우리나라 연도별 총인구 대비 농가 인구 비율은 다음과 같다. 이 자료를 토대로 우극한을 이용하여 농가 인구 비율을 연도에 대한 함수로 나타낸다.

(단위: %)

년도	1970	1980	1990	2000
농가인구비율	45.8	28.9	15.3	8.7

출처: 통계청(http://www.nso.go.kr)

시간을 t(단위: 년)로 하여 1970년은 $t = 0$, 1980년은 $t = 1$로 10년을 단위로 하여 위 표를 지수함수로 나타낸다.

년도	0	1	2	3
농가인구비율	45.8	28.9	15.3	8.7

즉, $f(0) = 45.8$, $f(1) = 28.9$, $f(2) = 15.3$, $f(3) = 8.7$인 함수 f를 우극한을 이용하여 지수함수로 나타낸다.

단계 1 우극한 값을 구하고 이를 미분계수로 사용한다.

미분의 개념을 이용하여 위 표를 지수함수로 결정한다. 함수 $f(t)$의 도함수

$$f'(t) = \lim_{x \to t} \frac{f(x) - f(t)}{x - t}$$

를 생각한다. 물론 함수의 극한에서 나타나는 모든 값은 표에서처럼 주어진 데이터에 의존한다. 표에서 함숫값 $f(t)$는 $t = 0, 1, 2, 3$에서만 존재한다. 따라서 우극한을 도함수로 사용한다. 즉, $f'(t) = \lim_{x \to t^+} \frac{f(x) - f(t)}{x - t}$이다. 먼저 $f'(0)$은

$$f'(0) = \lim_{x \to 0^+} \frac{f(x) - f(0)}{x - 0}$$

으로 $x \to 0^+$로 오른쪽 방향에서 접근하는 것이고 $x \neq 0$이므로 주어진 정의역 $\{0, 1, 2, 3\}$에서는 $x = 1$로 택하는 것이 최선이다. 따라서, $\frac{f(1) - f(0)}{1 - 0}$을 $f'(0)$의 근삿값으로 정한다. 즉,

$$f'(0) \simeq \frac{f(1) - f(0)}{1 - 0} = \frac{28.9 - 45.8}{1} = -16.9.$$

같은 방법으로 하여

$$f'(1) \simeq \frac{f(2) - f(1)}{2 - 1} = \frac{15.3 - 28.9}{1} = -13.6,$$

$$f'(2) \simeq \frac{f(3) - f(2)}{3 - 2} = \frac{8.7 - 15.3}{1} = -6.6$$

로 정한다.

단계 2 $\frac{f'(t)}{f(t)}$를 구한다.

이제, 얻은 값들을 원래의 함숫값 $f(t)$와 비교하여 다음 표를 작성한다(소수점 이하 둘째 자리에서 반올림).

t (년)	$f'(t)$	$f(t)$	$f'(t)/f(t)$
0	−16.9	45.8	−0.4
1	−13.6	28.9	−0.5
2	−6.6	15.3	−0.4
3	없음	8.7	없음

$t=0,1,2$ 에 대하여 $\dfrac{f'(t)}{f(t)}$ 의 값들이 매우 비슷하므로 이들의 평균값 -0.4를 $\dfrac{f'(t)}{f(t)}$ 로 결정하면 $t=0,1,2$에 대하여

$$\frac{f(t+1)-f(t)}{(t+1)-t} \simeq f'(t) \simeq -0.4f(t)$$

또는 $f(t+1) \simeq f(t)-0.4f(t)=0.6f(t)$를 얻는다.

단계 3 함수 $f(t)$를 지수함수로 접근한다.

이제 $t=0,1,2$를 순서대로 대입하면

$$f(1) \simeq 0.6f(0)=45.8(0.6),$$
$$f(2) \simeq 0.6f(1)=45.8(0.6)^2,$$
$$f(3) \simeq 0.6f(2)=45.8(0.6)^3$$

을 각각 얻는다. 따라서 위 일련의 식으로부터 구하려는 지수함수는

$$f(t) \simeq 45.8(0.6)^t$$

로 자연스럽게 추정된다.

탐구 문제 우리나라 인구증가율 $y=f(t)$를 1970년부터 2000년까지의 자료를 바탕으로 지수함수로 나타내 보자. 1970년을 $t=0$, 1980년을 $t=1$ 하고, 계산의 편의를 위하여 1970년부터의 증가율을 각각 2.2, 1.6, 1.0, 0.8, 0.2로 하자.

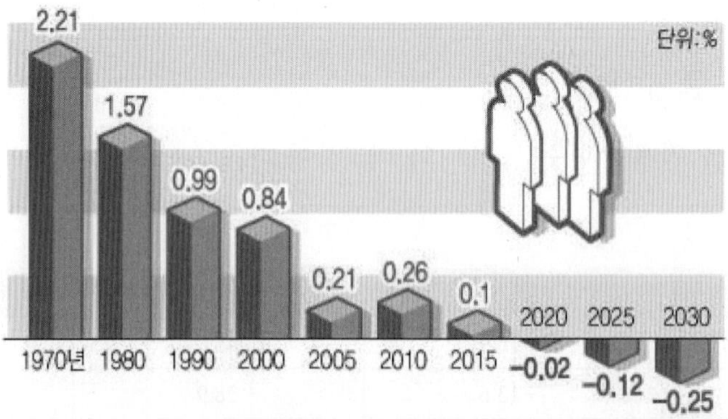

출처. 연합뉴스 2010년 5월 20일

〈우리나라 인구증가율 전망〉

앞에서 알아본 바와 같이 다음 단계를 따라 계산하고 아래 표를 완성한다.

[단계1] 우극한 값을 구하고 이를 미분계수로 사용한다.

[단계2] $\dfrac{f'(t)}{f(t)}$ 를 결정한다.

[단계3] 함수 $f(t)$를 지수함수로 접근한다.

t	$f'(t)$	$f(t)$	$f'(t)/f(t)$
0	−0.6	2.2	
1	−0.6	1.6	
2	−0.2	1	
3	−0.6	0.8	

위 표로부터 우리나라 인구증가율은 자연스럽게

$$f(t) \simeq 2.2(0.7)^t$$

라고 추정할 수 있다. 2015년, 2020년 값으로 구한 함수가 맞는지 성찰해 보자.

3) 적분과 미분이 역관계라는 것은 무엇인가?

고등학교에서 적분은 넓이를 구하는 구분구적법으로 시작한다. 구분구적법은 특별한 형태의 수열을 만드는데, 알다시피 이 방법은 한계가 있어 적분과 미분이 서로 역관계라는 사실을 도입한다. 즉, 적분과 미분의 역관계라는 것은 다음과 같이 너무 어려운 특별한 형태의 수열의 극한을 손쉽게 구하는 방법을 제시한다.

다시 말하면, 연속함수 $f: [a, b] \to \mathbb{R}$ 에 대하여 함수 f로부터 만들어지는 특별한 모양의 수열

$$\{s_n\},\ s_n = \sum_{i=1}^{n} f(x_i^*)\frac{b-a}{n}$$

의 극한값(기호로 $\int_a^b f(x)\,dx$)을 직접 구하는 것은 거의 불가능하다. 그러나 $\dfrac{dF(x)}{dx} = f(x)$인 F를 구할 수만 있다면, 극한값

$$\lim_{n\to\infty} s_n = F(b) - F(a)$$

로 쉽게 구할 수 있다.

이와 같은 위대한 아이디어는 뉴턴(Isaac Newton, 1642-1727)의 스승이자 멘토인 배로(Isaac Barrow, 1630-1677)가 생각해낸 것이다. 고등학교 교과서에는 뉴턴이 업적으로 소개하지만 이는 오해이다.

적분과 미분의 역관계로 정적분을 도입한 후에는 고등학교에서는 도형의 넓이를 구하라는 의미에서 정적분을 계산하게 된다. 이러한 정적분은 공과대학에 오면 주로 (두 벡터의) 내적을 구하라는 의미로 바뀐다. 즉,

$$\text{정적분 } \int_1^2 x\, e^x\, dx \text{ 를 계산하시오.}$$

는 공대에서는

$$\text{두 벡터 } x,\, e^x \text{ 의 내적을 구하시오.}$$

로 바뀌게 된다. 한 가지 부연하자면, 예를 들어 $f(x) = e^{-x^2}$일 때, 극한값 $\int_a^b e^{-x^2} dx$를 적분과 미분의 역관계로 계산하는 것은 불가능하다. 즉, F'이 e^{-x^2}이 되는 함수 $F(x)$를 구할 수 없다. 이와 같은 상황을 어떻게 극복할 것인가? (〈4. 정적분은 무리수의 근삿값을 구한다〉 참고).

4) 평균값 정리(mean value theorem)란 무엇인가?

〈미적분 I〉에는 롤의 정리(Rolle's theorem)와 평균값 정리가 나온다. 평균값 정리는 함수의 극값 정리, 페르마 정리, 롤의 정리를 거쳐서 완성된다. 함수의 극값 정리는 폐구간에서 연속인 함수는 극값을 갖는다는 것을, 페르마 정리는 함수 f가 c에서 극값을 갖고 $f'(c)$가 존재하면 $f'(c) = 0$임을 알려준다, 평균값 정리와 관련된 주요 내용을 나열하면 다음과 같다.

- 실세계 문제와 관련하여 구간단속시점과 구간연속종점을 도입하여 자동차의 과속을 단속할 수 있다.
- $f'(x) = 0$이면 f는 상수함수이다.
- f'의 부호를 이용하여 함수의 증가와 감소를 결정한다. 이와 같은 성질은 그래프의 개형, 부등식 증명[1] 등에 사용된다.
- 교실에서 미분과 적분의 관계라고 하는 적분의 기본정리(fundamental theorem of calculus) $\frac{d}{dx}\int_a^x f(t)\,dt = f(x)$를 보일 수 있다.

---

1 예1. 모든 실수 x, y에 대하여 $|\sin x - \sin y| \le |x - y|$, 예2. 실수 $x > 1$에 대하여 $(x-1)/x < \ln x < x-1$.

• 함수 $y=f(x)$의 호의 길이 $L=\int_a^b \sqrt{1+(y')^2}\,dx$를 구할 수 있다.

• 회전체의 겉넓이 $S=\int_a^b 2\pi f(x)\sqrt{1+(f'(x))^2}\,dx$를 구할 수 있다(〈미적분 II〉에서는 다루지 않고 〈고급수학 II〉 회전면의 넓이(75-77쪽 참고)에서 다룬다.).

이계도함수는 교실에서 그래프의 오목과 볼록을 결정하고 수직선을 움직이는 점의 가속도를 구하는데 사용된다. 그렇다면 평균값 정리의 가치를 고등학교 수학에서 어떻게 바라보면 좋을까? 그리고 고차도함수와는 어떤 관계가 있을까? 결론적으로 말하면 주어진 함수의 평균값 정리와 삼차도함수가 결합되면 주어진 함수를 삼차다항식으로 볼 수 있다. 물론 우리는 삼차를 언급하지만 일반적으로 n차 다항식으로 말할 수 있다. 이에 대하여 수학적(대학교 2학년 〈해석학 개론〉)으로 알아보자.[2]

테일러 정리 >> 먼저 함수 $f:[-3,3]\to\mathbb{R}$가 연속이다. 또한 f', f''가 $[-3,3]$에서 연속이고 삼차도함수 $f^{(3)}$가 개구간 $(-3,3)$에서 존재한다고 가정하자. 물론 구간을 $[a,b]$ 등으로 설정할 수도 있다.

구간 $0<x<3$에서 새로운 함수

$$F:[0,x]\to\mathbb{R}$$

를 다음과 같이 정의하자.

$$F(t)=f(x)-f(t)-(x-t)f'(t)-\frac{(x-t)^2}{2!}f''(t)$$

또한 거듭하여 함수

$$G:[0,x]\to\mathbb{R}$$

을 다음과 같이 정의하자.

$$G(t)=F(t)-\left(\frac{x-t}{x}\right)^3 F(0)$$

이때,

$$G(0)=G(x)=0,\ F'(t)=-\frac{(x-t)^2}{2}f^{(3)}(t)$$

를 보일 수 있고 평균값 정리에 의하여 c가 0과 x사이에 존재하여 다음 등식을 만족한다.

2 Bartle, R., and Sherbert, D.(1982). *Introduction to real analysis*, New York: Wiley. (pp. 222-223)

$$f(x) = f(0) + f'(0)x + \frac{f''(0)}{2!}x^2 + \frac{f^{(3)}(c)}{3!}x^3$$

결론적으로 주어진 함수 f 를 원점($x=0$) 근방에서 근사적으로 삼차다항식으로 볼 수 있다. 이와 같은 전개는 함수 f, f', f'', …, $f^{(n-1)}$가 연속이고 n차 도함수 $f^{(n)}$가 존재하면 주어진 함수는 원점 근처에서 n차 다항식

$$f(x) = f(0) + f'(0)x + \frac{f''(0)}{2!}x^2 + \cdots + \frac{f^{(n-1)}(0)}{(n-1)!}x^{n-1} + \frac{f^{(n)}(c)}{n!}x^n$$

으로 볼 수 있다. 평균값 정리와 고차도함수가 왜 필요한지를 보여주는 정리이다.

이와 같은 사고는 대학 2학년 〈공학수학 1〉에서 어떻게 활용될까? 〈물리학 II〉(진자의 운동)에서는 단진자 길이, 추의 질량, 주기에 초점을 둔다. 학생들은 실험을 통하여 단진자의 주기는 추의 질량에 관계없이 길이의 제곱근에 비례하는 것을 확인한다.

다음과 같은 단순조화진동을 하는 단순진자를 보자. 길이가 l 인 실의 한쪽 끝이 천장에 고정되어 있고 질량 m 인 물체가 반대쪽 끝에 매달려 있다. 물체를 그림과 같이 놓으면 이 물체는 각진동을 한다. 접선 방향의 힘은 $F_x = mg\sin\theta$ 이다. 변위는 $l\theta$ 이므로 가속도는 $\frac{d^2(l\theta)}{dt^2}$ 이다. 따라서 수학의 세계에서 단순진자를 표현하면 다음과 같다.

$$-mg\sin\theta = m\frac{d^2}{dt^2}(l\theta)$$

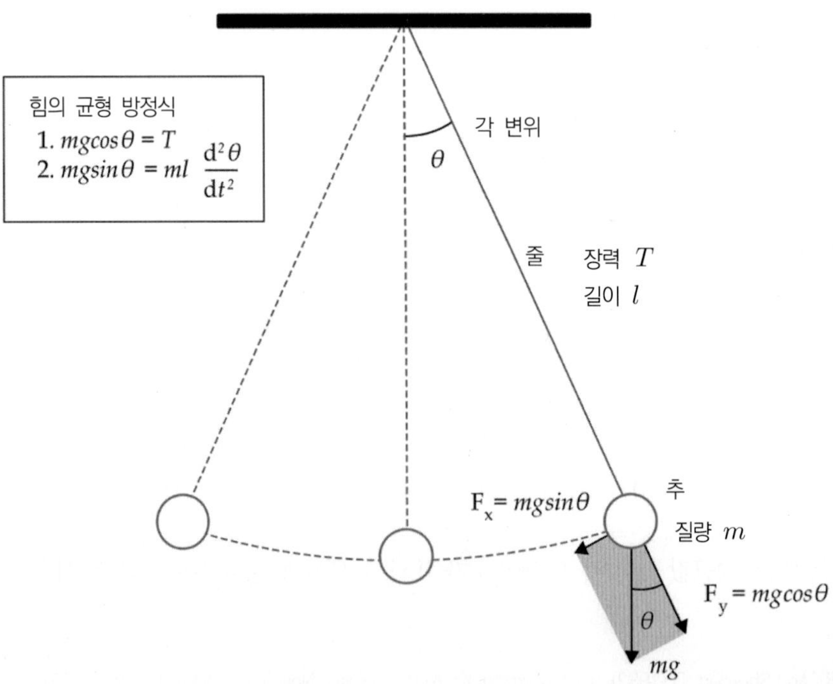

앞서 알아본 평균값 정리에서 보듯이 원점 근처에서 사인함수의 테일러 급수는

$$\sin\theta = \theta - \frac{1}{3!}\theta^3 + \frac{1}{5!}\theta^5 - \cdots$$

이고, 따라서 각 변위 θ가 작을 경우 $\sin\theta \approx \theta$ 이다. 이와 같은 조건에서 (비선형)미분방정식

$$ml\theta'' + mg\sin\theta = 0$$

은 다음과 같은 선형미분방정식 형태로 바뀐다.

$$ml\theta'' + mg\,\theta = 0 \text{ 또는 } \theta'' + (g/l)\,\theta = 0$$

편의를 위하여 $l = g$ 라고 가정하면

$$\theta'' + \theta = 0$$

을 얻는다. 이것은 우리가 저항이 없는 용수철 운동, LC-회로에서 만나 해결한 미분방정식이다. 이때, 두 함수 $\theta\cos t - \theta'\sin t$, $\theta\sin t + \theta'\cos t$의 미분과 평균값 정리를 사용하여 단순진자의 해를 구할 수 있다.

평균값 정리에서 만들어진 테일러 정리를 다항함수에 적용해 보자. 먼저,

$$f(x) = (1+x)^3$$

이라 하자. 이때, $f(0) = 1$이고

$$\begin{aligned} &f'(x) = 3(1+x)^2,\ f'(0) = 3, \\ &f''(x) = 6(1+x),\ f''(0) = 6, \\ &f^{(3)}(x) = 6,\ f^{(3)}(0) = 6, \\ &f^{(n)}(x) = 0,\ f^{(n)}(0) = 0,\ n \ge 4 \end{aligned}$$

임을 알 수 있다. 따라서

$$(1+x)^3 = 1 + 3x + 3x^2 + x^3$$

으로 평균값 정리의 적용은 이항정리와 관계가 있다는 것을 예감할 수 있다.

다항식의 미분계수를 결정할 때, $\dfrac{(x+h)^\pi - x^\pi}{h}$에서 $(x+h)^\pi$의 전개를 할 수 없었다. 이제, $(1+x)^\pi$과 같은 형태를 전개해 보자. 무한급수가 출현하리라 예측할 수 있을 것이다.

파스칼 삼각형(Pascal's triangle, 1665)이 파스칼 이전에 여러 문화권에서 사용된다. 알 카라지는 중국의 양휘(Yang Hui, 13세기)보다 앞선 1000년경 바그다드에서 이항계수의 삼각형 배

열(triangular array)의 괄목할 만한 성질들을 발표하여 당시 이슬람 수학자들의 주의를 끌었다. 이와 같은 이유에서 파스칼의 삼각형을 알 카라지의 삼각형으로 부르는 것이 타당하다.

알 카라지로부터 600여 년이 지난 1665년 뉴턴은 무한급수 전개를 도입한다. 이를 살펴보자.

뉴턴의 이항정리 >> $(1+x)^{\pi}$을 전개할 수 있는가?

임의의 실수 r에 대하여 함수

$$f(x) = (1+x)^r$$

를 전개해 보자.

$$f(x) = (1+x)^r \,,\ f(0) = 0$$
$$f'(x) = r(1+x)^{r-1},\ f'(0) = r$$
$$f''(x) = r(r-1)(1+x)^{r-2},\ f''(0) = r(r-1)$$
$$f^{(3)}(x) = r(r-1)(r-2)(1+x)^{r-3},\ f^{(3)}(0) = r(r-1)(r-2)$$
$$\cdots\cdots$$
$$f^{(n)}(x) = r(r-1)(r-2)\cdots(r-n+1)(1+x)^{r-n},$$
$$f^{(n)}(0) = r(r-1)(r-2)\cdots(r-n+1)$$

을 얻고 이제 평균값 정리로부터 얻은 식(테일러 정리)에 대입하면 다음 무한급수(infinite series)를 얻는다.

$$(1+x)^r = \sum_{k=0}^{\infty} \frac{r(r-1)(r-2)\cdots(r-k+1)}{k!} x^k \quad (|x| < 1)$$
$$= 1 + rx + \frac{r(r-1)}{2!}x^2 + \frac{r(r-1)(r-2)}{3!}x^3 + \cdots \quad (|x| < 1)$$

여기서 비교판정법을 사용하여 급수의 수렴구간이 $|x| < 1$임을 보일 수 있다(대학교 1학년 〈미적분학〉 봄학기에 다룬다). 전통적인 기호를 사용하면 임의의 실수 r에 대하여

$${}_rC_k = \frac{r(r-1)(r-2)\cdots(r-k+1)}{k!}$$

로 정의한다. 간단한 예를 들면 다음과 같다.

$${}_{1/2}C_4 = \frac{(1/2)(-1/2)(-3/2)(-5/2)}{4!} = \frac{-5}{128},$$
$${}_{-2}C_4 = \frac{(-2)(-3)(-4)(-5)}{4!} = 5$$

이제 $f(x)=x^{\pi}$에 대하여 $f'(1)$을 구할 수 있는가? 먼저

$$f'(1)=\lim_{h\to 0}\frac{(1+h)^{\pi}-1}{h}$$

에서 $|h|<1$이 충분히 보장된다. 따라서

$$\begin{aligned}f'(1)&=\lim_{h\to 0}\frac{(1+h)^{\pi}-1}{h}\\&=\lim_{h\to 0}\frac{\left[1+\pi h+\frac{\pi(\pi-1)}{2!}h^2+\frac{\pi(\pi-1)(\pi-2)}{3!}h^3+\cdots\right]-1}{h}\\&=\pi\end{aligned}$$

평균값 정리에서 시작하여 뉴턴의 이항정리를 얻었다. 이제 뉴턴의 이항정리를 뒤집어서 생각해 보자. 먼저 고정된 실수 r에 대하여 수열

$$a_k=\frac{r(r-1)(r-2)\cdots(r-k+1)}{k!}\quad(\text{여기서 } k=0,\ 1,\ 2,\ 3,\ \cdots)$$

을 먼저 생각하자. 이제 주어진 수열 $\{a_k|\, k=0,\ 1,\ 2,\ 3,\ \cdots\}$에 대하여 무한급수

$$a_0+a_1x+a_2x^2+a_3x^3+\cdots$$

을 함수로 구할 수 있는가? 물론 $f(x)=(1+x)^r$이다. 이때, 함수 $f(x)$를 수열 $\{a_k\}$의 생성함수(generating function)라 한다. 〈확률과 통계〉에서는 용어의 사용 없이 생성함수를 다룬다. 생성함수의 예를 들어보자.

피보나치 수열 $\{0,\ 1,\ 1,\ 2,\ 3,\ 5,\ 8,\ \cdots\}$에 대하여

$$x+x^2+2x^3+3x^4+5x^5+\cdots$$

은 무엇일까? $a_0=0,\ a_1=1,\ a_n=a_{n-1}+a_{n-2}$에 대하여 다음을 주목하자.

$$\begin{aligned}F(x)&=a_0+a_1x+a_2x^2+a_3x^3+\cdots\\xF(x)&=\qquad\ a_0x+a_1x^2+a_2x^3+\cdots\\x^2F(x)&=\qquad\qquad\quad a_0x^2+a_1x^3+\cdots\end{aligned}$$

첫 번째 식에서 두 번째 식과 세 번째 식을 빼면

$$(1-x-x^2)\,F(x)=a_0+(a_1-a_0)x+0x^2+0x^3+\cdots=x$$

이 되어 피보나치 수열의 생성함수는

$$\frac{x}{1-x-x^2}$$

이다.[3] 그러면 다른 수열도 생성함수를 만들 수 있을까. 아마도 소수들로 만들어진 수열의 생성함수는 불가능하다. 이제 이와 같은 생성함수 이론이 〈확률과 통계〉에서 용어 언급 없이 어떻게 사용되는지 살펴보자.

생성함수의 계수는 특정 조건을 만족하는 정수해의 개수를 구하는 데 사용된다.[4] 예를 들어 $x_1+x_2+x_3+x_4=17$에서 $0 \le x_1 \le 2,\ 0 \le x_2 \le 5,\ 0 \le x_3 \le 5,\ 2 \le x_3 \le 6$을 만족시키는 정수해의 개수를 구해보자. 문제를 위한 생성함수는 다음 4개 항

$$\begin{aligned} &1+x+x^2, \\ &1+x+x^2+x^3+x^4+x^5, \\ &1+x+x^2+x^3+x^4+x^5, \\ &x^2+x^3+x^4+x^5+x^6 \end{aligned}$$

의 곱이다. 이 생성함수에서 x^{17}의 계수는 4이다. 따라서 정수해의 개수는 4임을 알 수 있다.

평균값 정리를 주제로 한 위의 내용은 수능이 없는 상황에서 〈미적분 II〉의 교육과정 재구성과 관련이 있다. 또한 우리는 〈확률과 통계〉에서 경우의 수와 평균값 정리의 연계교육을 시도할 수도 있다.

나 적분으로 하는 개념 기반 탐구학습 14가지

2022 개정 수학과 교육과정[5]의 〈미적분 I, II〉는 중 · 고등학교 수학과 교육과정의 꽃이다. 그만큼 어렵고 가치 있는 학문이며 우리 학생들이 공대, 자연대 및 경상대에 진학하더라고 미적분학은 끝까지 학생들을 따라다닐 것이다.

여기에서는 미적분을 다룬다. 우리가 사용하는 식, 예를 들어 $\int_{-1}^{1} x\, e^x dx$는 기호화(symbolism)라 부른다. 즉, 계산(computation)과 스토리텔링(communication)이 있다. 전자는 '적분법'이라 하여 주로 학교에서 다룬다. 그러다 보면 고교에서는 적분이 적분 방법을 배우기 위한 것으로 전도되기도 한다. 적분 기법에 익숙해질 때쯤 되면 '왜 $\int_{-1}^{1} x\, e^x dx$를 계산해야 하나?' 하는 의

3 독자들은 함수 x를 함수 $1-x-x^2$으로 나누어 보자. 물론 수학교육과정에서는 차수가 낮은 항을 차수가 높은 항으로 나누지 않지만, 이와 같은 상황은 무한급수를 만들어 낸다.

4 김연경 외. (2018). 확률과 통계, 비상(32쪽)

5 〈미적분 I〉은 다항함수의 미적분, 〈미적분 II〉는 초월함수의 미적분을 말한다.

문이 들 것이다. 즉, 스토리텔링에 대한 의구심이 일 것이다.

미적분과 관련된 스토리텔링을 다루는 방법이 바로 개념 기반 탐구학습에서 사용되는 모델링이다. 모델링은 미적분과 매우 친화적인 수백만 년 동안 인간이 가지고 있는 6개념이다. 이제 미적분 스토리텔링을 14가지로 알아보려고 한다.

| 1 | 자전거는 우리에게 적분을 요구한다

6개념	관련 주제	실세계 문제
모델링, 기호화	(정)적분, 미분, 지수함수	사각형 바퀴 자전거의 궤적

1) 역함수의 미분($\int \frac{1}{\sqrt{x^2-1}}dx$ 꼴)

단계 1 실세계 문제 '정사각형 바퀴는 어떤 모양의 도로가 필요할까?'를 잘 파악(인지 및 이해)한다.

단계 2 인지한 내용을 식을 만들어 수학의 세계로 가져오기 위하여 몇 가지 설정을 해보자. 한 변의 길이가 2인 정사각형의 중심이 원점에서 출발하여 직선 위에서 움직인다고 하면 $y(0)=1$이고, 원점에서의 기울기 $y'(0)=0$이다.

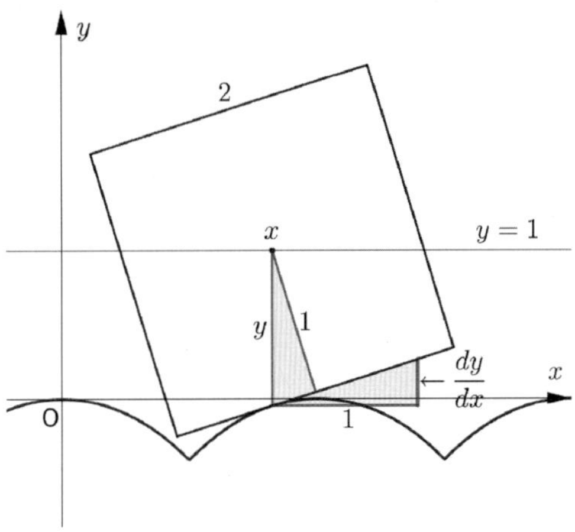

위 자전거 바퀴 그림에서 두 직각삼각형은 합동이므로 소위 피타고라스 정리에서 다음을 얻는다.

$$y=\sqrt{1+\left(\frac{dy}{dx}\right)^2},\ \ y(0)=1,\ \ y'(0)=0$$

단계 3 이제, 수학적 결론을 내자.

$$y=\sqrt{1+\left(\frac{dy}{dx}\right)^2},\ y(0)=1,\ y'(0)=0$$

식 $y=\sqrt{1+\left(\frac{dy}{dx}\right)^2}$의 양변을 제곱하면 $y^2=1+(y')^2$이다. 양변을 미분하면 $2yy'=2y'y''$이므로 $y'\neq 0$이면 $y=y''$이다. 이제 $y'=u$라면 $u'=y''=y$이다. 따라서

$$u'=\sqrt{1+u^2},\ u(0)=0,\ u'(0)=0$$

한편,

$$\frac{du}{dx}=\sqrt{1+u^2},\ \frac{du}{\sqrt{1+u^2}}=dx$$

에서

$$\int\frac{du}{\sqrt{1+u^2}}=x+C \qquad \cdots\cdots(*)$$

를 얻는다.

고등학교 〈미적분 II〉에서는 식 (*)와 같은 적분 형태는 다루지 않는다. 이것을 계산하기 위하여 먼저 실수 전체에서 정의되는 함수 $y=\frac{e^x\pm e^{-x}}{2}$에 특정한 이름을 붙이자. 즉,

$$\sinh(x)=\frac{e^x-e^{-x}}{2},\ \cosh(x)=\frac{e^x+e^{-x}}{2}$$

를 각각 쌍곡 사인함수, 쌍곡 코사인함수라고 부른다. 미분과 항등식

$$\frac{d}{dx}\sinh(x)=\cosh(x),\ \frac{d}{dx}\cosh(x)=\sinh(x),\ \cosh^2(x)=\sinh^2(x)+1$$

을 쉽게 확인할 수 있다.

이제, 모든 실수에서 일대일인 $\sinh(x)$의 역함수를 미분해 보자. $y=\sinh^{-1}(x)$라고 하면 $x=\sinh(y)$이고

$$1=\cosh(y)\frac{dy}{dx},\ \frac{dy}{dx}=\frac{1}{\cosh(y)}$$

이다. 항등식 $\cosh^2(x)=\sinh^2(x)+1$이 성립하므로

$$\frac{dy}{dx} = \frac{1}{\sqrt{\sinh^2(y)+1}} = \frac{1}{\sqrt{x^2+1}}$$

양변을 적분하면

$$y = \int \frac{1}{\sqrt{x^2+1}} dx + C$$

로부터 $\sinh^{-1}(x) = \int \frac{1}{\sqrt{x^2+1}} dx + C$이다. 이를 위 식 (*)에 적용하면

$$\sinh^{-1}(u) = x + C_1$$

즉,

$$u = \sinh(x + C_1)$$

을 얻는다. 한편, $y'(0) = u(0) = 0$, $\sinh(0) = 0$이므로 $C_1 = 0$이다.즉,

$$y' = \sinh(x) \text{ 또는 } y = \cosh(x) + C_2$$

를 얻는다. 이제 상수 C_2를 결정하자. 초기조건 $y(0) = 1$을 사용하면 $\cosh(0) = 1$이므로 $C_2 = 0$이다. 따라서 우리의 자전거 바퀴가 만든 주기적 곡선(현수선)의 식은 다음과 같다.

$$y(x) = \cosh(x)$$

평가 >> 자신이 완성한 탐구 보고서에 대하여 자기 평가와 자기 평가 조정을 한다. 다음에 이어지는 탐구주제에서도 이와 같은 과정을 반복한다.

| 2 | 개체수의 예측은 우리에게 적분을 요구한다

6개념	관련 주제	실세계 문제
모델링, 최적화, 기호화	(정)적분, 미분, 지수함수	로지스틱 인구 모델

1) 치환적분 방법($\int \frac{f'(x)}{f(x)} dx$ 꼴)

2022 교육과정에서 적분의 방법은 크게 치환적분 방법과 분리분수 방법으로 나누어진다. 이에 대하여 먼저 알아보자.

학교수학에서는 $u = f(x)$로 놓으면 $\frac{du}{dx} = f'(x)$이므로

$$\int \frac{f'(x)}{f(x)}\,dx = \int \frac{1}{u}\,du = \ln|u| + C = \ln|f(x)| + C$$

위 적분은 개체수의 추정과 관련되어 가장 기초적인 "개체수의 변화율은 개체수에 비례한다"에서 온다. 즉, $y'(t)$(변화율)이 $y(t)$에 비례한다면 비례식 $y'(t) = cy(t)$(c는 상수)로부터 $\frac{y'(t)}{y(t)} = c$이고, 이를 적분하면 $\ln[y(t)] = ct + k$ (k는 적분상수)이므로 $y(t) = AB^t$ (여기서 $A = e^k$, $B = e^c$) 인 지수함수를 자연스럽게 얻는다(예를 들면, $y = 40(3)^t$).

한편, 물의 온도 변화에서도 이를 확인할 수 있다. 뉴턴의 냉각법칙에 따르면 "물체의 냉각비율은 물체와 주변 온도 차에 비례한다". 시간 t에서 용액 온도를 $T(t)$라 하면 $T'(t)$는 온도의 변화율이다. 실내 온도를 22°C라고 하면, 온도변화율 $T'(t)$는 주위와의 온도 차 $T(t)-22$에 비례하므로 비례상수 c(여기서 c는 음수)가 존재하여

$$T'(t) = c\,(T(t)-22),\quad \frac{T'(t)}{T(t)-22} = c$$

이로부터 지수함수를 얻는다.

2) 분리분수 방법($\int \frac{1}{x(1-x)}\,dx$ 꼴)

교과서의 방법을 따라가 보자. 먼저 분수함수 $\frac{1}{x(1-x)}$을 분모가 x, $1-x$ 인 분수식의 합의 꼴로 분리한다. 즉,

$$\frac{1}{x(1-x)} = \frac{A}{x} + \frac{B}{1-x}$$

로 놓으면

$$\frac{1}{x(1-x)} = \frac{A(1-x)+Bx}{x(1-x)}$$

이고 계수를 비교하면 $A = 1$, $B - A = 0$이므로

$$\int \frac{1}{x(1-x)}\,dx = \int \left(\frac{1}{x} + \frac{1}{1-x}\right) dx = \int \frac{1}{x}\,dx + \int \frac{1}{1-x}\,dx.$$

따라서 다음을 얻는다.

$$\int \frac{1}{x(1-x)}\,dx = \int \frac{1}{x}\,dx + \int \frac{1}{1-x}\,dx$$
$$= \ln|x| - \ln|1-x| + C.$$

위 형태 역시 개체수를 예측한 것이다. 그러나 〈1) 치환적분 방법〉에서 알아본 것보다 합리적

인 방법으로서 개체가 속한 환경을 고려한 것이다. 우리가 관찰하는 개체수($y(t)$)가 K를 넘지 못할 때, 개체수의 변화율은

$$\frac{dy}{dt} = c\,y\left(1 - \frac{y}{K}\right) \text{ (여기서 } c\text{는 상수)}$$

로 접근(가설 설정)할 수 있고

$$\int \frac{dy}{y\left(1 - \frac{y}{K}\right)} = \int\left(\frac{1}{y} + \frac{1}{K-y}\right)dy = \int c\;dt$$

이를 적분하면 $\ln y - \ln(K-y) = ct + c_0$ (여기서 c_0는 적분상수) 이고

$$\ln\frac{K-y}{y} = -ct - c_0,\quad \frac{K-y}{y} = Ae^{-ct},\ A = e^{-c_0}$$

따라서 함수는

$$y(t) = \frac{K}{1 + Ae^{-ct}}$$

이제 세 상수 K, A, B를 다음 자료를 사용하여 결정해 보자.

● 어느 동굴의 박쥐 수

년	2010	2015	2020
박쥐 수(단위 : 100마리)	40	120	160

$y(0) = 40$이므로 $K = 40(1 + A)$이고 $t = 1,\ 2$를 연속 대입하면

$$120 = \frac{40(1+A)}{1+AB},\quad 160 = \frac{40(1+A)}{1+AB^2}$$

위 식은

$$1 + A = 3 + 3AB,\quad 1 + A = 4 + 4AB^2$$

이 두 식으로부터

$$8B^2 - 9B + 1 = 0$$

$c \neq 0$이므로 $B \neq 1$이다. 따라서 $B = 1/8$이고 이로부터 $A = 16/5$, $K = 168$이다. 박쥐 수 함수는

$$y(t) = \frac{168}{1+\frac{16}{5}\left(\frac{1}{8}\right)^t}$$

참고 >> 이를 가설, 결론, 예측으로 나누어 말하면 다음과 같다.

가설	결론	예측
$\int \frac{1}{x(1-x)}\,dx$	$y(t) = \frac{168}{1+\frac{16}{5}\left(\frac{1}{8}\right)^t}$	$K=168$

탐구질문 》 앞에서 알아본 두 접근 방법(치환적분 방법, 분리분수 방법)을 그래프로 비교해 보자. 앞에서 예로 든 '어느 동굴의 박쥐 수'를 대변하는 함수는 치환적분 방법에 의하여

$$y(t) = 40(3)^t$$

분리분수 방법에 따라

$$y(t) = \frac{168}{1+\frac{16}{5}\left(\frac{1}{8}\right)^t}$$

이다. 두 함수의 그래프는 다음과 같다. 그래프를 비교 해석해 보자. 지수함수 $y(t) = 40(3)^t$ 는 t가 작을 때 의미가 있다. 즉, 치환적분 방법은 가까운 장래의 개체를 예측하는 데 사용된다. 그러나 장기적인 것으로는 환경을 고려한 접근법(분리분수 방법)이 합리적이라는 것을 알 수 있다. 이는 동일한 대상을 놓고 어떤 수학적 시각으로 접근하느냐에 따라 다른 결과를 얻는다는 것을 보여주고 있다.

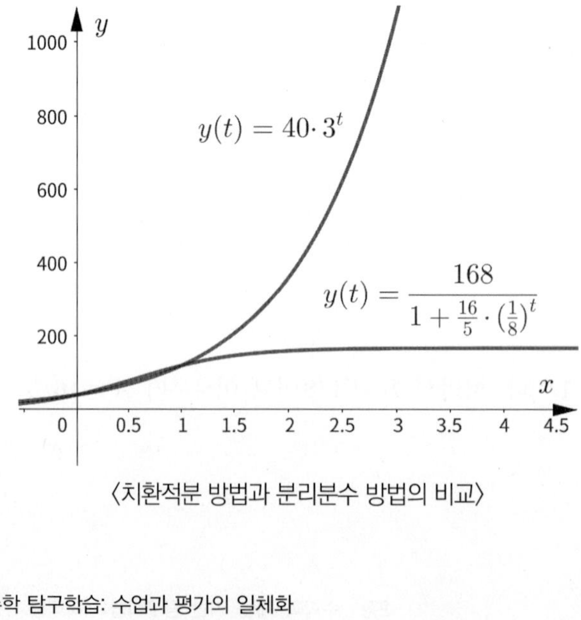

〈치환적분 방법과 분리분수 방법의 비교〉

탐구질문 》 앞에서 알아본 이론은 화학에서 '화학 평형'과 유사점을 가지고 있다. "화학 평형이란 어떤 현상일까?"에 대하여 화학과 교사에게 자문을 구하자. 평형이동을 실세계에서 들면

① 높은 산에 오르면 고산병 증세가 나타나고 오래 머물면 증세가 없어진다.
② 닭이 여름에 낳은 알보다 겨울에 낳은 알의 껍데기가 두꺼운 이유는?

등에서 찾을 수 있다.

| 3 | 정적분으로 도입되는 함수

6개념	관련 주제	실세계 문제
모델링, 기호화	(정)적분, 미분, 로그함수	특별한 함수 도입

정적분의 역할 중에서 자연로그함수의 도입은 매우 중요하다. 이를 먼저 알아보자.

1) 자연로그함수 $\left(\int_1^x \frac{1}{t}\,dt\right)$

교과서에서는 수열

$$3^{1.4},\ 3^{1.41},\ 3^{1.414},\ 3^{1.4142},\ \cdots$$

의 극한값의 존재를 인정('잘 알려져 있다'로 표현)하고 이 극한값을 $3^{\sqrt{2}}$로 정의한다. 이에 대한 엄밀한 정의를 위해서

$$f(x) = \int_1^x \frac{1}{t}\,dt,\ x > 0$$

을 먼저 도입하자. 결론적으로 $f(x) = \ln x$이다. 다음 연속되는 8단계를 통하여 로그의 성질을 어떻게 증명하는지 알아보고 $3^{\sqrt{2}}$ 등을 엄밀하게 정의하자.

단계 1 $f(1) = 0.$

증명 정의로부터 자명하다.

단계 2 $f\left(\frac{1}{a}\right) = -f(a).$

증명 치환 $t = \frac{1}{s}$에서 $dt = -\frac{1}{s^2}ds$이므로 다음 등식을 얻는다.

$$f\left(\frac{1}{a}\right) = \int_1^{1/a} \frac{1}{t}\, dt = -\int_1^a \frac{1}{s}\, ds = -f(a).$$

단계 3 $f(ab) = f(a) + f(b)$.

증명 치환 $t = as$ 에서 $dt = a\,ds$ 이므로, 다음 등식을 얻는다.

$$\begin{aligned} f(ab) &= \int_1^{ab} \frac{1}{t} dt = \int_{1/a}^{b} \frac{1}{s} ds = \int_{1/a}^{1} \frac{1}{s} ds + \int_1^b \frac{1}{s} ds \\ &= -\int_1^{1/a} \frac{1}{s} ds + \int_1^b \frac{1}{s} ds \\ &= f(a) + f(b). \end{aligned}$$

단계 4 $f\left(\frac{a}{b}\right) = f(a) - f(b)$.

증명 앞 단계들로부터 자명하다.

유리수에 관한 거듭제곱까지 논리적인 전개가 된 것으로 볼 때, 현시점에서는 무리수의 거듭제곱은 정의되지 않은 것이므로 다음 정리는 유리수 범위에서 문장이 전개됨을 독자들은 유의하기를 바란다.

단계 5 임의의 유리수 r에 대하여 $f(a^r) = r f(a)$.

증명 치환 $t = s^r$ 에서 $dt = rs^{r-1} ds$ 이므로,

$$f(a^r) = \int_1^{a^r} \frac{1}{t} dt = r \int_1^a \frac{1}{s} ds = r f(a).$$

단계 6 함수 $f(x)$는 완전증가(strictly increasing)하며

$$\lim_{x \to +\infty} f(x) = +\infty, \quad \lim_{x \to 0^+} f(x) = -\infty$$

이다.

증명 (1) $x > 0$에 대하여

$$\frac{d}{dx} f(x) = \frac{1}{x} > 0, \quad \frac{d^2}{dx^2} f(x) = -\frac{1}{x^2} < 0$$

이므로 $f(x)$는 아래로 오목(convex down)하게 완전증가한다.

(2) $x = 4$를 생각하자. 즉

$$f(4) = \int_1^4 \frac{1}{t}\,dt\,.$$

구간 $[1, 4]$를 세 개의 분할 $1 < 2 < 3 < 4$로 할 때, 최솟값으로 만들어지는 세 개의 사각형의 면적은

$$1 \times \frac{1}{2} + 1 \times \frac{1}{3} + 1 \times \frac{1}{4} = \frac{13}{12} > 1$$

이므로 $f(4) > 1$임을 보일 수 있다(아래 그림 참고).

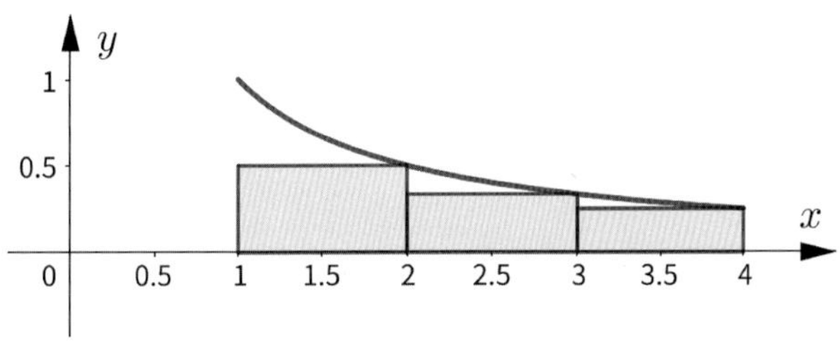

〈함수 $y = \dfrac{1}{x}$의 그래프와 구분구적〉

따라서 **단계 5**에 의하여 $f(4^m) = mf(4) > m$이므로 $f(x)$를 우리가 원하는 만큼 언제든지 큰 값을 갖도록 할 수 있다. 즉, $\lim\limits_{x \to \infty} f(x) = \infty$이다. 한편, **단계 1**과 **단계 4**에 의하여 $f(x) = -f\left(\dfrac{1}{x}\right)$이므로 $\lim\limits_{x \to 0^+} f(x) = -\infty$를 얻는다.

단계 7 이제, $f(x)$의 그래프를 얻을 수 있다. 상수함수 $y = 1$과 비교해 보자.

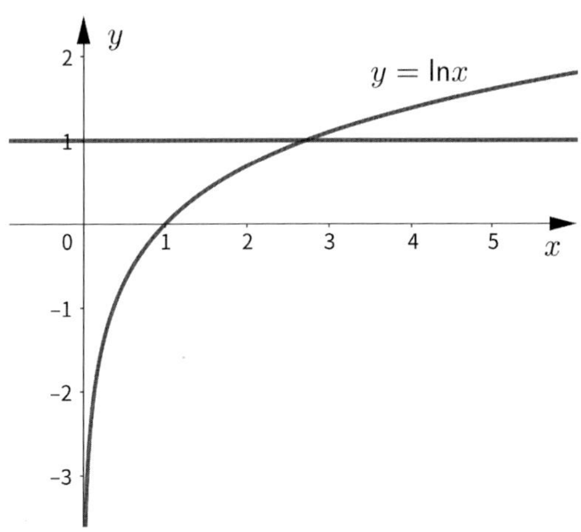

〈자연로그 함수와 $y = 1$과의 비교〉

위 그래프에서 사잇값 정리를 사용하면 구간 2와 3 사이에서 $f(e) = 1$이 되는 실수 e가 존재한다(물론 **단계 6**의 증명 과정에서 실수 e는 1과 4 사이에 존재한다). 따라서

$$f(x) = \log_e(x) \text{ 또는 } \ln x$$

로 표기하자.

단계 6으로부터 $\ln x$의 역함수가 존재하며 이 역함수를 $y = g(x)$라 하면 다음과 같은 간단한 등식을 얻는다.

① $g(\ln(y)) = y,\ y > 0$.

② $\ln(g(x)) = x,\ x \in \mathbb{R}$.

③ $g(0) = 1$.

④ $\ln e = 1$.

한편, $y = g(x)$의 그래프는 $\ln x$의 그래프와 $y = x$에 대하여 대칭이다.

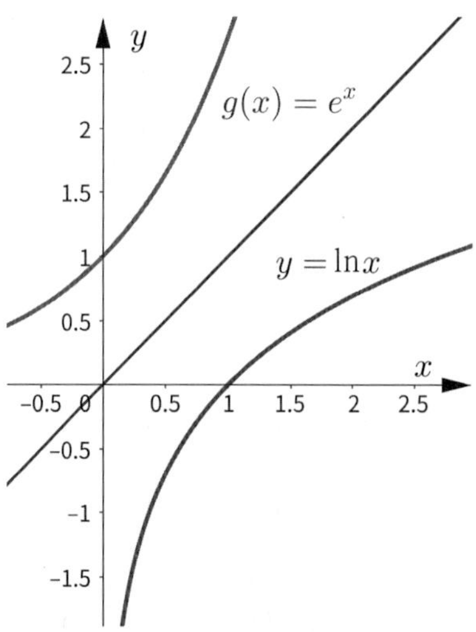

〈함수 $y = g(x)$, $y = x$, $y = \ln x$ 의 그래프〉

단계 8 $\frac{d}{dx} g(x) = g(x)$을 얻는다.

증명 역함수 미분법에 따라

$$\frac{d}{dx} g(x) = \frac{1}{\frac{d}{dx}\ln y} = \frac{1}{\frac{1}{y}} = y = g(x).$$

단계 8 임의의 유리수 r 에 대하여 $g(r) = e^r$ 이다.

증명 $\ln e^r = r \ln e = r$.

종합 >> 모든 과정을 종합하면 $\ln x = \int_1^x \frac{1}{t} dt$, $x > 0$의 역함수 $y = g(x)$, $x \in \mathbb{R}$ 는 임의의 유리수 r 에 대하여 $g(r) = e^r$ 이고 미분가능한 함수이므로 임의의 실수 x 에 대하여

$$e^x = g(x)$$

로 정의하자.

일반적인 양의 실수 a 를 기저(base)로 하는 지수함수 a^x 는

$$a^x = e^{x \ln(a)}$$

로 정의된다. 예를 들어, $3^{\sqrt{2}} = e^{\sqrt{2}\ln(3)}$ 이다. 정의한 지수함수 $g(x) = e^x$ 는

$$\frac{d}{dx} g(x) = g(x), \ g(0) = 1$$

를 만족한다. 지수함수 $g(x) = e^x$ 를 무한급수(power series)

$$p(x) = a_0 + a_1 x + a_2 x^2 + a_3 x^3 + \cdots$$

로 시도해 보자. 즉, $p(x) = p'(x)$, $p(0) = 0$을 만족하는 함수 $p(x)$를 구하여 보자.

먼저 $a_0 = 1$ 이다. 이제 $p(x)$를 미분하면

$$p'(x) = a_1 + 2a_2 x + 3a_3 x^2 + 4a_3 x^3 + \cdots$$

계수를 비교하면

$$a_0 = a_1 = 1, \ a_2 = \frac{1}{2!}, \ a_3 = \frac{1}{3!}, \ \cdots$$

이므로 지수함수 $g(x) = e^x$는 무한급수(테일러 식)

$$e^x = 1 + x + \frac{1}{2!} x^2 + \frac{1}{3!} x^3 + \cdots + \frac{1}{n!} x^n + \cdots$$

로 표시된다. 특히 $x = 1$을 대입하면 무리수 e 는 무한합

$$e = \sum_{n=0}^{\infty} \frac{1}{n!}$$

로 표현된다.

파이썬을 이용하여 확인하면 $n=10$ 까지의 합은 2.718281801146385로 소수점 이하 일곱째 자리까지 일치하는 근삿값이다.[4] 결론적으로 $x=0$ 근처에서 지수함수 e^x는 일차다항식 입장에선 $e^x \fallingdotseq 1+x$으로, 이차다항식 입장에선 $e^x \fallingdotseq 1+x+\frac{1}{2}x^2$ 으로 근사할 수 있다.

2) 감마함수($\int x\, e^{-x}\, dx$, $\int \ln x\, dx$ 꼴)

n개를 일렬로 늘어놓은 순열의 수를 n의 팩토리얼이라 부르고 $n!$ 로 표시한다. 서로 다른 n개의 원소 중에서 k개를 순서 없이 뽑는 것을 조합이라 하며 기호 ${}_nC_k$ 로 나타낸다. 〈확률과 통계〉에서는 순열의 수 ${}_nP_k$를 먼저 도입하고 이를 바탕으로 식

$${}_nC_k = \frac{{}_nP_k}{k!} = \frac{n!}{k!(n-k)!} \quad (0 \le k \le n)$$

을 사용하고 있다.

교과서에서는 $n!$을 0 이상의 정수에 대하여 정의하였는데, $n!$을 정수가 아닌 수로도 확장할 수 있을까? 오일러(Leonhard Euler, 1707~1783)는 1729년에 팩토리얼 $n!$을 정수가 아닌 수로 확장하기 위하여 감마함수(Gamma function)를 도입하였다. 오일러는 1730년 1월 8일자 골드바흐(Christian Goldbach)에게 보낸 편지에서 다음 정의

$$\Gamma(x) = \int_0^1 (-\ln t)^{x-1}\, dt \quad (x>0)$$

를 제안하였다. $u=-\ln t$에 의하여 $du=-(1/t)\,dt$ 이므로

$$\Gamma(x) = \int_0^\infty e^{-t}\, t^{x-1}\, dt$$

를 얻는다. 이 함수는 르장드르(Legendre, 1752~1833), 가우스(Gauss, 1777~1855), 구더만(Gudermann, 1798~1852), 리우비유(Liouville, 1809~1882), 바이어슈트라스(Weierstrass, 1815~1897), 에르미트(Hermite, 822~1901) 등의 수학자들에의 의하여 연구 발전되었다.

오일러는 위의 식을 양의 실수 λ에 대하여 정의한

$$\Gamma(\lambda) = \int_0^\infty e^{-t}\, t^{\lambda-1}\, dt$$

를 감마함수(gamma function)라 불렀다. 분리적분 방법과 로피탈 규칙을 쓰면

$$\Gamma(\lambda+1)=\int_0^{\infty} e^{-t}\,t^{\lambda}\,dt=-e^{-t}t^{\lambda}\Big|_0^{\infty}+\lambda\int_0^{\infty} e^{-t}t^{\lambda-1}\,dt$$

이고, 이로부터

$$\Gamma(\lambda+1)=\lambda\Gamma(\lambda)$$

가 성립한다. 특히,

$$\Gamma(1)=\int_0^{\infty} e^{-t}\,dt=-e^{-t}\Big|_0^{\infty}=0-(-1)=1$$

이므로 다음과 같이 $\Gamma(1)$, $\Gamma(2)$, $\Gamma(3)$의 값을 연쇄적으로 구할 수 있다.

$$\Gamma(2)=\Gamma(1)=1!,\quad \Gamma(3)=2\Gamma(2)=2!,\quad \Gamma(4)=3\Gamma(3)=3!$$

일반적으로, $\Gamma(n+1)=n!\ (n=0,1,2,\cdots)$이 성립하며 따라서 감마함수는 펙토리얼을 확장한 함수이다. 참고로 학교수학에서 다루는 적분 $\int \ln x\,dx$도 펙토리얼과 관련이 있다.

$f(x)=\ln x$, $g'(x)=1$로 하여 분리적분 방법을 사용하면

$$\int \ln x\,dx=x\ln x-\int \frac{1}{x}\,x\,dx=x\ln x-x+C$$

이므로

$$\int_0^1(-\ln x)\,dx=1$$

이다. 실제로

$$\int_0^1(-\ln x)\,dx=1!,\quad \int_0^1(-\ln x)^2\,dx=2!,\quad \int_0^1(-\ln x)^3\,dx=3!$$

즉, $\int_0^1(\ln x)^n\,dx=n!\,(-1)^n$이다.

학교수학에서 $0!=1$로 정의하는 것은 순열의 수 ${}_nP_r=\dfrac{n!}{(n-r)!}$에서 $n=r$로 택하였을 때 등식을 성립시키기 위해서이다. 또한, 적분으로부터 $0!=1$이다.

이제 오일러가 $\dfrac{3}{2}!$과 같이 $n!$을 임의의 양의 실수 n에 대해서 어떻게 확장하였는지 알아보자. 식 $\Gamma(\lambda+1)=\lambda\Gamma(\lambda)$를 $\Gamma(5/2)$에 다음과 같이 거듭 사용해 보자.

$$\Gamma\left(\frac{5}{2}\right)=\Gamma\left(\frac{3}{2}+1\right)=\frac{3}{2}\Gamma\left(\frac{3}{2}\right)=\frac{3}{2}\Gamma\left(\frac{1}{2}+1\right)=\frac{3}{2}\frac{1}{2}\Gamma\left(\frac{1}{2}\right)$$ [6]

이제 $\Gamma\left(\frac{1}{2}\right)$의 값을 구해보자. 식 $\Gamma\left(\frac{1}{2}\right)=\int_0^{\infty} e^{-t}t^{-\frac{1}{2}}dt$에서 치환 $t=x^2$을 하면

$$\Gamma\left(\frac{1}{2}\right)=\int_{-\infty}^{\infty} e^{-x^2}dx,$$

$$\left[\Gamma\left(\frac{1}{2}\right)\right]^2=\int_{-\infty}^{\infty} e^{-x^2}dx\int_{-\infty}^{\infty} e^{-y^2}dy \ =\int\int e^{-(x^2+y^2)}dxdy$$

$$=\lim_{b\to\infty}\int_0^{2\pi}\int_0^b re^{-r^2}dr\,d\theta=\pi$$

이므로 $\Gamma\left(\frac{1}{2}\right)=\sqrt{\pi}$ [7]이다(극좌표 치환으로 $x=r\cos\theta$, $y=r\sin\theta$, $dA=r\,dr\,d\theta$를 사용하였다. 앞에서 확률밀도함수를 다룰 때 이를 사용하였다).

이로부터

$$\Gamma\left(\frac{5}{2}\right)=\Gamma\left(\frac{3}{2}+1\right)=\frac{3}{2}\Gamma\left(\frac{3}{2}\right)=\frac{3}{2}\frac{1}{2}\Gamma\left(\frac{1}{2}\right)=\frac{3\sqrt{\pi}}{4}$$

따라서 $\frac{3}{2}!=\frac{3}{4}\sqrt{\pi}$ $(\fallingdotseq 1.32934)$이고, 일반적으로 양의 정수 n에 대하여

$$\Gamma\left(\frac{1}{2}+n\right)=\frac{1\cdot 3\cdot 5\cdots(2n-1)}{2^n}\sqrt{\pi}$$

가 성립한다.

우리가 알아본 감마함수는 공학에서 미분방정식 풀이에 사용되는 것을 넘어 확률분포에서도 사용된다. 감마함수로 만들어지는 감마분포(gamma distribution)는 대기이론과 신뢰성공학 등의 다양한 분야에서 응용되고 있다.[8]

감마분포 >> $\alpha>0,\ \theta>0$이다. 연속확률변수 X가 확률밀도함수

---

6 $\Gamma\left(\frac{1}{2}\right)$ 다음에는 $\Gamma\left(-\frac{1}{2}\right)$, $\Gamma\left(-\frac{3}{2}\right)$ 등으로 음수가 나타난다. 감마함수의 정의역은 양의 실수이다.

7 Fleming, W.(1977). *Functions of several variables*, 2nd. ed., New York: Springer-Verlag, (219쪽).

8 독자들은 실세계문제를 접하기 위하여 〈Walpole, R, Myers, R, Myers, S., and Ye, K.(2022) (김봉건 외 옮김). **이공학도를 위한 확률 및 통계학**, 자유아카데미〉의 219-233쪽을 참고해 보자.

$$f(x;\alpha,\theta)=\begin{cases}\dfrac{1}{\theta^{\alpha}\Gamma(\alpha)}x^{\alpha-1}e^{-x/\theta} & (x>0)\\ 0 & (\text{다른 곳})\end{cases}$$

를 가질 때, X는 두 매개변수 α, θ를 가지는 감마분포를 따른다고 한다.

예를 들어 $\alpha = 3$일 때, $\theta\,(1, 2, 3)$의 감마분포는 다음과 같다.

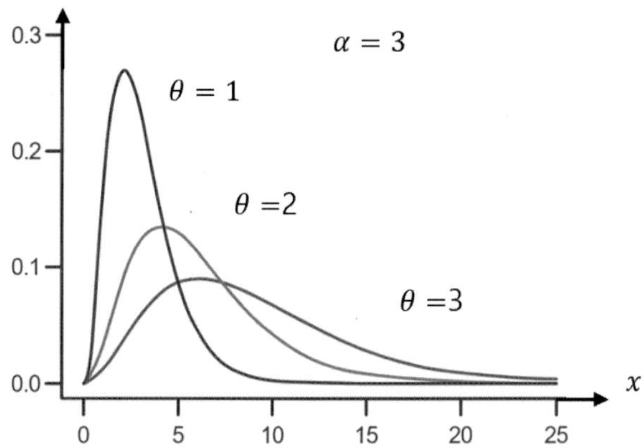

〈감마분포〉

특히, $\alpha=1$일 때, $\Gamma(1)=1$이므로

$$f_X(x)=\begin{cases}\dfrac{1}{\theta}e^{-x/\theta} & (x>0)\\ 0 & (\text{다른 곳})\end{cases}$$

로 X는 매개변수 θ를 가지는 지수분포(92쪽 참고)를 따른다. 지수분포의 평균과 분산은 각각 $\mu=\theta$이고 $\sigma^2=\theta^2$임을 보일 수 있다. 이제 감마분포의 평균과 분산을 계산해 보자.

감마분포의 평균은

$$\mu = E(X) = \frac{1}{\theta^{\alpha}\Gamma(\alpha)}\int_0^{\infty} x \times x^{\alpha-1}e^{-x/\theta}\,dx$$

이다. 여기서 $t=x/\theta$로 치환하면 $dx=\theta\,dt$이다. 따라서

$$\begin{aligned}\mu = E(X) &= \frac{1}{\theta^{\alpha}\Gamma(\alpha)}\int_0^{\infty} x^{\alpha}e^{-x/\theta}\,dx\\ &= \frac{\theta}{\Gamma(\alpha)}\int_0^{\infty} t^{\alpha}e^{-t}\,dt\\ &= \theta\,\frac{\Gamma(\alpha+1)}{\Gamma(\alpha)} = \theta\,\alpha\end{aligned}$$

한편, 분산은 다음과 같다.

$$\begin{aligned}\sigma^2 = E(x^2) - \mu^2 &= \theta^2 \frac{\Gamma(\alpha+2)}{\Gamma(\alpha)} - \theta^2 \alpha^2 \\ &= \theta^2 \alpha(\alpha+1) - \theta^2 \alpha^2 \\ &= \theta^2 \alpha\end{aligned}$$

지수분포는 감마분포의 일종이며 이와 같은 이론은 고교과정에서 다루지 않는 무한대까지의 확장된 정적분(improper integral)과 이에 대한 계산에서 분리적분 방법과 로피탈 규칙이 사용된다. 무한대까지의 정적분과 로피탈 규칙을 교육과정 재구성에서 도입가능한 주제로 본다. 왜 대학 통계학에서 깊이 있는 정적분 이론을 많이 사용하는지를 알 수 있다.

3) 소수의 개수 $\int_2^x \frac{1}{\ln(t)}\,dt$

10 이하의 정수 중에서는 소수가 4개 있다. 10^{12} 이하의 정수 중에는 소수가 몇 개 존재할까? 일반적으로 x보다 작은 소수의 개수를 처음으로 예측한 수학자는 가우스와 르장드르(1798, 1808)이다. 그들은 매우 큰 수 x에 대하여 x보다 작은 소수가 $x/\ln x$개 정도 존재한다고 예측하였다. $\pi(x)$를 1과 x 사이에 존재하는 소수의 개수라고 하면 다음이 성립한다.

$$\lim_{n\to\infty} \frac{\pi(x)}{x/\ln(x)} = 1 \ \text{(소수 정리)}^9$$

x가 충분히 큰 수일 때, $\pi(x)$는 정적분 $\int_2^x \frac{1}{\ln(t)}\,dt$와 매우 가깝다. 이를 보이기 위해서는 x가 충분히 클 때, $\int_2^x \frac{1}{\ln(t)}\,dt$와 $\frac{x}{\ln(x)}$의 비가 1임을 보이면 된다. 로피탈 규칙을 적용하면

$$\begin{aligned}\lim_{x\to\infty}\left[\left(\int_2^x \frac{1}{\ln(t)}\,dt\right)\Big/\left(\frac{x}{\ln(x)}\right)\right] &= \lim_{x\to\infty}\left[\left(\frac{1}{\ln(x)}\right)\Big/\left(\frac{\ln(x)-1}{(\ln(x))^2}\right)\right] \\ &= \lim_{x\to\infty}\frac{\ln(x)}{\ln(x)-1} \\ &= 1\end{aligned}$$

즉,

$$\lim_{x\to\infty}\left[\left(\int_2^x \frac{1}{\ln(t)}\,dt\right)\Big/\left(\frac{x}{\ln(x)}\right)\right] = 1$$

---

9 Tenenbaum, G., and France, M.(2000). *The prime numbers and their distribution*, AMS.

을 얻는다. 이로부터 x가 충분히 큰 수일 때, $\pi(x)$는 정적분 $\int_2^x \frac{1}{\ln(t)}\,dt$와 매우 가깝다는 것을 알 수 있다.

〈미적분 II〉에서는 다루지 않는 적분 $\int \frac{1}{\ln t}\,dt$는 어떤 모양일까? 평균값 정리에서 얻은 테일러 식

$$f(x) = f(0) + \frac{f'(0)}{1!}x + \frac{f''(0)}{2!}x^2 + \cdots + \frac{f^{(n-1)}(0)}{(n-1)!}x^{n-1} + \cdots$$

에서 $f(x) = e^x$라고 하면

$$e^x = 1 + x + \frac{1}{2!}x^2 + \frac{1}{3!}x^3 + \cdots + \frac{1}{(n-1)!}x^{n-1} + \cdots$$

이다. 또한, $e^{\ln t} = 1 + \ln(t) + \frac{(\ln(t))^2}{2!} + \frac{(\ln(t))^3}{3!} + \cdots$

적분 $\int \frac{1}{\ln t}\,dt$를 무한급수로 표현하여보자. 먼저

$$\ln(\ln(t)) + \ln(t) + \frac{(\ln(t))^2}{2 \cdot 2!} + \frac{(\ln(t))^3}{3 \cdot 3!} + \frac{(\ln(t))^4}{4 \cdot 4!} + \cdots$$

를 항별 미분하면 다음과 같다.

$$\frac{1}{\ln(t)}\frac{1}{t} + \frac{1}{t} + \frac{(\ln(t))}{2!}\frac{1}{t} + \frac{(\ln(t))^2}{3!}\frac{1}{t} + \cdots$$

한편, $\frac{1}{\ln(t)}\frac{1}{t}\left(1 + \ln(t) + \frac{(\ln(t))^2}{2!} + \frac{(\ln(t))^3}{3!} + \cdots\right)$이므로

$$\frac{1}{\ln(t)}\frac{1}{t} + \frac{1}{t} + \frac{(\ln(t))}{2!}\frac{1}{t} + \frac{(\ln(t))^2}{3!}\frac{1}{t} + \cdots = \frac{1}{\ln(t)}\frac{1}{t}e^{\ln(t)} = \frac{1}{\ln(t)}$$

이므로 다음을 얻는다. 이제 다시 적분하면 $\int \frac{1}{\ln t}\,dt$의 모양을 다음과 같이 알 수 있다.

$$\int \frac{1}{\ln(t)}\,dt = \ln(\ln(t)) + \ln(t) + \frac{(\ln(t))^2}{2 \cdot 2!} + \frac{(\ln(t))^3}{3 \cdot 3!} + \frac{(\ln(t))^4}{4 \cdot 4!} + \cdots.$$

| 4 | 무한구간 정적분은 급수의 수렴을 말한다

우리는 무한급수(infinite series) 또는 급수(series) $\sum_{n=1}^{\infty} a_n$ 이 수렴하는지, 수렴한다면 그 합이 얼마인지를 결정하려고 노력한다. 급수의 수렴 여부는 그 값이 무엇인가에 비하면 상대적으로 쉽다. 급수가 수렴한다고 해도 그 값이 유리수인지 무리수인지 판정하기가 매우 어렵다.

한편, 우리는 〈미적분 II〉에서 급수

$$\sum_{n=1}^{\infty} \frac{1}{n} = 1 + \frac{1}{2} + \frac{1}{3} + \frac{1}{4} + \cdots$$

가 무한으로 발산한다는 것을 무한구간에서의 정적분(improper integral)

$$\infty = \int_{1}^{\infty} \frac{1}{x}\,dx \le 1 + \frac{1}{2} + \frac{1}{3} + \frac{1}{4} + \cdots$$

을 이용하여 지도하기도 한다.

무한구간 정적분 $\int_{c}^{\infty} f(x)\,dx$ 는 통계 분야에서 지수분포나 감마분포 등으로 만났고 때에 따라서 로피탈 규칙이 필요하였다. 무한급수의 수렴도 정적분을 이용하여 보일 수 있을까? 이를 위해서는 미분에서의 평균값 정리처럼 매우 중요한 정리가 하나 필요하다. 평균값 정리가 "폐구간에서 연속인 함수는 극값을 갖는다"라는 명제를 기반으로 하는 것처럼 수열의 극한(또는 급수의 합) 이 존재하는 것을 보장하기 위한 정리로 실수 성질에 기반한 단조수렴 정리가 필요하다.

단조수렴 정리(Monoton Convergence Theorem) >> 증가하면서 각 항들이 특정 값을 넘지 못하는 수열은 수렴한다. 마찬가지로, 감소하면서 각 항들이 특정 값보다 항상 큰 수열은 수렴한다.

수열(또는 부분합)

$$s_n = 1 + \frac{1}{2^2} + \frac{1}{3^2} + \cdots + \frac{1}{(n-1)^2}$$

은 증가하는 수열이다. 무한급수 $\sum_{n=1}^{\infty} \frac{1}{n^2}$, 즉

$$\lim_{n\to\infty} s_n = 1 + \frac{1}{2^2} + \frac{1}{3^2} + \cdots + \frac{1}{(n-1)^2} + \frac{1}{n^2} + \cdots$$

은 존재할까? 존재한다면 얼마일까? 먼저, 함수 $f(x)=\dfrac{1}{x^2}$에 대하여

$$1+\frac{1}{2^2}+\frac{1}{3^2}+\frac{1}{4^2}+\cdots \le 1+\int_1^\infty \frac{1}{x^2}\,dx$$

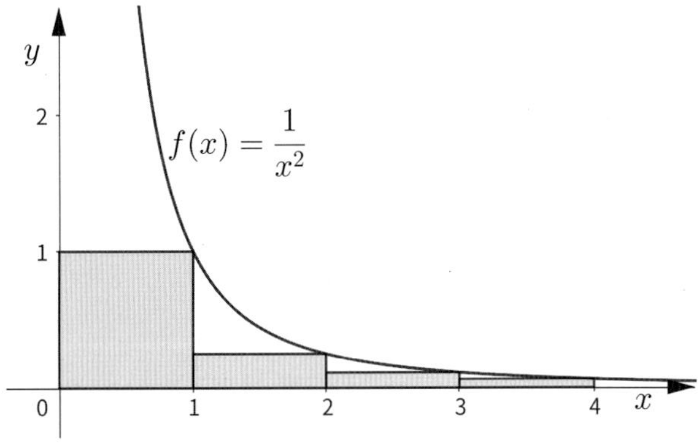

한편, $\displaystyle\int_1^\infty x^{-2}\,dx=\left[-x^{-1}\right]_1^\infty=1$이므로 수열

$$s_n=1+\frac{1}{2^2}+\frac{1}{3^2}+\cdots+\frac{1}{(n-1)^2}$$

은 증가하면서 2를 넘지 못하므로 단조수렴 정리에 의하여 수렴한다.[10] 그렇다면 극한값은 얼마일까? 이 문제는 오일러를 세상에 알린 문제로 그 극한값(또는 급수의 합)은 $\displaystyle\sum_{n=1}^\infty \frac{1}{n^2}=\frac{\pi^2}{6}$이다.

함수

$$\zeta(z)=1+\frac{1}{2^z}+\frac{1}{3^z}+\frac{1}{4^z}+\cdots \ (\text{여기서 정의역은 } z>1)$$

를 리만제타함수라 부른다. 앞서 언급했듯이 $\zeta(2)=\dfrac{\pi^2}{6}$이며 1978년에 $\zeta(3)$이 유리수가 아니라는 증명이 이루어졌고 $\zeta(5)$는 2024년에 무리수로 판정되었다는 주장이 있었지만 오류가 발견되었다.[11]

오일러는 다양한 방법으로 $\zeta(2)=\dfrac{\pi^2}{6}$을 구하는데[12] 이 중에서 테일러 급수와 관련 있는 것

---

10 앞에서 언급한 오일러 상수는 0보다 큰 감소하는 수열로부터 존재한다.

11 https://www.qeios.com/read/NAI617#BrSVRDbg0X9w

12 Dunham, W. (2009). "When Euler Met l'Hôpital" Mathematics Magazine 82: 16-25.

을 알아보자.

2장에서 평균값 정리로부터 얻은 테일러 급수를 사인함수에 적용하여 단진자운동을 살펴보았다. 이때,

$$\sin x = x - \frac{1}{3!}x^3 + \frac{1}{5!}x^5 - \cdots$$

이다. 사인함수의 근 $0, \pm\pi, \pm 2\pi, \cdots$를 생각하면

$$\sin x = x\left(1 - \frac{x^2}{\pi^2}\right)\left(1 - \frac{x^2}{4\pi^2}\right)\left(1 - \frac{x^2}{9\pi^2}\right)\cdots$$

로 쓸 수 있다. 0인 근을 제외하고 $x^2 = u$로 치환하면

$$1 - \frac{1}{3!}u + \frac{1}{5!}u^2 - \frac{1}{7!}u^3 + \cdots = 0 \qquad (*)$$

의 근은 π^2, $4\pi^2$, $9\pi^2$, $\cdots$이다. 여기서 a와 b를 두 근으로 하는 이차방정식 $(x-a)(x-b)=0$의 계수에 대하여 잠깐 생각해 보자. 이 이차방정식을 상수를 1로 하여 다시 쓰면

$$1 - \left(\frac{1}{a} + \frac{1}{b}\right)x + \frac{1}{ab}x^2 = 0$$

으로 음의 기호를 제외한 일차항의 계수는 각 근의 역수의 합이다. 이때, 오일러는 유한차방정식의 이론을 상수가 1인 무한차방정식 (*)에 적용하였다. 모든 근의 역수의 합은 $\frac{1}{3!} = \frac{1}{6}$이므로

$$\frac{1}{\pi^2} + \frac{1}{4\pi^2} + \frac{1}{9\pi^2} + \cdots = \frac{1}{6}$$

또는

$$1 + \frac{1}{2^2} + \frac{1}{3^2} + \frac{1}{4^2} + \cdots = \frac{\pi^2}{6}$$

이다.

또한, 감소하는 수열에 단조수렴 정리를 적용할 수 있다. 수열

$$a_n = 1 + \frac{1}{2} + \frac{1}{3} + \cdots + \frac{1}{n} - \ln n \ \ (>0)$$

은 감소하고 항상 양수이다. 따라서 극한

$$\lim_{n\to\infty}\left(1+\frac{1}{2}+\frac{1}{3}+\cdots+\frac{1}{n}-\ln n\right)$$

은 존재하지만 우리는 약 0.57721 정도인 이 값(Euler 상수)이 유리수인지 무리수인지 판정하지 못 하고 있다. D. 힐버트는 "접근 불가능해 보인다"고 하였다.

|5| 정적분은 무리수의 근삿값을 구한다

6개념	관련 주제	실세계 문제
모델링, 기호화, 최적화	정적분, 다항함수	근삿값

피타고라스학파의 관점에서 말한다면 인간이 책임질 수 있는 수는 유리수이다. 그런데 고전역학은 유리수 사이에 있는 수 많은 홀(구멍)을 채워 실수 집합을 만든다. 유리수가 아닌 실수, 즉 무리수를 잘 알고 있는 유리수의 극한으로 정의하고, 적당한 방법으로 근삿값을 구하여 사용하고 있다. 예를 들면, 대략 기원전 2,000년경에 고바빌로니아인들은 무리수 $\sqrt{2}$를 수열을 이용하여 $\frac{577}{408}$, 고대 이집트인들은 무리수 π를 원의 정사각형화를 이용하여 3.16 으로 사용하였다. 미적분의 발견은 근삿값 계산에 엄청난 영향을 끼쳤다.

인간이 계산할 수 있는 정적분의 대상은 일, 이차다항식 정도이다. 그 이외의 함수에 대하여 정적분을 어떻게 해결하는지 알아보자. 실제로

$$\text{정적분 } \int_1^2 \frac{1}{x}\,dx\text{를 구하여라}$$

는 질문은 부적절하고 '자연로그 $\ln 2$의 근삿값을 소수점 10째 자리까지 구하여라'가 바른 질문이다.

이차다항식을 이용한 심슨의 방법(parabolic rule, Simpson's rule)은 적분 구간을 짝수 개로 정칙 분할하여 처음부터 이웃한 세 점을 지나는 이차함수를 결정하고 이 이차함수를 정적분하여 더해나가는 수치적분법이다. 이를 구체적으로 알아보자.

1) 심슨의 규칙

구간 $[a,\ b]$에서 정의된 함수 $f(x)$에 대하여 먼저 구간을 같은 길이로 n등분하자. 이때, $h=(b-a)/n$이라 하고, 각 분할점을 $a=x_0<x_1<\cdots<x_n=b$로 표시하자.

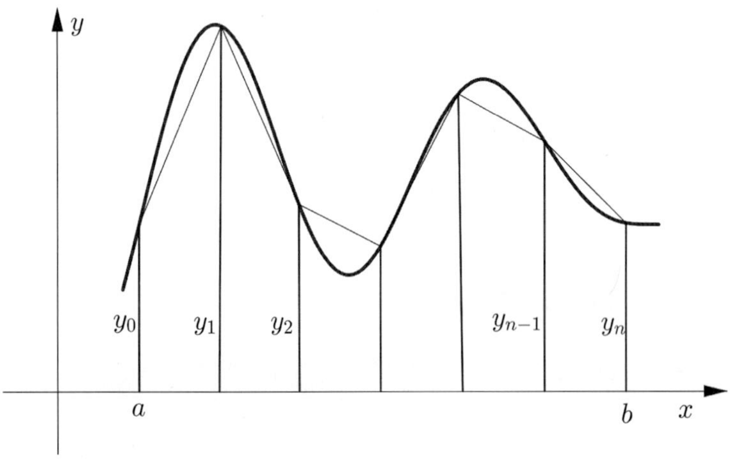

이 경우 n은 짝수이어야 하며, 그래프상의 처음 세 점

$$(x_0, f(x_0)),\ (x_1, f(x_1)),\ (x_2, f(x_2))$$

으로 만들어지는 포물선 $y = Ax^2 + Bx + C$의 정적분은 다소 복잡한 계산을 거쳐

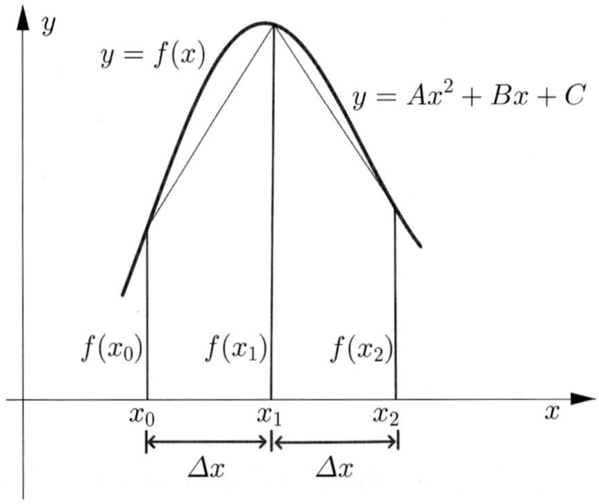

$$\frac{h}{3}\left(f(x_0) + 4f(x_1) + f(x_2)\right)$$

을 얻고, 따라서

$$\int_a^b f(x)dx \simeq \frac{b-a}{3n}[f(x_0) + 4f(x_1) + 2f(x_2) + \cdots + 4f(x_{n-1}) + f(x_n)].$$

위 식의 오른쪽을 $S_n(f)$로 표시하자. 함수 f가 그의 사차 도함수까지가 구간 $[a, b]$에서 연속이면 심슨의 이차다항식 방법에 의한 정적분의 오차(error) E_n은 c가 a, b 사이에 존재하여

$$S_n(f) - \int_a^b f(x)\,dx = \frac{(b-a)^5}{180n^4} f^{(4)}(c)$$

으로 주어진다[13]. 따라서 사차도함수의 최대 · 최솟값을 구하기 위하여 오차도함수가 필요하다.

탐구 문제(표준정규분포)》 일변수 미적분학에서 정적분 $\int_0^1 e^{-x^2}dx$의 값은 정확하게 구할 수 없다. 최선의 방법은 심슨의 규칙을 사용하는 것이다. 확률밀도함수

$$f(x) = \int \frac{1}{\sigma\sqrt{2\pi}} e^{-\frac{(x-\mu)^2}{2\sigma^2}} dx$$

에서 $\mu = 100$, $\sigma = 15$이때,

$$P(85 \le X \le 115) = \int_{85}^{115} \frac{1}{15\sqrt{2\pi}} e^{-(x-100)^2/(2\times 15^2)} dx$$

를 계산해 보자. 어떻게 계산할까? 먼저, 심슨의 규칙을 사용하여보자. 물론 이를 이용하여 우리는 〈확률과 통계〉에 표준정규분포표로 만들어 놓았다. 그 방법은 치환 $Z = \dfrac{X-100}{15}$은 표준정규분포 $N(1,0)$을 따른다. 따라서

$$P(85 \le X \le 115) = P(\frac{-15}{15} \le Z \le \frac{15}{15}) = 2P(0 \le Z \le 1)$$

로 표를 이용하여 구한다. 독자들은 표 만드는 방법을 구체적인 계산으로 확인해 보자.

2) 원주율의 근삿값

적분 $\int \frac{1}{1+x^2} dx$에서 $x = \tan t$로 놓으면 $dx = \sec^2 t\, dt$이므로

$$\begin{aligned}\int_0^1 \frac{1}{1+x^2} dx &= \int_0^{\frac{\pi}{4}} \frac{\sec^2 t}{1+\tan^2 t} dt = \int_0^{\frac{\pi}{4}} \frac{\sec^2 t}{(\cos^2 t + \sin^2 t)/\cos^2 t} dt \\ &= \int_0^{\frac{\pi}{4}} 1\, dt = \frac{\pi}{4}\end{aligned}$$

위 계산으로부터 정적분 $\int_0^1 \frac{1}{1+x^2} dx$의 본질은 "원주율을 소수점 이하 30자리까지 구할 수 있는가?"에 있다는 사실을 알 수 있다. 이제 함수 $f(x) = \dfrac{1}{1+x^2}$에 대하여 $S_n(f)$가 소수점 이하 30자리까지 정확하도록 n을 결정해 보자. 먼저,

---

13 Bartle, R., and Sherbert, D.(1992). *Introduction to real analysis,* New York: Wiley,(275, 279쪽 참조).

$$f^{(4)}(x) = \frac{24(5x^4 - 10x^2 + 1)}{(1 + x^2)^5}$$

의 구간 $[0, 1]$에서 $|f^{(4)}(x)| \leqq 96$을 구할 수 있다. 따라서 부등식

$$\frac{96}{180n^4} \leqq 10^{-30}$$

을 풀면 $n^4 \geqq \dfrac{96 \times 10^{30}}{180}$, $n \geqq 27024003.1$이다. 식을 만족하는 짝수를 택하면 $n = 27024004$이다. 끝으로 $\displaystyle\int \frac{1}{1+x^2}\,dx = \frac{\pi}{4}$에서 π의 값을 소수점 이하 30자리까지 구하기 위해 $S_n\left(\dfrac{4}{1+x^2}\right)$, $n = 27024004$를 계산하면

3.14159265358979323846264338327946320165748685969256

로 아래 실제 원주율의 값과 비교해 보자.

3.141592653589793238462643383279502884197169399375l

3) 아르키메데스의 원주율의 오차

정적분 $\displaystyle\int_0^1 \frac{x^4(x-1)^4}{x^2+1}\,dx$를 구해보자. 먼저, 함수 $y = \dfrac{x^4(x-1)^4}{x^2+1}$의 그래프는 아래와 같으므로 $\displaystyle\int_0^1 \frac{x^4(x-1)^4}{x^2+1}\,dx > 0$이다.

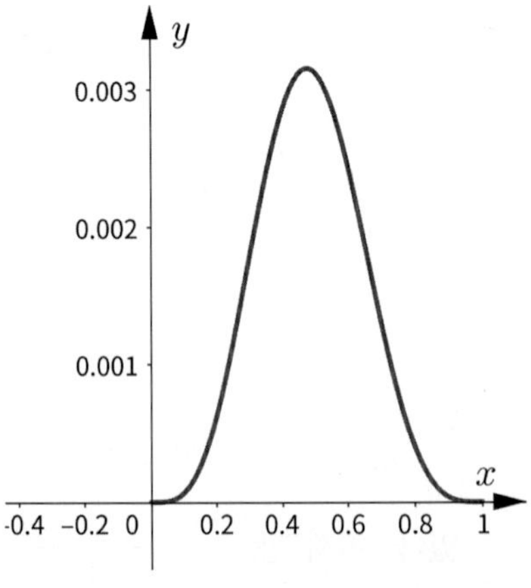

⟨$y = \dfrac{x^4(x-1)^4}{x^2+1}$의 그래프⟩

$$\int_0^1 \frac{x^4(x-1)^4}{x^2+1}dx = \int_0^1 \frac{x^8-4x^7+6x^6-4x^5+x^4}{x^2+1}\ dt$$

$$= \int_0^1 \left(x^6-4x^5+5x^4-4x^2+4-\frac{4}{x^2+1}\right)dx$$

$$= \frac{1}{7}-\frac{2}{3}+1-\frac{4}{3}+4-\pi\ = \frac{22}{7}-\pi$$

위 계산으로부터

$$0 < \int_0^1 \frac{x^4(x-1)^4}{x^2+1}dx\ =\ \frac{22}{7}-\pi$$

을 얻어 정적분 $\int_0^1 \frac{x^4(x-1)^4}{x^2+1}dx$은 아르키메데스(c. 250 BCE, Alexandria)의 원주율의 오차임을 알 수 있다.

정적분의 분모에서 $x=0$으로 치환하면

$$\int_0^1 x^4(x-1)^4\,dx\ = \int_0^1 (x^8-4x^7+6x^6-4x^5+x^4)dx = \frac{1}{9}-\frac{4}{8}+\frac{6}{7}-\frac{4}{6}+\frac{1}{5}\ = \frac{1}{630}$$

이고, $x=1$로 치환하면 $\frac{1}{1260}$을 얻으므로

$$\frac{1}{1260} < \int_0^1 \frac{x^4(x-1)^4}{x^2+1}dx < \frac{1}{630}$$

이다. 따라서 다음과 같이 보다 양호한 원주율의 근삿값을 얻는다(1944, Dalzell).

$$\frac{22}{7}-\frac{1}{630} < \pi < \frac{22}{7}-\frac{1}{1260}$$

탐구 1 (1) 아르키메데스는 $\sqrt{3}$의 근삿값 $\frac{265}{153} < \sqrt{3} < \frac{1351}{780}$을 어떻게 구했는지 그 방법에 대하여 알아보자.

(2) 수집합 $\{a+b\sqrt{3} \mid a, b \in \mathbb{Q}\}$에서 “곱셈에 대하여 닫혀있다” 또는 “나눗셈에 대하여 닫혀있다”는 무엇을 의미하는가?

탐구 2 (1) 두 실수 $\sqrt{2}$, π는 모두 무리수이다. 그러나 접근하는 난이도는 매우 다르다. 기원전 2,000년 경 고바빌로니아와 고대 이집트인들은 $\sqrt{2}$, π에 어떻게 접근했는지, 미적분이 발견된 이후에는 $\sqrt{2}$, π에 어떻게 접근하는지 논·서술문제로 구성해 보자.

(2) $\sqrt{2}^{\sqrt{2}^{\sqrt{2}}}$나 $\pi + e$가 유리수인지 무리수인지 아직도 모르고 있다. 왜 아직도 판정하지 못할까? 이외에도 유리수인지 무리수인지 모르는 수가 얼마나 많이 존재하는가?

| 6 | 정적분은 이산수학에서 극댓값을 구한다

6개념	관련 주제	실세계 문제
모델링, 최적화	정적분, 경우의 수	이산수학

이산수학에서 극댓값을 구하는 데 정적분이 활용하는 예는 비서문제(secretary problem, marriage problem)로 알려진 것이다. 채용 결정에 있어 가장 효율적인 방법을 찾는 확률 문제이다(Kepler, A. Cayley, M. Gardner). 이 문제에서는 n이 충분히 클 때, 함수의 합

$$P(r) = 1 + \frac{r}{r+1} + \frac{r}{r+2} + \frac{r}{r+3} \cdots + \frac{r}{n-1}$$

의 최댓값을 구하는 데 $P'(r) = 0$의 문제에 정적분을 사용하게 될 것이다.[14]

어느 회사에서 채용 공고를 내었을 때, 지원자가 많이 몰려오면 지원자들을 모두 면접하기가 매우 어려운 일이 된다. 이럴 때는 약간의 위험이 따르더라도 가장 우수한 인재를 뽑을 확률이 높은 방법을 생각하게 된다. 즉, 모든 지원자를 면접하지 않고 어느 정도의 인원만 면접한 후에 채용 결정을 내리는 것이다. 이제 다음과 같은 전제 조건으로 가장 우수한 인재를 뽑는 경우를 생각해 보자.

- 한 명의 비서를 뽑는다.
- 지원자는 무작위로 분포되어 있다.
- 지원자 전체 인원수는 알고 있지만 그 외 사항은 전혀 모른다.
- 한 사람씩 면접하면서 바로 채용 여부를 결정한다.
- 채용하지 않기로 결정한 후에는 다시 결정을 바꿀 수 없다.

위의 전제조건으로 가장 우수한 인재를 뽑는 확률을 극대화시키는 방법은 어느 정도 인원까지는 면접 후 무조건 보내고 그 다음부터 이미 면접한 지원자보다 우수한 지원자를 만나면 채용하는 것으로 알려져 있다. 문제는 전체 n명 중에서 무조건 r명을 보낸다고 할 때, r의 값을 어떻

14 Ferguson, T.(1989). "Who solved the secretary problem?" *Statistical Science* 4(3): 282-296.
Koo, R., and Jones, M.(2011). "Probability 1/e", *Coll. Math. J.* 42(1): 9-13.

게 구하느냐이다.

지원자의 우수한 정도를 순서대로 1, 2, 3으로 표시하자. 세 명($n=3$)을 면접하는 순서는 세 수를 늘어놓는 순서와 같으므로 6가지의 경우가 생긴다. 먼저 한 명($r=1$)을 보내고 그 다음 지원자 중 이미 면접한 지원자보다 우수한 경우 지원자를 뽑는 경우를 생각해본다.

123: 1을 보내고 1보다 높은 2를 뽑으면 실패
132: 1을 보내고 1보다 높은 3을 뽑으면 성공
213: 2를 보낸 후 1은 2보다 낮으므로 또 보내고 그 다음 3이 앞의 2, 1보다 높으므로 뽑으면 성공

이와 같은 식으로 면접을 진행하면 132, 213, 231 세 가지 경우에 성공하는 것이므로 확률은 $\frac{1}{2}$이다. 이번에는 두 명($r=2$)을 무조건 보내는 경우를 생각해 보자. 123, 213의 경우만 성공하는 것이므로 확률은 $\frac{1}{3}$이다. 따라서 지원자가 세 명이면 한 명을 무조건 보내고 그다음에 결정하는 것이 최선이고, 그 확률은 $\frac{1}{2}$이다.

지원자가 4명이라고 가정하고 위의 조건을 만족하는 r이 있음을 살펴보자. 지원자의 능력을 1, 2, 3, 4로 나타내자. 네 명의 면접 순서는 4!로 24가지가 가능하다.

1 2 3 4	1 2 4 3	1 3 2 4	1 3 4 2	1 4 2 3	1 4 3 2
2 1 3 4	2 1 4 3	2 3 1 4	2 3 4 1	2 4 1 3	2 4 3 1
3 1 2 4	3 1 4 2	3 2 1 4	3 2 4 1	3 4 1 2	3 4 2 1
4 1 2 3	4 1 3 2	4 2 1 3	4 2 3 1	4 3 1 2	4 3 2 1

이때,

① 한 명을 무조건 보내고 그 다음 지원자 중 이미 면접한 지원자보다 우수한 지원자를 뽑을 때 가장 우수한 4를 뽑는 경우는

1423, 1432, 2143, 2413, 2431, 3124, 3142, 3214, 3241, 3412, 3421

로 그 확률은 $\frac{11}{24}$이다.

② 두 명을 무조건 보내고 나서 뽑는 경우는

1243, 1324, 1342, 2143, 2314, 2341, 3124, 3142, 3214, 3241

로 그 확률은 $\frac{10}{24}$이다.

③ 세 명을 무조건 보내고 나서 뽑는 경우는

1234, 1324, 2134, 2314, 3124, 3214

로 그 확률은 $\frac{6}{24}$이다. 따라서 지원자가 네 명인 경우에 한 명을 보내고 그 다음에 결정하는 것이 최선이다. 즉, $r=1$이다.

n명의 지원자가 있다고 하자. 제시문의 방법대로 했을 때, 가장 우수한 인재를 뽑을 확률을 구하고, 그 확률을 최대로 하는 r의 값을 구해보자.

전체 지원자는 n명, 처음부터 r 명까지는 면접 후 바로 보내고, $(r+1)$번째 사람부터 그때까지 면접한 지원자보다 우수한(여기에서는 1, 2, 3, $\cdots$, n으로 점수로 표현) 지원자가 나타나면 뽑는다고 할 때, 가장 우수한(점수가 높은) 지원자를 뽑을 확률을 구하고, 그 확률을 최대로 하는 r의 값을 구해보자. 지원자들의 점수가 알려져 있지 않으므로 모든 지원자가 가장 높은 점수를 가질 확률은 모두 $\frac{1}{n}$로 같다. 1부터 r번째까지 면접을 보고, 지원자를 보낸 후 그 다음 지원자부터 지금까지 가장 높은 점수를 가진 사람이 뽑힐 확률은 다음과 같다.

① $(r+1)$번째에 가장 높은 능력을 지닌 지원자가 있어서 뽑힐 확률은 $\frac{1}{n}$이다. 그런데 이 지원자가 뽑히는 경우는 1번째부터 r번째 지원자 중 가장 높은 점수를 갖는 사람이 1번째부터 r번째 사이에 있는 경우로 확률은 $\frac{r}{r}$이다. 따라서 $(r+1)$번째 지원자가 뽑힐 확률은 $\frac{r}{nr}=\frac{1}{n}$이다.

② $(r+2)$번째에 가장 높은 능력을 지닌 지원자가 있을 확률은 $\frac{1}{n}$이다. 그런데 이 지원자가 뽑히는 경우는 1번째부터 $(r+1)$번째 지원자 중 가장 높은 점수를 갖는 사람이 1번째부터 r번째 사이에 있는 경우로 확률은 $\frac{r}{r+1}$이다. 따라서 $(r+2)$번째 지원자가 뽑힐 확률은 $\frac{r}{n(r+1)}$이다.

③ 마찬가지로 생각하면, $(r+3)$번째 지원자가 가장 높은 점수를 갖고 있으면서 뽑힐 확률은 $\frac{r}{n(r+2)}$이고, 마지막 지원자가 뽑힐 확률은 $\frac{r}{n(n-1)}$이다. 위 사건들은 동시에 일어나지 않으므로 각각의 경우를 모두 더하면

$$P_n(r)=\frac{1}{n}+\frac{r}{n(r+1)}+\frac{r}{n(r+2)}+\frac{r}{n(r+3)})+\cdots+\frac{r}{n(n-1)}$$
$$=\frac{1}{n}\sum_{t=r}^{n-1}\frac{r}{t}$$

이다. 여기서 최댓값을 구하기 위하여 $P_n'(r)=0$을 시행해야 한다. 이때,

$$P_n(r)=\frac{1}{n}\sum_{t=r}^{n-1}\frac{r}{t}\fallingdotseq\frac{1}{n}\int_r^n\frac{r}{t}dt$$

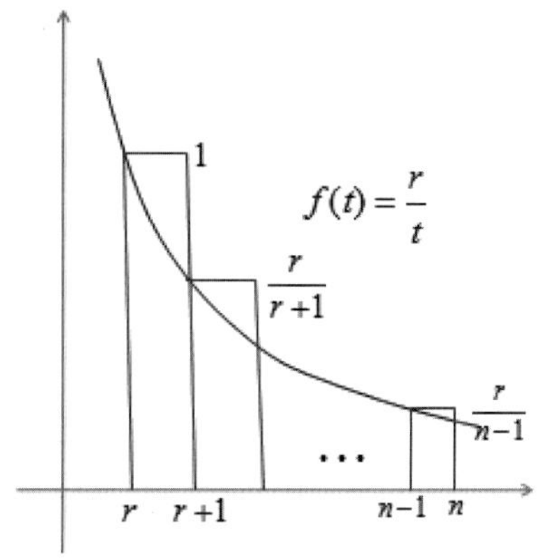

이고 $u=\frac{t}{r}$로 치환하면 $r\,du=dt$이다. 따라서

$$\begin{aligned}P_n(r)&=\frac{r}{n}\int_1^{n/r}\frac{1}{u}du\\&=\frac{r}{n}\ln\frac{n}{r}\\&=-\frac{r}{n}\ln\frac{r}{n}\end{aligned}$$

이제 확률 $P_n(r)$이 최댓값을 갖는 r을 구하기 위하여 $P_n(r)$을 미분할 수 있다.

$$P_n'(r)=-\frac{1}{n}\left(1+\ln\frac{r}{n}\right)$$

이 값이 0이 되는 경우는 $\ln\frac{r}{n}=-1$, 즉 $r=\frac{n}{e}$일 때이다.

따라서 지원자가 n명인 경우 $\frac{n}{e}$명(37%)은 인터뷰 후 바로 보내고 그 다음부터 이제까지 인터뷰한 지원자 중 가장 우수한 지원자를 뽑으면 가장 성공할 확률이 높다.

탐구 1 》 확률이 $\frac{1}{e}$(37%)인 문제를 더 알아보자[15].

|7| 정적분은 오일러 상수 e로 수렴하는 수열을 만든다

6개념	관련 주제	실세계 문제
모델링, 기호화	정적분, 사잇값 정리	무리수 이해

이제 적분을 활용하여 특정 수로 수렴하는 수열을 만드는 경우를 살펴보자. 여기에서는 e를 세 가지 방법으로 수열의 극한으로 표현해 보고자 한다.[16]

15 Koo, R., and Jones, M.(2011). “Probability 1/e”, *Coll. Math. J.* 42(1): 9-13.

16 Barnes, C.(1984). “Euler's constant and e”, *The Amer. Math. Monthly* 91(7): 428-430.

(1) 먼저, 다음과 같은 식

$$\int_{1/(n+1)}^{1/n} \ln(x)\, dx = \frac{1}{n(n+1)} \ln\left(\frac{(n+1)^n}{n^{n+1}}\right) - \frac{1}{n(n+1)}$$

에 적분의 사잇값 정리를 사용하면

$$\int_{1/(n+1)}^{1/n} \ln(x)\, dx = \left(\frac{1}{n} - \frac{1}{n+1}\right) \ln(c_n) \ (\text{여기서 } \frac{1}{(n+1)} < c_n < \frac{1}{n}).$$

따라서,

$$\ln\left(\frac{(n+1)^n}{n^{n+1}}\right) - 1 = \ln(c_n) \ \text{또는}\ \ln\left(\frac{(n+1)^n/n^{n+1}}{c_n}\right) = 1$$

을 얻는다. 그러므로,

$$e = \frac{(n+1)^n/n^{n+1}}{c_n} = \left(1+\frac{1}{n}\right)^n \left(\frac{1}{nc_n}\right)$$

$\frac{1}{(n+1)} < c_n < \frac{1}{n}$이므로 $1 < \frac{1}{nc_n} < 1 + \frac{1}{n}$이다. $a_n = \frac{1}{nc_n}$이라 하면 $1 < a_n < 1 + \frac{1}{n}$이고 임의의 양의 정수 n에 대하여 $e = a_n\left(1+\frac{1}{n}\right)^n$이다. $\lim_{n\to\infty} a_n = 1$이므로

$$e = \lim_{n\to\infty}\left(1+\frac{1}{n}\right)^n$$

를 얻는다.

(2) 이제 두 번째 방법으로 e를 수열의 극한으로 나타내기 위해 정적분 $\int_0^1 x^n e^{-x}\, dx$를 활용하여 보자. 먼저, 수열 $\{a_n\}$을 다음과 같이 정의하자.

$$a_n = \frac{1}{n!}\int_0^1 x^n e^{-x}\, dx$$

적분 구간 $[0, 1]$을 생각하면

$$0 \le a_n \le \frac{1}{n!}$$

분리적분 방법을 사용하여 정적분 $\int_0^1 x^n e^{-x}\, dx$를 구하면

$$\int_0^1 x^n e^{-x}\,dx = \left[-x^n e^{-x}\right]_0^1 + n\int_0^1 x^{n-1} e^{-x}\,dx$$

이므로

$$a_n = -\frac{1}{n!\,e} + a_{n-1}\ (n=1,2,3,\ldots), \qquad a_0 = -\frac{1}{e}+1$$

을 얻는다.

$$\begin{aligned} a_n &= -\frac{1}{n!e} - \frac{1}{(n-1)!e} - \cdots - \frac{1}{1!e} - \frac{1}{e} + 1 \\ &= 1 - \frac{1}{e}\left(1 + \frac{1}{1!} + \frac{1}{2!} + \cdots + \frac{1}{n!}\right) \end{aligned}$$

한편,

$$0 = \lim_{n\to\infty} a_n = \lim_{n\to\infty}\left[1 - \frac{1}{e}\left(1 + \frac{1}{1!} + \frac{1}{2!} + \cdots + \frac{1}{n!}\right)\right]$$

이므로

$$e = \lim_{n\to\infty}\left(1 + \frac{1}{1!} + \frac{1}{2!} + \cdots + \frac{1}{n!}\right) = 1 + \frac{1}{1!} + \frac{1}{2!} + \frac{1}{3!} + \cdots$$

을 얻는다.

위와 같이 수열의 극한으로 표현되는 e는 무리수로 잘 알려진 수이다. 그 이유를 살펴보자[17]. 먼저 e를 유리수라고 가정해 보자. 즉 $e = \frac{p}{q}$, 여기서 p, q는 서로소인 자연수이다. 이때,

$$\frac{p}{q} = e = \left(1 + \frac{1}{1!} + \frac{1}{2!} + \cdots + \frac{1}{q!}\right) + \left(\frac{1}{(q+1)!} + \cdots\right)$$

로 두 부분으로 나누어 합을 생각할 수 있다.

$$\frac{p}{q} - \left(1 + \frac{1}{1!} + \frac{1}{2!} + \cdots + \frac{1}{q!}\right) = \frac{1}{(q+1)!} + \frac{1}{(q+2)!} + \cdots$$

이므로 양변에 $q!$을 곱하면

$$(\text{좌변}) = p\,(q-1)! - \left(q! + \frac{q!}{1!} + \frac{q!}{2!} + \cdots + \frac{q!}{q!}\right),$$

17 Hardy, H., and Wright, E.(1960). *An introduction to the theory of numbers*, 4th. ed., London: Oxford Univ. Press,

$$(\text{우변}) = \frac{1}{q+1} + \frac{1}{(q+1)(q+2)} + \frac{1}{(q+1)(q+2)(q+3)} + \cdots$$

이때,

$$(\text{우변}) < \frac{1}{q+1} + \frac{1}{(q+1)^2} + \frac{1}{(q+1)^3} + \cdots = \frac{1}{q}$$

이므로 $0 <$ (우변) < 1이다. 그러나 (좌변)은 정수이므로 모순이 생긴다. 그러므로 e는 무리수이다.

(3) 세 번째 방법을 살펴보자.

전통적으로 부등식을 증명할 때에는 기하평균과 산술평균 또는 삼각형이나 원의 성질 등을 이용하거나 미분과 정적분을 사용하였다.[18] 여기에서는 부등식과 정적분을 사용하여 기하평균과 산술평균, 무리수 e에 대한 이해를 높이고자 하였다. 결과로 보면 수열의 극한과도 연관이 있다.

먼저 기하평균과 산술평균의 비의 극한값을 구해보자.

자연수 $1, 2, \ldots, n$에 대한 산술평균 $\dfrac{1+2+\cdots+n}{n}$과 기하평균 $\sqrt[n]{1\cdot 2\cdot 3\cdots n}$을 각각 $AM(1, 2, \ldots, n)$, $GM(1, 2, \ldots, n)$으로 나타내자. 즉,

$$AM(1, 2, \ldots, n) = \frac{1+2+\cdots+n}{n};\quad GM(1, 2, \ldots, n) = \sqrt[n]{1\cdot 2\cdot 3\cdots n}$$

n이 정수일 때, 다음 그림과 같이 구간 $[1, n]$에 정의된 증가함수 $y = f(x)$에 대하여 구분구적법을 쓰면 다음 부등식을 얻는다. 각 구간에서 높이를 최댓값으로 하면

$$\int_1^n f(x)\,dx \le f(2) + f(3) + \cdots + f(n).$$

한편, 각 구간에서 높이를 최솟값으로 하면

$$f(1) + f(2) + \cdots + f(n-1) \le \int_1^n f(x)\,dx$$

이를 종합하면 다음을 얻는다.

18 Alsina, C., and Nelsen, R.(2009), *When less is more : Visualizing basic inequalities*, MAA. 는 이에 관한 매우 훌륭한 참고문헌이다.

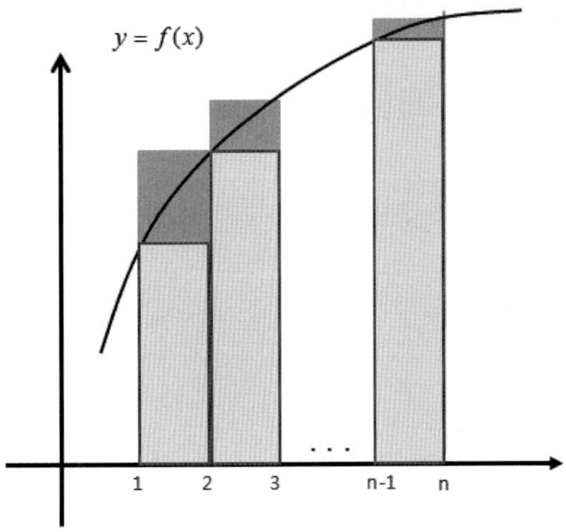

$$\int_1^n f(x)dx + f(1) \le \sum_{k=1}^{n} f(k) \le \int_1^n f(x)\,dx + f(n)$$

먼저, $f(x) = \ln(x)$라고 하고 각 항에 $1/n$을 곱하면 다음 부등식을 얻는다.

$$\frac{1}{n}\left(\int_1^n \ln(x)\,dx\right) \le \frac{1}{n}\left(\sum_{k=1}^{n}\ln(k)\right) \le \frac{1}{n}\left(\int_1^n \ln(x)dx + \ln(n)\right)$$

위 부등식에서 정적분을 시행하면

$$\frac{1}{n}(n\ln(n) - n + 1) \le \frac{1}{n}\left(\sum_{k=1}^{n}\ln(k)\right) \le \frac{1}{n}(n\ln(n) - n + 1 + \ln(n)) \qquad (*)$$

다시 $f(x)$를 $f(x) = x$라고 하고 각 항에 $1/n$을 곱하면 다음 부등식을 얻는다.

$$\frac{1}{n}\left(\int_1^n x\,dx + 1\right) \le \frac{1}{n}\left(\sum_{k=1}^{n} k\right) \le \frac{1}{n}\left(\int_1^n x\,dx + n\right)$$

위 부등식에서 정적분을 시행하면

$$\frac{1}{n}\left(\frac{n^2}{2} - \frac{1}{2} + 1\right) \le \frac{1}{n}\left(\sum_{k=1}^{n} k\right) \le \frac{1}{n}\left(\frac{n^2}{2} - \frac{1}{2} + n\right)$$

각 항에 자연로그를 취하면

$$\ln\frac{1}{n}\left(\frac{n^2}{2} - \frac{1}{2} + 1\right) \le \ln\frac{1}{n}\left(\sum_{k=1}^{n} k\right) \le \ln\frac{1}{n}\left(\frac{n^2}{2} - \frac{1}{2} + n\right) \qquad (**)$$

두 부등식 (*)와 (**)로부터 다음 부등식을 얻는다.

$$\begin{aligned}\ln(n)-1+\frac{1}{n}-\ln\left(\frac{n}{2}-\frac{1}{2n}+1\right)\\ &\le \frac{1}{n}\left(\sum_{k=1}^{n}\ln(k)\right)-\ln\frac{1}{n}\left(\sum_{k=1}^{n}k\right)\\ &\le \ln(n)-1+\frac{1}{n}+\frac{\ln(n)}{n}-\ln\left(\frac{n}{2}-\frac{1}{2n}+\frac{1}{n}\right).\end{aligned}$$

이때, 가운데 식은

$$\ln\ GM(1,2,\cdots,n)-\ln\ AM(1,2,\cdots,n)$$

이고, 왼쪽 식은

$$\ln(2)-1+\frac{1}{n}-\ln\left(1-\frac{1}{n^2}+\frac{2}{n}\right)$$

보다 크고, 오른쪽 식은

$$\ln(2)-1+\frac{1}{n}+\frac{\ln(n)}{n}-\ln\left(1+\frac{1}{n^2}\right)$$

보다 작다. 따라서 $n\to\infty$ 로 하면

$$\ln\ GM(1,2,\cdots,n)-\ln\ AM(1,2,\cdots,n)\to\ln 2-1$$

이 성립하여 다음 결론을 얻는다.[19]

$$\lim_{n\to\infty}\frac{GM(1,2,\cdots,n)}{AM(1,2,\cdots,n)}=\frac{2}{e}$$

탐구 2 (1) e와 π가 무리수임을 증명하는 서·논술 문제를 만들어 보자.

(2) $\sqrt{2}$ 나 $\sqrt{3}$ 이 무리수라는 증명과 e와 π가 무리수라는 증명 사이에는 어떤 역사적 차이가 존재하는지 탐구해 보자.

---

19 R. Kubelka,(2001)."Means to an end", *Math. Magazine* 74(2): 141-142.

| 8 | 정적분은 가치 있는 부등식을 만든다

6개념	관련 주제	실세계 문제
모델링, 기호화, 최적화	정적분, 부등식	무리수 이해

부등식과 정적분을 이용하여 무리수 e에 대해서 더 알아보자.

(1) 첫 번째로는 다음 헤르미트-하다마르 부등식(Hermit-Hadamard)[20]을 이용하려고 한다.

(헤르미트-하다마르 부등식) 함수 $f:[a,b]\to\mathbb{R}$ 에 대하여 도함수 f'이 증가함수일 때,

$$f\left(\frac{x_1+x_2}{2}\right) < \frac{1}{x_2-x_1}\int_{x_1}^{x_2} f(x)\,dx$$

예를 들면 $f(x)=\frac{1}{x}$ 일 때, $f'(x)=-\frac{1}{x^2}$ 이므로 위 부등식을 만족한다. 함수를 $f(x)=\frac{1}{x}$ 로 하여 헤르미트-하다마르 부등식을 그림으로 그리면 다음과 같다.

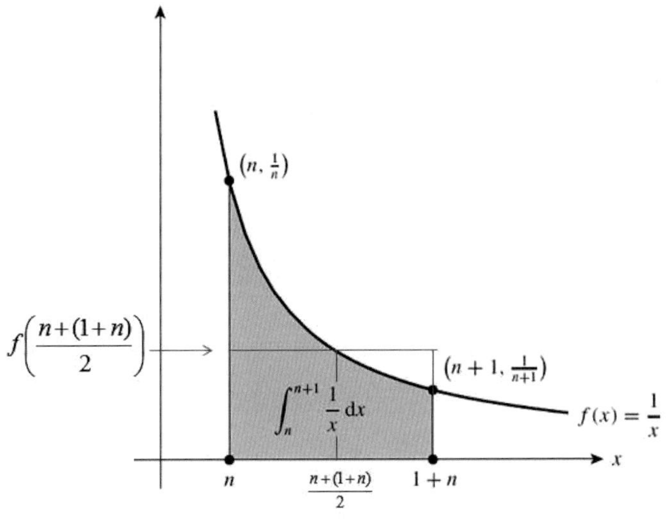

즉, 폭이 1이고 높이가 $f\left(\frac{n+(1+n)}{2}\right)$인 직사각형의 넓이는 어두운 영역보다 작다. 이를 식으로 다시 표현하면

$$f\left(\frac{n+(1+n)}{2}\right) < \frac{1}{n+1-n}\int_n^{n+1}\frac{1}{x}\,dx$$

$$\frac{2}{2n+1} < \ln(n+1) - \ln(n) = \ln\left(1+\frac{1}{n}\right)$$

---

20 S. Khattri,(2010). "Three proofs of the inequality $e<\left(1+\frac{1}{n}\right)^{n+0.5}$", *Amer. Math. Monthly* 117: 273-277.

따라서

$$\frac{1}{n+0.5} < \ln\left(1+\frac{1}{n}\right) \text{ 또는 } 1 < \ln\left(1+\frac{1}{n}\right)^{n+0.5}$$

이로부터 부등식

$$e < \left(1+\frac{1}{n}\right)^{n+0.5}$$

를 얻는다.

(2) 두 번째로는 무한급수 표현을 이용하려고 한다. 평균값 정리에서 만들어진 테일러 식에 의하여

$$f(x) = \ln(1+x) = x - \frac{x^2}{2} + \frac{x^3}{3} - \frac{x^4}{4} + \frac{x^5}{5} - \cdots, \quad -1 < x \le 1$$

이다. 양의 정수 n에 대하여 $x = \frac{1}{n}$로 놓고 양변에 n을 곱하면

$$n \ln\left(1+\frac{1}{n}\right) = 1 - \frac{1}{2n} + \frac{1}{3n^2} - \frac{1}{4n^3} + \frac{1}{5n^4} - \cdots$$

n을 $2n$으로, n을 $-2n$으로 바꾼 식은 각각 다음과 같다.

$$2n \ln\left(1+\frac{1}{2n}\right) = 1 - \frac{1}{4n} + \frac{1}{12n^2} - \frac{1}{32n^3} + \frac{1}{80n^4} \cdots,$$

$$-2n \ln\left(1-\frac{1}{2n}\right) = 1 + \frac{1}{4n} + \frac{1}{12n^2} + \frac{1}{32n^3} + \frac{1}{80n^4} + \cdots.$$

이 두 식을 합하고 양변을 2로 나누면

$$\ln\left(\frac{2n+1}{2n-1}\right)^n = 1 + \frac{1}{12n^2} + \frac{1}{80n^4} + \cdots$$

이제 n 대신 $n+0.5$를 대입하면

$$\ln\left(\frac{2n+2}{2n}\right)^{n+0.5} = 1 + \frac{1}{12(n+0.5)^2} + \frac{1}{80(n+0.5)^4} + \cdots$$

이고 오른쪽 식은 1보다 크므로

$$1 < \ln\left(1+\frac{1}{n}\right)^{n+0.5} \text{ 또는 } e < \left(1+\frac{1}{n}\right)^{n+0.5}$$

|9| 정적분은 자료를 해석한다

6개념	관련 주제	실세계 문제
모델링, 기호화, 최적화	정적분	지니계수

특정 함수의 정적분은 매우 중요한 역할을 한다. 함수의 정적분은 물리학에서는 일을 표현하고 경제학에서의 소비자물가지수는 인플레이션 비율의 적분으로 표현된다. 이때 정적분이 계산이 쉬운 경우도 있지만, 표준정규분포의 확률밀도함수처럼 계산이 불가능한 경우도 있다. 계산이 불가능한 경우에는 어떻게 할까? 지니계수를 소재로 하여 알아보자.

지니계수는 이탈리아 통계학자 지니가 소득분포에 관해 제시한 지표이다. 지니계수는 빈부격차와 계층 간 소득분포의 불균형 정도를 나타내는 수치로, 소득이 어느 정도 균등하게 분배되어 있는지를 평가하는 데 주로 이용되는데, 근로소득·사업소득은 물론, 부동산·금융자산 등의 자산 분배 정도까지도 파악할 수 있다.

예제 1 지니계수 1

(1) 다음과 같이 10분위로 나누어 조사한 소득분포를 보자. 10분위별 소득이란 가구를 소득순으로 나열한 다음, 최하위 가구부터 최상위 가구까지 10구간으로 등분하여 각 구간별 소득을 평균한 금액이므로 구간별 가구수는 전체 가구수의 10%이다. 여기서 소득이 가장 낮은 쪽의 구간이 1분위이고 가장 높은 쪽의 구간이 10분위이다. 우리나라 도시근로자 가구의 10분위별 소득분포(2005년)는 다음과 같다.

소득분위	1분위	2분위	3분위	4분위	5분위	분위6	7분위	8분위	9분위	10분위
소득 점유율	2.6	4.6	5.9	7.0	8.2	9.4	10.8	12.5	15.2	23.8
누적비율	2.6	7.2	13.1	20.1	28.3	37.7	48.5	61.0	76.2	100

(자료: 통계청, 「가계조사」, 각년도 / 주: 도시근로자가구 대상)

위 소득분포를 다음과 같이 그림으로 나타내자. 그림에서 가로축은 인구의 누적비율이며 세로축은 누적인구에 대응하는 소득의 누적비율을 나타낸다. 소득분배곡선인 로렌츠 곡선은 소득 수준이 낮은 인구로부터 높은 인구순으로 누적한 비율을 가로축으로 하여 그에 대응하는 누적소득비율을 표시한 곡선이다. 이 그래프에서 기울기가 45°인 선이 완전평등선이다. 완전평등선과 소득분배곡선 사이의 면적이 불평등 면적이고, 불평등 면적을 완전 평등선 아래의 삼각형의 면적으로 나눈 비율이 지니계수이다. 지니계수는 0과 1 사이의 값을 가지는데, 소득분배곡선이 완전평등선에 가까워지면, 지니계수는 0에 가까워지고, 이것은 소득분배의 불평등 정도가 낮다는 것을 뜻한다. 일반적으로 지니계수가 0.4를 넘으면 소득분배가 상

당히 불평등하다.[21]

결국 지니계수는 로렌츠 곡선의 정적분으로 구하는 데, 문제는 로렌츠 곡선 자체를 구하는 것이 불가능하다는 점이다. 이에 구분구적법 측면에서 로렌츠 곡선을 해석하여 다음과 같은 방법으로 구할 수 있다.

다음 그림은 주어진 자료를 누적하여 나타낸 것이다. 로렌츠 곡선을 정적분 하기 위하여 구분구적법(정적분의 근삿값)을 사용한다. 그림에서 직사각형의 넓이를 모두 더한 값이 로렌츠 곡선을 정적분한 값의 근삿값이다. 이제 다음과 같은 경우, 지니계수를 구해보자.

다음 그림에서 흰색 직사각형은 구간의 최댓값, 검은 직사각형은 구간의 최솟값을 나타낸다(이는 각 소구간에서 로렌츠 곡선을 상수함수로 본 것임). 최댓값(또는 최솟값)을 사용하여 10개의 직사각형의 면적을 합한 값이 로렌츠 곡선을 정적분 한 값의 근삿값이다.

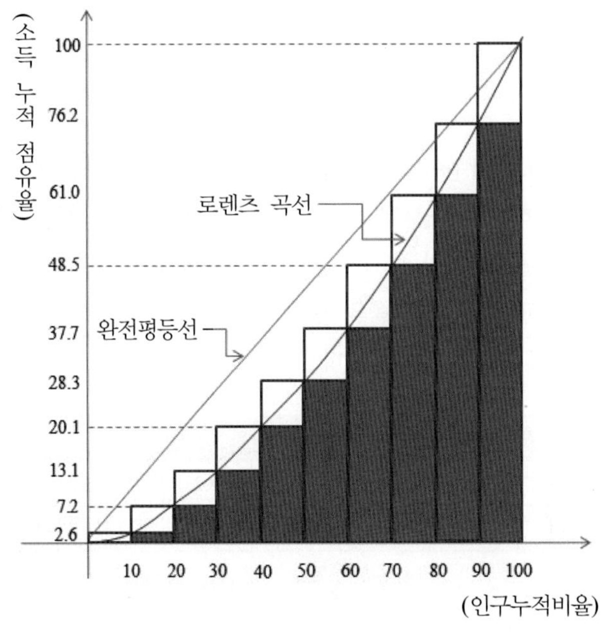

최솟값을 이용한 정적분 값: $0+26+72+\cdots+762=2947$

지니계수: $\dfrac{5000-2947}{5000}=0.41$

최댓값을 이용한 정적분 값: $26+72+\cdots+1000=3947$

지니계수: $\dfrac{5000-3947}{5000}=0.21$

21 박제남, 부의 불평등 정도를 수치로 나타내어 보자, 주간조선, 1946호, 106-107.

최솟값과 최댓값의 평균으로 각 구간의 높이를 택하여 직사각형을 사다리꼴로 바꾸어 볼 수 있다(이는 각 소구간에서 로렌츠 곡선을 일차함수로 본 것임). 10개의 사다리꼴의 면적을 합한 값이 로렌츠 곡선을 정적분 한 값의 또 다른 근삿값이다.

$$\text{사다리꼴 면적: } \frac{2947+3947}{2} = 3447$$

$$\text{지니계수: } \frac{5000-3447}{5000} = 0.31$$

(2) 이차다항식을 이용한 심슨의 방법은 적분 구간을 정칙분할하여 처음부터 이웃한 세 점을 지나는 이차함수를 결정하고 이 이차함수를 정적분하여 더해나가는 수치적분법이다.

구간 $[a,b]$에서 정의된 양의 함수 $f(x)$에 대하여 먼저 구간을 같은 길이로 n등분하자. 이때, $h=(b-a)/n$ 이라 하고 각 분할점들을

$$a = x_0 < x_1 < \cdots < x_n = b$$

로 표시하자. 이때, 다음을 얻는다.

$$\int_a^b f(x)dx \simeq \frac{b-a}{3n}[f(x_0)+4f(x_1)+2f(x_2)+\cdots+4f(x_{n-1})+f(x_n)].$$

(〈4. 정적분은 무리수의 근삿값을 구한다〉 참고).

다음 표를 이차다항식을 이용한 방법으로 정적분해 보자.

소득분위	1분위	2분위	3분위	4분위	5분위	분위6	7분위	8분위	9분위	10분위
소득 점유율	2.6	4.6	5.9	7.0	8.2	9.4	10.8	12.5	15.2	23.8
누적비율	2.6	7.2	13.1	20.1	28.3	37.7	48.5	61.0	76.2	100

$$\frac{100}{3\cdot 10}(0+4\times 2.6+2\times 7.2+4\times 13.1+2\times 20.1+4\times 28.3+2\times 37.7$$
$$+4\times 48.5+2\times 61.0+4\times 76.2+100) = 3422.6$$

그러므로 지니계수는 $\frac{5000-3422.6}{5000} = 0.32$이다.

● 정적분 방법에 따른 값의 비교

방법	높이 = 최솟값	이차다항식	사다리꼴	높이 = 최댓값
정적분 값	2947	3423	3447	3947
지니계수	0.41	0.32	0.31	0.21

예제 2 지니계수 2[22]

로렌츠 곡선 $L(x)$의 정의역은 $0 \le x \le 1$이고 $L(0)=0, L(1)=1$이다. 이때, 지니계수는

$$G = 2\int_0^1 [x - L(x)]\, dx$$

(1) 다음 자료 A, B, C에 해당하는 로렌츠 곡선을 그려보자. 연간 소득의 총합이 15,178.8만 원이 되면서 A의 로렌츠 곡선과 교차하는 자료가 있다면 곡선의 교차가 무엇을 의미하는지 해석해 보자.

분위	A: 연간소득(만 원)	B: 연간소득(만 원)	C: 연간소득(만 원)
1	999.8	3035.76	0
2	1804.3	3035.76	0
3	2512.4	3035.76	0
4	3394.7	3035.76	0
5	6467.6	3035.76	15,178.8
합	15,178.8	15,178.8	15,178.8

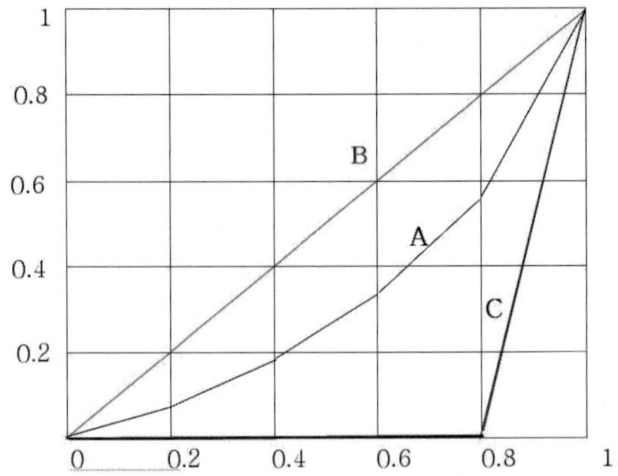

22 Gerber, L.(2007). "A Quintile Rule for the Gini Coefficient." *Math. Magazine* 80(2): 133-135.

연간 소득의 총합이 A와 같으면서 A의 로렌츠 곡선과 교차하는 자료를 만들었을 때, 두 곡선이 $(x_{0,} L(x_0))$에서 교차한다고 하면 두 경우 모두 누적인구비율이 x_0일 때의 소득누적이 $L(x_0)$로 같다고 볼 수 있다. 이때, $x < x_0$일 때 A의 로렌츠 곡선이 위에 있는 경우와 아래에 있는 경우로 나누어 소득분포의 특징을 더 설명할 수 있다.

(2) 로렌츠 곡선 $L(x)$ $(0 \le x \le 1)$에 대하여

① $L(x) \le x$, ② $L'(x) > 0, L''(x) > 0$

한편, $y = \frac{7}{8}x^2 + \frac{1}{7}x$는 로렌츠 곡선이 될 수 있는지 살펴보자.

$y = L(x)$는 누적소득을 나타내므로 증가함수이다. 따라서 $L'(x) > 0$이다. 소득이 완전히 불평등하게 분배된 경우는 $x < 100\%$인 경우 $y = 0$, $x = 100\%$인 경우 $y = 100\%$가 되는 경우이다(이러한 선을 완전불평등선이라고 한다). 로렌츠 곡선은 완전평등선보다 위로 올라갈 수 없고, 완전불평등선보다 아래로 내려갈 수 없으므로 $L''(x) > 0$이다. 또는 로렌츠 곡선은 증가하는 값의 누적이므로 $L''(x) > 0$이다. 또한 $L(x)$가 로렌츠 곡선을 나타내면 우선 $L(0) = 0$, $L(1) = 1$을 만족해야 한다.

| 10 | 정적분과 프랙털

6개념	관련 주제	실세계 문제
모델링, 기호화, 최적화	회전체의 넓이와 부피	프랙털

〈미적분 II〉에서 입체도형의 부피를 다룬다. 단면의 넓이를 이용하는데, 단면이 원인 경우와 사각형인 경우를 주로 다룬다. 입체도형의 부피는 단면의 넓이 $S(x)$를 이용하여

$$V_n = \sum_{k=1}^{n} S(x_k)\,\Delta x$$

를 도입하고 이에 대한 극한

$$\lim_{n\to\infty} V_n = \lim_{n\to\infty}\sum_{k=1}^{n} S(x_k)\Delta x = \int_a^b S(x)\,dx$$

로 정의한다. 이 과정은 회전체의 부피를 포함한다.

이제 함수 $g(x) = \frac{1}{x}$ (정의역은 $[1, \infty)$)를 회전시킨 회전체의 부피를 알아보자. 무한대가 구간으로 들어간 경우 극한으로 접근하면 된다. 이 회전체의 부피는

$$V=\int_1^{\infty}\pi\left(\frac{1}{x}\right)^2 dx=\lim_{n\to\infty}\int_1^n \pi x^{-2}\,dx$$

$$=\lim_{n\to\infty}\left[-\pi x^{-1}\right]_1^n=\lim_{n\to\infty}\left(-\frac{\pi}{n}+\pi\right)=\pi$$

로 유한 확정값을 갖는다.

회전체의 겉넓이는 〈미적분 II〉에서 다루지 않지만, 회전체를 분할하여 생각하면 된다. 각 분할 구간 $[x_k,\ x_{k+1}]$에서 그래프를 회전하고 평균값 정리를 적용하면, 원뿔대의 모양을 얻는다. 이에 따라서 겉넓이 (S)의 식

$$S=\int_a^b 2\pi f(x)\sqrt{1+[f'(x)]^2}\,dx$$

이 만들어진다(독자들은 J. Stewart(2020)의 제8.2절을 참고해 보자).

위 식을 함수 $g(x)=1/x$에 적용하면 회전체의 겉넓이

$$S=\int_1^{\infty}2\pi\frac{1}{x}\sqrt{1+x^{-4}}\,dx$$

를 얻는다. 한편, $\frac{1}{x}\sqrt{1+\frac{1}{x^4}}\geq\frac{1}{x}$이므로

$$S=\int_1^{\infty}2\pi\frac{1}{x}\sqrt{1+x^{-4}}\,dx\geq\int_1^{\infty}\frac{2\pi}{x}\,dx=\lim_{n\to\infty}\int_1^n\frac{2\pi}{x}$$

$$=2\pi\lim_{n\to\infty}\ln(n)=\infty$$

(〈3. 정적분으로 도입되는 함수〉의 **단계 6** 참고). 결국, 겉넓이는 무한하고 부피는 유한한 회전체를 얻게 된다. 이 회전체에 페인트를 채울 수는 있지만 채운 페인트로는 회전체의 표면을 모두 칠할 수는 없다.

| 11 | (정)적분과 거듭제곱 급수(power series)

6개념	관련 주제	실세계 문제
모델링, 기호화, 최적화	분리적분 방법	무한급수

〈미적분 II〉에서 소위 '적분법'은 매우 중요한 위치를 찾이한다. 이때, 필요한 것은 "어떻게 빠르게 구하는가?"에 있다. 이 역시 우리나라의 평가가 수능에 있기 때문이다. 그렇다면 다양한 방법을 추구하면 어떨까?

분리적분 방법(integration by part)은 충분히 이용가치가 있는 방법이다. 적분

$$\int x\ e^x\ dx$$

을 할 때는 분리적분 방법을 사용하는데, 보통은 적분하기 쉬운 대상을 f'로 결정한다. 즉, $f' = e^x$, $g = x$로 하면 분리적분 방법에 의하여

$$\int x\ e^x\ dx = f\,g - \int f\,g'$$

으로

$$\int x\ e^x\ dx = e^x\ x - e^x + C$$

를 얻는다. 〈미적분 II〉가 수능에서 제외된 상황에서 교육과정 재구성 입장으로 이를 바라보자.

이제, 과감하게 역할을 바꾸어 보자[23]. 즉, $f' = x$, $g = e^x$로 하면 분리적분 방법에 의하여

$$\int x\ e^x\ dx = f\,g - \int f\,g' = \frac{1}{2}x^2 e^x - \int \frac{1}{2}x^2 e^x\ dx$$

마찬가지 발상으로 한 번 더 분리적분 방법을 시행하면

$$\begin{aligned}\int x\ e^x\ dx &= \frac{1}{2}x^2\ e^x - \int \frac{1}{2}x^2\ e^x\ dx \\ &= \frac{1}{2}x^2\ e^x - \frac{1}{3!}x^3 e^x + \int \frac{1}{3!}x^3\ e^x\ dx\end{aligned}$$

이므로 이와 같은 발상으로 분리적분 방법을 계속하면 다음을 얻는다.

$$\begin{aligned}\int x\,e^x\ dx &= \left(\frac{x^2}{2!}e^x - \frac{x^3}{3!}e^x + \frac{x^4}{4!}e^x - \frac{x^5}{5!}e^x + - \cdots\right) + (\text{적분상수}) \\ &= e^x\left(\frac{x^2}{2!} - \frac{x^3}{3!} + \frac{x^4}{4!} - + \cdots\right) + (\text{적분상수})\end{aligned}$$

한편, $e^x = 1 + x + \dfrac{x^2}{2!} + \dfrac{x^3}{3!} + \cdots$,[24] $e^{-x} = 1 - x + \dfrac{x^2}{2!} - \dfrac{x^3}{3!} + \cdots$이므로

$$\begin{aligned}\int x\ e^x\ dx &= -e^x + e^x\,x + e^x\left((1-x) + \frac{x^2}{2!} - \frac{x^3}{3!} + \frac{x^4}{4!} - + \cdots\right) + (\text{적분상수}) \\ &= x\,e^x - e^x + e^x e^{-x} + (\text{적분상수}) = x\,e^x - e^x + C.\end{aligned}$$

---

23 Kilmer, S,(2008). "Integration by parts and infinite series", *Math. Mag.* 81: 51–55.

24 독자들은 이를 지도할 방안을 제시해 보자(110쪽 참고).

예제 1 정적분 $\int_0^x 1\cdot\cos t\ dt$에 $f'=1$, $g=\cos t$로 하여 분리적분 방법을 연속하여 적용해 보자.

먼저

$$\begin{aligned}\sin x &= \int_0^x \cos t\ dt = [t\cos t]_0^x - \int_0^x t\,(-\sin t)\ dt\\ &= x\cos x + \frac{x^2}{2!}\sin x - \frac{x^3}{3!}\cos x - \frac{x^4}{4!}\sin x + \frac{x^5}{5!}\cos x + \frac{x^6}{6!}\sin x - \cdots\\ &= \cos x\left(x - \frac{x^3}{3!} + \frac{x^5}{5!} - \frac{x^7}{7!} + \cdots\right) + \sin x\left(\frac{x^2}{2!} - \frac{x^4}{4!} + \frac{x^6}{6!} - \frac{x^8}{8!} + \cdots\right)\\ &= \cos x\left(x - \frac{x^3}{3!} + \frac{x^5}{5!} - \frac{x^7}{7!}\cdots\right) - \sin x\left(1 - \frac{x^2}{2!} + \frac{x^4}{4!} - \frac{x^6}{6!} + \frac{x^8}{8!} - \cdots\right) + \sin x\end{aligned}$$

간단히

$$\sigma_s = \left(x - \frac{x^3}{3!} + \frac{x^5}{5!} - \frac{x^7}{7!} + \cdots\right),\ \sigma_c = \left(1 - \frac{x^2}{2!} + \frac{x^4}{4!} - \frac{x^6}{6!} + \frac{x^8}{8!} - \cdots\right)$$

로 하면 연속된 분리적분 방법으로부터

$$\sigma_s\cos x - \sigma_c\sin x = 0$$

을 얻는다. 한편,

$$1 - \cos x = \int_0^x \sin t\ dt$$

이므로 정적분 $\int_0^x 1\cdot\sin t\ dt$에 역발상의 분리적분 방법($f'=1$, $g=\sin t$)을 계속 적용하면

$$\begin{aligned}1 - \cos x &= \int_0^x \sin t\ dt\\ &= [t\sin t]_0^x - \int_0^x t\cos t\ dt\\ &= x\sin x - \frac{x^2}{2!}\cos x - \frac{x^3}{3!}\sin x + \frac{x^4}{4!}\cos x + \frac{x^5}{5!}\sin x - \frac{x^6}{6!}\cos x - \cdots\\ &= \sin x\left(x - \frac{x^3}{3!} + \frac{x^5}{5!} - \frac{x^7}{7!} + \cdots\right) + \cos x\left(-\frac{x^2}{2!} + \frac{x^4}{4!} - \frac{x^6}{6!} + \frac{x^8}{8!} - \cdots\right)\\ &= \sin x\left(x - \frac{x^3}{3!} + \frac{x^5}{5!} - \frac{x^7}{7!} + \cdots\right) + \cos x\left(1 - \frac{x^2}{2!} + \frac{x^4}{4!} - \frac{x^6}{6!} + \frac{x^8}{8!} - \cdots\right) - \cos x\end{aligned}$$

앞에서 사용한 기호 σ_s, σ_c를 사용하면

$$\sigma_c \cos x + \sigma_s \sin x = 1$$

이제 연립하여 풀면

$$\sigma_s = \sin x = \left(x - \frac{x^3}{3!} + \frac{x^5}{5!} - \frac{x^7}{7!} + \cdots\right)$$
$$\sigma_c = \cos x = \left(1 - \frac{x^2}{2!} + \frac{x^4}{4!} - \frac{x^6}{6!} + \frac{x^8}{8!} - \cdots\right)$$

예제 2 π는 반지름이 1인 원의 넓이이므로

$$\pi = 4\int_0^1 \sqrt{1-x^2}\, dx$$

이다. 분리적분 방법을 거듭 적용해 보자.

먼저

$$\int \sqrt{1-x^2}\, dx = \int \sqrt{1+x}\,\sqrt{1-x}\, dx$$

에 $f' = \sqrt{1-x}$, $g = \sqrt{1+x}$로 분리적분 방법을 쓰면

$$f = -\frac{2}{3}(\sqrt{1-x})^3,\ g' = \frac{1}{2}(\sqrt{1+x})^{-1}$$

이므로

$$\int \sqrt{1-x^2}\, dx = -\frac{2}{3}\sqrt{1+x}(\sqrt{1-x})^3 + \int \frac{1}{3}(\sqrt{1-x})^3(\sqrt{1+x})^{-1}\, dx$$

오른쪽 적분에 분리적분 방법을 다시 쓰면

$$\int \sqrt{1-x^2}\, dx = -\frac{2}{3}\sqrt{1+x}(\sqrt{1-x})^3 + 2\frac{(-1)(\sqrt{1-x})^5}{5\cdot 3\sqrt{1+x}}$$
$$-\int \frac{1}{5\cdot 3}(1-x)^{5/2}(1+x)^{-3/2}\, dx$$

독자들은 분리적분 방법을 한 번 더 써보기를 바란다. 이때,

$$\pi = 4\int_0^1 \sqrt{1-x^2}\, dx$$

$$= 4\left[-\frac{2}{3}\sqrt{1+x}\,(\sqrt{1-x})^3 + 2\sum_{k=1}^{\infty}\frac{(-1)^k(\sqrt{1-x})^{2k+3}}{(2k+3)(2k+1)(2k-1)(\sqrt{1+x})^{2k-1}}\right]_0^1$$

$$= \frac{8}{3} + 8\sum_{k=1}^{\infty}\frac{(-1)^{k+1}}{(2k+3)(2k+1)(2k-1)}$$

$$= 8\sum_{k=0}^{\infty}\frac{(-1)^{k+1}}{(2k+3)(2k+1)(2k-1)}$$

을 얻는다.

예제 3 분수 $\frac{1}{1+x^2}$을 분리하면

$$\frac{1}{1+x^2} = \frac{1}{2i}\left(\frac{1}{x-i} - \frac{1}{x+1}\right)$$

이제 적분 $\int \frac{1}{x+a}\,dx$에 분리적분 방법을 거듭 적용해 보자. 먼저,

$$f\,' = 1, \quad g = 1/(x+a)$$

에서

$$\int \frac{1}{x+a}\,dx = \frac{x}{x+a} + \int x\left(\frac{1}{x+a}\right)^2 dx$$

$$= \frac{x}{x+a} + \frac{1}{2}\left(\frac{x}{x+a}\right)^2 + \frac{1}{3}\left(\frac{x}{x+a}\right)^3 + \cdots + C$$

$$= \sum_{k=1}^{\infty}\frac{1}{k}\left(\frac{x}{x+a}\right)^k$$

결론적으로

$$\pi = 4\int_0^1 \frac{1}{1+x^2}\,dx = \frac{2}{i}\int_0^1\left(\frac{1}{x-1} - \frac{1}{x+i}\right)dx$$

$$= \frac{2}{i}\sum_{k=1}^{\infty}\frac{1}{k}\left[\left(\frac{1}{1-i}\right)^k - \left(\frac{1}{1+i}\right)^k\right]_0^1 = \frac{2}{i}\sum_{k=1}^{\infty}\frac{(1+i)^k - (1-i)^k}{2^k\,k}$$

$$= 4\sum_{k=0}^{\infty}\frac{\sqrt{2^k}\,(e^{\pi ki/4} - e^{-\pi ki/4})}{2^k\,k\,2i} = 4\sum_{k=1}^{\infty}\frac{\sin(\pi k/4)}{2^{k/2}\,k}$$

| 12 | 적분은 RL-회로의 정상전류를 결정한다

6개념	관련주제	실세계 문제
모델링	곱의 미분법	전기회로

p. 30에서 $R = 12$, $L = 4$, 건전지(battery) $E(t) = 60$인 RL-회로를 사용하였다. 이제 기전력을 발전기(generator) $E(t) = 60 \sin(30t)$라고 하자. 키르히호프의 전압강하법칙을 적용하면

$$4\frac{dI}{dt} + 12I = 60\sin 30t,\ I(0) = 0$$

를 얻는다.

교실에서 사용하는 전통적인 기호를 사용하면

$$\begin{aligned} 4f'(x) + 12f(x) &= 60\sin 30x \\ f'(x) + 3f(x) &= 15\sin 30x \end{aligned}$$

이다. '곱의 미분 방법'을 살펴보면

$$(f(x)g(x))' = f'g + fg'$$

으로 f'과 f가 들어간 항이 존재한다. 역으로 $f'(x) + 3f(x)$처럼 $f'(x)$과 $f(x)$가 들어가 있으면 이를 '곱의 미분 방법'과 연관지을 수 있다. 즉,

$$(f(x)g(x))' = f'(x)g(x) + 3f(x)g(x) = 15\,g(x)\sin 30x$$

따라서 등식

$$(f(x)g(x))' = f'(x)g(x) + f(x)g'(x) = f'(x)g(x) + 3f(x)g(x)$$

으로부터

$$f(x)g'(x) + 3f(x)g(x) = 0 \text{ 또는 } g'(x) = 3g(x)$$

를 얻는다. 곱의 미분 방법에 맞추기 위해 $g(x) = e^{3x}$를 $f'(x) + 3f(x) = 15\sin 30x$ 양변에 곱해주면 된다. 이제

$$[f'(x) + 3f(x)]e^{3x} = \left(f(x)e^{3x}\right)' = 15\,e^{3x}\sin 30x$$

을 얻는다. 따라서

$$f(x)e^{3x} = 15\int e^{3x}\sin 30x\,dx$$

로 〈미적분 II〉에서 분리적분 방법의 예로 $\int e^{3x}\sin 30x\,dx$ 를 만난다. 독자들은

$$\int e^{3x}\sin 30x\,dx = \frac{e^{3x}}{909}(3\sin 30x - 30\cos 30x) + C$$

를 보이기를 바란다. 따라서

$$f(x) = \frac{5}{101}(\sin 30x - 10\cos 30x) + Ce^{-3x}$$

이고 $f(0) = 0$ (위에서 $I(0) = 0$)이므로 $-\frac{50}{101} + C = 0$ 이다. 결론적으로

$$f(x) = \frac{5}{101}(\sin 30x - 10\cos 30x) + \frac{50}{101}e^{-3x} \text{ (하단 그래프 참고)}$$

이다. 여기서 함수의 극한이란 무엇인가를 생각할 수 있다. 즉,

$$\lim_{x\to\infty} f(x) = \lim_{x\to\infty}\frac{5}{101}(\sin 30x - 10\cos 30x)$$

로 시간이 충분히 흐르면 지수함수 항이 없어지고 삼각함수 항만 남게 된다. 이와 같은 현상을 공학에서 정상전류라 부른다.

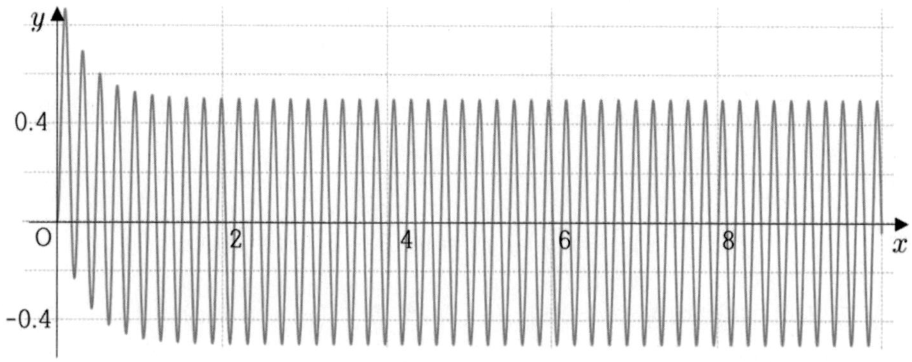

〈함수 $f(x) = \frac{5}{101}(\sin 30x - 10\cos 30x) + \frac{50}{101}e^{-3x}$ 의 그래프〉

| 13 | 정적분은 혈액의 속력을 구한다

6개념	관련주제	실세계 문제
모델링	정적분	혈액의 속력

혈액이 얼마나 빨리 흐르는지는 알아보기 위해서는 혈관을 원기둥으로 생각하자. 혈액이 동맥이나 정맥 등 혈관을 따라 흐를 때, 혈관을 아래 그림과 같이 반지름의 길이가 R이고 길이가 l 인 원기둥으로 생각할 수 있다.

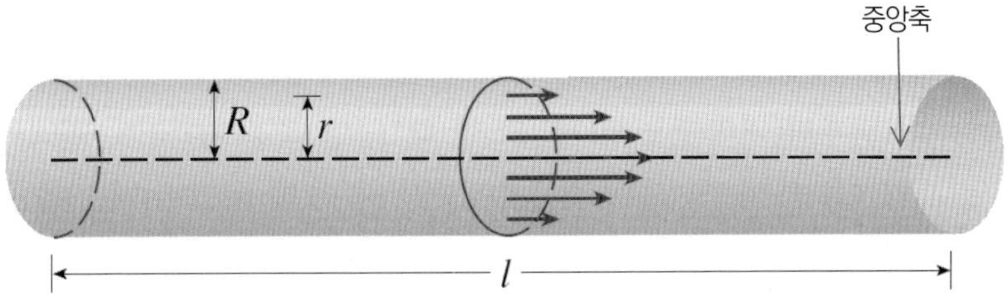

〈혈액의 흐름도〉

혈관 벽에서의 마찰로 인해 혈액의 속력은 혈관의 중앙 축에서 최대가 되고, 혈관 벽에서 $v=0$이 될 때까지 축으로부터의 거리 r이 커질수록 속력은 계속 작아지는데, 속력 v와 거리 r 사이에 다음과 같은 관계가 있음이 알려져 있다(1840). 이를 층류의 법칙(the law of Laminar flow)이라고 한다.

$$v=\frac{P}{4\eta l}(R^2-r^2) \ \ (\mathrm{cm/s})$$

(η는 혈액의 점도, P는 혈관 양쪽 끝의 압력 차)

만약 P와 l이 상수라면, v는 r의 함수이다($v\in[0,R]$).

혈관의 중심축으로부터 간격이 일정하게 되는 반지름의 길이 r_1, r_2, $\cdots(r_{i-1}<r_i)$을 생각하면 두 반지름 r_{i-1}, r_i으로 만들어지는 원 사이의 영역의 넓이는 대략

$$2\pi r_i\,\Delta r \quad (\Delta r=r_i-r_{i-1})$$

이다. Δr이 충분히 작다면, 이 영역을 통과하는 혈액의 속력은 $v(r_i)$로 생각할 수 있다. 이로부터 단위 시간에 이 영역을 통과하는 혈액의 양, 나아가 혈관의 단면을 통과하는 혈액의 전체 양을 구할 수 있다.

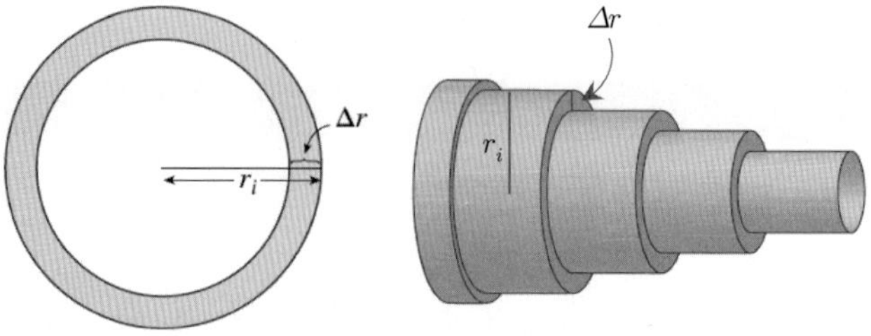

〈혈액의 단면도〉

이제 반지름이 0.01cm, 길이가 3cm, 양끝의 혈압 차이가 3000dynes/cm^2, 점도가 0.027g/(cm·s)인 혈관을 생각하자. 단, 1dyn=1gcm/s^{2}이다.

(1) 혈관의 중앙 축으로부터 거리를 r cm이라고 할 때, 중앙 축을 따라가는 혈액의 속력(r=0), $r=0.005$일 때의 혈액의 속력, 혈관 벽에서의 혈액의 속력($r=R=0.01$)을 구하자.

$$v=\frac{P}{4\eta l}(R^2-r^2)$$

에 $R=0.01$, $l=3$, $P=3000$, $\eta=0.027$을 대입하면

$$v=\frac{3000}{4\times0.027\times3}(0.01^2-r^2)$$

따라서 $v(0)\approx0.9$, $v(0.005)\approx0.7$, $v(0.01)=0$ (cm/s)이다.

한편, $r=0$, $r=0.005$, $r=R=0.01$인 곳에서의 혈액의 속력의 순간변화율을 구하기 위하여 식 $v(r)=\frac{P}{4\eta l}(R^2-r^2)$, $v'(r)=-\frac{Pr}{2\eta l}$에 $l=3$, $P=3000$, $\eta=0.027$을 대입하면

$$v'(r)=-\frac{3000r}{2(0.027)3}=-\frac{3000r}{2(0.027)3}=-\frac{50000r}{27}$$

따라서

$$v'(0)=0,\ v'(0.005)=\frac{2500}{27}\approx-92.6,\ v'(0.01)=\frac{5000}{27}\approx-185.2$$

이다.

(2) 반지름의 길이가 R인 혈관에서 중심축으로부터의 거리가 r인 지점의 속력을 $v(r)$이라고 하자. $v'(r)=-\frac{Pr}{2\eta l}=0$이라고 하면 $r=0$이므로 속력이 최대인 곳은 $r=0$, 즉 중앙축이다. 속력의 변화가 가장 클 때는 가속도의 절댓값이 가장 클 때이다. $r=R$일 때가 $|v'(r)|$의

값이 가장 크므로 속력의 변화가 가장 큰 곳은 혈관 벽이다. $0 \le r \le R$일 때 속력이 최대가 되는 경우는 $r=0$일 때이므로 최대속력은 $v_{최대} = \frac{P}{4\eta l}R^2$이다. 평균 속력을 $v_{평균}$ 라고 하면

$$v_{평균} = \frac{1}{R-0}\int_0^R v(r)\,dr = \frac{1}{R}\int_0^R \frac{P}{4\eta l}(R^2 - r^2)$$
$$= \frac{P}{4\eta l R}\left[R^2 r - \frac{1}{3}r^3\right]_0^R = \frac{P}{4\eta l\,R}\left(\frac{2}{3}\right)R^3 = \frac{2}{3}\frac{PR^2}{4\eta l}$$

이므로 $v_{평균} = \frac{2}{3}v_{최대}$ 이다.

(3) 심장은 1분에 70회 정도 일정하게 수축·이완을 반복하고 있으므로 단위 시간당 동맥에 흐르는 혈액의 양은 일정하다고 볼 수 있다. 혈관의 반지름의 길이는 R이라고 하자.

먼저, 단위 시간당 흐르는 혈액의 양을 구해보자. Δr이 충분히 작다면 두 반지름 r_{i-1}, r_i으로 만들어지는 원 사이의 영역을 통과하는 혈액의 속력은 $v(r_i)$로 생각할 수 있다. 따라서 단위 시간에 이 영역을 통과하는 혈액의 양은 $2\pi r_i\,\Delta r \times v(r_i)$이 되어 혈관의 단면을 통과하는 혈액의 전체 양은 $\sum_{i=1}^{n} 2\pi r_i v(r_i)\,\Delta r$ 이다. 따라서 단위 시간에 흐르는 혈액의 양 C는

$$C = \lim_{n\to\infty}\sum_{i=1}^{n} 2\pi r_i v(r_i)\,\Delta r = \int_0^R 2\pi r\,v(r)\,dr = \int_0^R 2\pi r\,\frac{P}{4\eta l}(R^2 - r^2)\,dr$$
$$= \frac{\pi P}{2\eta l}\int_0^R (R^2 r - r^3)\,dr = \frac{\pi P}{2\eta l}\left[R^2\frac{r^2}{2} - \frac{r^4}{4}\right]_{r=0}^{r=R} = \frac{\pi P R^4}{8\eta l}$$

혈관이 좁아지면 심장은 정상적인 혈액 공급을 유지하기 위하여 압력을 증가시키게 된다. 혈관 반지름의 길이가 원래의 3/4으로 줄어들면 혈압은 몇 배 늘어날까? $C = \frac{\pi P R^4}{8\eta l}$에서 단위시간에 흐르는 혈액의 양 C는 일정하므로 PR^4도 일정해야 한다. 즉, $PR^4 = P_1 R_1^4$, $P_1/P = (R/R_1)^4$이 성립해야 한다. $R_1 = \frac{3}{4}R$라고 하면

$$P_1/P = (4/3)^4 \approx 3.16$$

이므로 혈압은 약 3배 이상 커진다.

순환기 장애의 대표적인 경우인 고혈압과 동맥경화이다. 고혈압은 혈압이 비정상적으로 계속 높게 나타나는 질환으로 그 원인은 유전적인 원인, 지나친 염분 섭취, 비만, 운동 부족, 스트레스 등으로 다양하다. 동맥경화는 동맥의 내벽에 콜레스테롤이 축적되면서 동맥이 굳

어져 탄력성을 잃고 그 통로가 좁아지는 현상이다. 동맥 경화는 나이가 많아지면서 나타나는 노화 현상이지만 혈중 콜레스테롤 수치가 높거나 음주, 흡연, 당뇨병, 고혈압 등에 의해 촉진된다. 한편, 고혈압으로 인해 혈류의 속도가 빨라지면 혈관 내부가 손상되기 때문에 고혈압은 동맥 경화를 악화시키는 요인이 된다.

| 14 | 정적분은 심박출량을 구한다

6개념	관련주제	실세계 문제
모델링	구분구적법	심박출량

심장은 혈액을 흐르게 하는 원동력을 공급한다. 사람의 심장은 주먹만한 크기로 무게는 약 300g 정도이고 2심방 2심실의 구조를 하고 있어 심장으로 들어온 동맥혈과 정맥혈이 섞이지 않는다. 심장은 전체가 두꺼운 근육층으로 되어 있고 심실벽의 근육이 심방벽보다 두꺼운데, 특히 혈액을 온몸으로 내보내는 일을 하는 좌심실의 벽이 가장 두껍다. 심장은 평생 동안 수축과 이완을 반복하면서 혈액을 온몸으로 보내는 펌프 역할을 한다. 심장이 단위 시간에 내보내는 혈액의 양을 심박출량(cardiac output)이라고 한다. 심박출량의 단위는 L/m(liters/minute), 또는 (cm^3/s)로 사용한다.

혈관은 심장에서 나오는 혈액이 흐르는 동맥, 심장으로 들어가는 혈액이 흐르는 정맥, 동맥과 정맥을 연결하는 모세 혈관으로 구분된다. 동맥은 여러 갈래의 소동맥으로 갈라지면서 결국 온몸의 조직에 퍼져있는 모세 혈관과 연결된다.

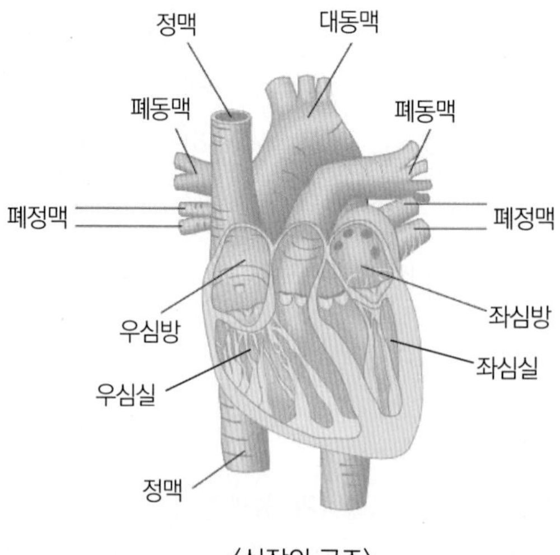

〈심장의 구조〉

혈액순환의 경로는 크게 폐순환과 체순환으로 구분된다. 폐순환은 우심실에서 나간 정맥혈이 폐에서 이산화탄소를 내보내고 산소를 받아들여 동맥혈이 되어 좌심방으로 돌아오기까지의 경로이다. 체순환은 좌심방에서 좌심실로 내려온 동맥혈이 대동맥을 통해 온몸으로 나가 조직세포에 산소를 내주고 이산화탄소를 받아 정맥혈이 되어 우심방으로 돌아오기까지의 경로이다. 혈액은 순환계를 통해 끊임없이 온몸을 돌며 조직세포에 산소와 영양소를 공급하고 이산화탄소와 노폐물을 제거한다. 따라서 혈액순환이 멈추면 생명을 유지할 수 없다.

심장은 1분에 약 70번 수축 이완하면서 1회 수축 이완 할 때, 70 cm^3(=0.07리터)의 혈액을 내보내므로 1분에 대략 4.9리터의 혈액을 내보낸다. 심장은 항상 일정한 양의 혈액을 내보내고 있으므로 심박출량은 혈관의 단면적과 혈액의 속력의 곱으로 표현된다. 심박출량을 C, 대동맥의 단면적을 $A_{동}$, 대동맥에서의 혈액의 속력을 $v_{동}$이라고 하면 다음 식이 성립한다.

$$C = A_{동} v_{동}$$

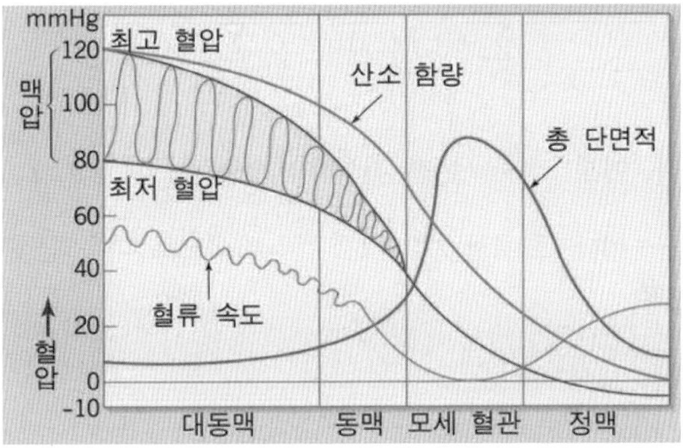

〈대동맥, 동맥, 모세 혈관, 정맥의 혈압〉

한편, 심박출량이 일정하므로 혈액의 속력은 단면적에 의해 달라진다. 단면적이 크면 속력이 느려지고 단면적이 작으면 속력이 빨라진다. 대동맥과 모세 혈관은 연결되어 있어 모세 혈관의 총단면적을 $A_{모}$, 모세 혈관에서의 혈액의 속력을 $v_{모}$라고 하면

$$A_{동} v_{동} = A_{모} v_{모}$$

가 성립한다.

심장에 지시약을 주입하여 심박출량을 알아보는 방법이 있다. 혈액이 순환하므로 지시약을 우심방에 주입하면 심장을 통해 대동맥으로 흘러간다. 대동맥에 미리 넣어둔 측정기로 지시약이 없어질 때까지($0 \leq t \leq T$) 지시약의 농도를 일정한 시간 간격으로 측정한다. $c(t)$를 시간 t에

서의 지시약의 농도라고 하자. 지시약 3.4mg을 우심방에 주입하고 1초 간격으로 지시약의 농도 (mg/L)를 대동맥에서 측정한 결과가 다음 표와 같은 상황을 생각하자.

● 지시약의 농도

t	0	1	2	3	4	5	6	7	8	9	10
$c(t)$	0	0.4	2.8	6.5	9.8	8.9	6.1	4	2.3	1.1	0

(1) 구간 $0 \le t \le T$를 같은 간격 Δt로 나누어 $t = t_{i-1}$에서 $t = t_i$ 사이의 시간동안 측정 지점을 지나간 지시약의 양은

$$(\text{농도}) \times (\text{부피}) = c(t_i)\, C\, \Delta t \quad (C\text{는 심박출량, } \Delta t = t_i - t_{i-1})$$

이다. 이로부터 지시약의 총량은

$$\sum_{i=1}^{n} c(t_i)\, C\, \Delta t = C \sum_{i=1}^{n} c(t_i)\, \Delta t$$

로 표현할 수 있다. 이제 $n \to \infty$ 이면 지시약의 양 D는 $D = C\int_o^T c(t)\,dt$로 심박출량은 $C = \dfrac{D}{\int_0^T c(t)\,dt}$이다. 표에서 $\Delta t = 1$, $T = 10$이므로 다음 근삿값을 얻을 수 있다.

$$\int_0^{10} c(t)\,dt \approx 0.4 + 2.8 + 6.5 + 9.8 + 8.9 + 6.1 + 4.0 + 2.3 + 1.1 = 41.9$$

$D = 3.4$이므로 심박출량은

$$C = \frac{3.4}{\int_0^{10} c(t)\,dt} \approx \frac{3.4}{41.9} \approx 0.08\ (L/\text{s}) = 80\ \text{cm}^3/\text{s}\ \ (=4.8\ \text{L/m})$$

(2) 대동맥과 모세 혈관에서의 혈액의 속력을 구해보자.

대동맥의 지름이 대략 2cm이므로 $A_{\text{대동맥}} = \pi(1)^2 = \pi(\approx 3.14)\ \text{cm}^2$이다. 따라서 대동맥에서의 혈류의 속력은

$$v_{\text{대동맥}} = \frac{C}{A_{\text{대동맥}}} = \frac{80\ \text{cm}^3/\text{s}}{3.14\ \text{cm}^2} \approx 25.5\ \text{cm/s}$$

이고, 모세 혈관의 총단면적은 2500 cm^2이므로 모세 혈관에서의 혈류의 속력은

$$v_{\text{모세 혈관}} = \frac{A_{\text{대동맥}}}{A_{\text{모세 혈관}}} v_{\text{대동맥}} = \frac{\pi}{2500} \times \frac{80}{\pi} = 0.032 \text{ cm/s}$$

이다.

모세 혈관은 혈관 중 총 단면적이 가장 넓어 혈액이 천천히 흐른다. 위에서 구한 바에 의하면 동맥에서는 혈류가 1초에 25.5cm를 흘러가는데 비해 모세 혈관에서는 1초에 0.032cm를 흘러갈 정도로 속력이 매우 느리다. 또한, 모세 혈관의 벽은 한 층의 세포로 이루어져 있다. 따라서 모세 혈관에서 혈액과 조직세포 사이에 산소와 이산화탄소, 영양소와 노폐물의 교환 등 물질 교환이 효율적으로 일어날 수 있다.

향후 과제 >> 〈미적분 I, II〉에서 다루는 가능한 모든 적분의 의미를 조사해 보자.

다 논 · 서술 창작 예시

구체적인 논 · 서술창작 예시는 EBSi에 올린 「박제남의 수학교실」 40강좌를 참고해 보자. 강좌의 목차는 다음과 같다.

● EBSi 논술 40강

제1강 고대이집트인의 원주율	제21강 괄호의 개수
제2강 구분구적법	제22강 뉴턴과 황금비
제3강 세 각의 탄젠트가 모두 자연수인 삼각형	제23강 소수탐구2
제4강 탄젠트 배각공식의 활용	제24강 기하평균과 산술평균2
제5강 22/7과 355/113	제25강 스키드 마크
제6강 커피는 어떤 경우에 천천히 식을까?	제26강 피타고라스짝
제7강 수열의 극한	제27강 피타고라스짝2
제8강 산술평균으로 알아본 원주율	제28강 피보나치수열
제9강 선녀와 나무꾼	제29강 피보나치수열2
제10강 소수탐구1	제30강 삼차방정식의 근과 계수와의 관계
제11강 지니계수1	제31강 연분수
제12강 지니계수2	제32강 개미들의 전쟁

제13강 쿠푸왕의 피라미드	제33강 복소수
제14강 우리나라의 장래 인구는?	제34강 우수한 인재를 뽑자
제15강 사망시간을 추정하자	제35강 수색대의 안전한 귀대
제16강 동굴 속 박쥐의 수를 예측하자	제36강 무한인수분해
제17강 기하-산술평균	제37강 여러 가지평균
제18강 무리수 $\sqrt{2}$ (1)	제38강 좌극한
제19강 무리수 $\sqrt{2}$ (2)	제39강 바닷물의 높이를 삼각함수로
제20강 아르키메데스의 원주율	제40강 황금함수

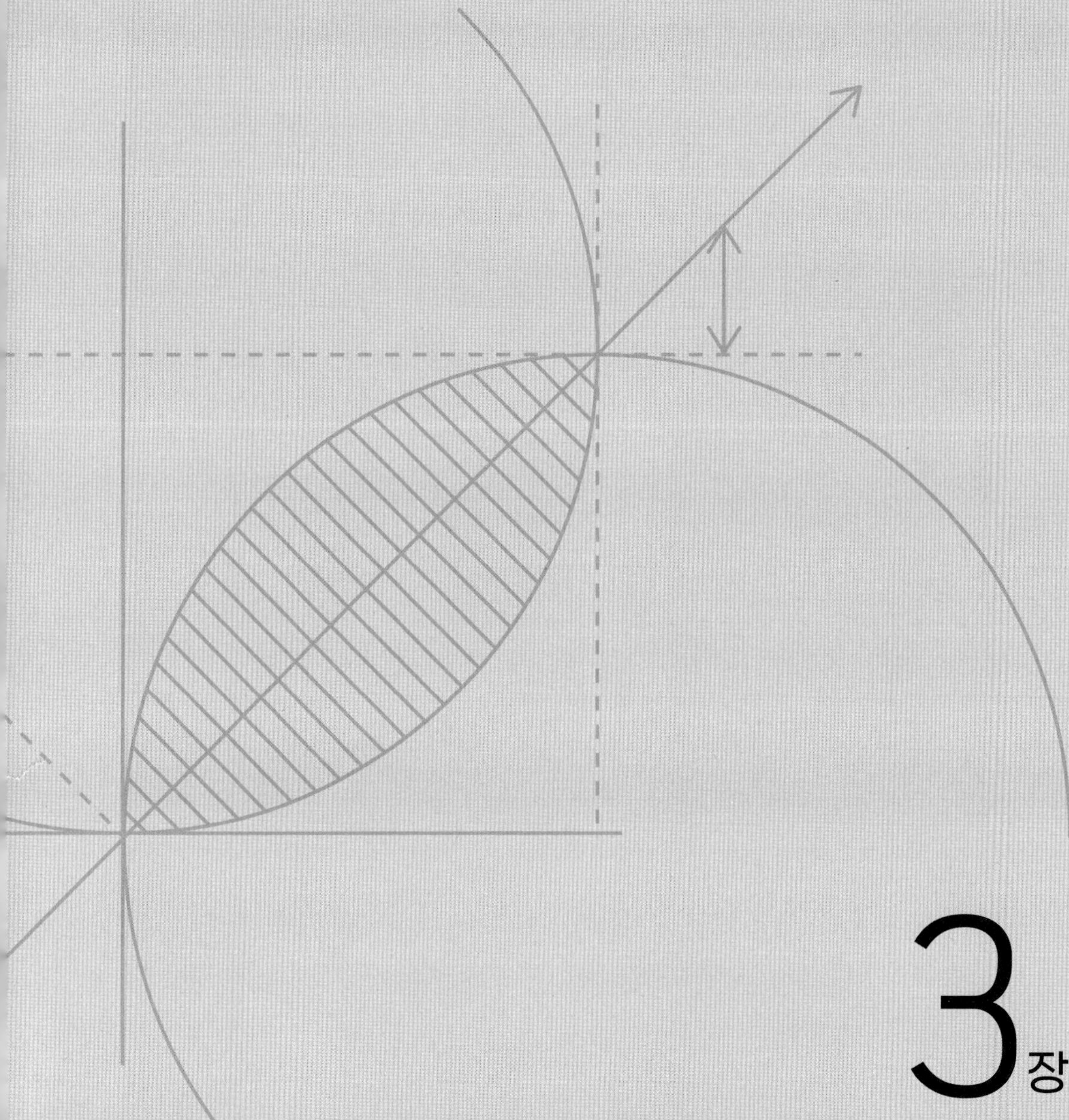

3장

수업과 평가의 일체화를 위한 수학과 연계교육 문항 개발

나중에 장기적으로 자연어 처리 연구를 하게 되어서야 수학자들이 제안한 행렬의 개념과 알고리즘이 실생활에서 의미 있게 응용된다는 사실을 깨달았다.

우쥔(한수희 옮김) (2024). AI, 빅데이터에 숨어 있는 수학의 아름다움, 세종.

가 도입

교육과정-수업-평가 일체화를 위한 교육과정 재구성의 한 방법으로 도입된 모델이 '백워드 교육과정 설계'이다. 백워드 교육과정 설계는 학생들이 교수학습이 종료된 후 무엇을 알아야 하고 무엇을 할 수 있어야 하며, 어떤 존재가 되어야 하는지를 명확히 할 수 있다. 수능이란 평가 체계나 절대평가가 아닌 상대평가 하에서는 도입하기가 매우 어려운 제도이다.

백워드 교육과정은 학생이 도달해야 하는 지점을 먼저 설정하고 이를 중심으로 교과 내용과 수업, 평가가 유기적으로 연계되는 방식으로 설계되어야 한다. 그렇다면 '학생이 도달해야 하는 지점'이란 무엇인가? 우리나라에서는 흔히 성취기준을 말하지만, 미국수학교육 입장에서는 모델링, 최적화, 기호화, 추론, 논리적 해석, 추상화의 6개념, 즉 6가지 역량을 말한다. 이 책에서는 구체적인 성취기준보다는 6개념으로 목표를 제시하고자 한다.

2015와 교육과정과 다르게 2022 개정 교육과정에서 제시된 두 영역이 있는데 이것은 융합적 사고와 창의적 사고가 가능한 수업의 설계 및 의미 있는 학습 경험의 설계라는 것이다. 학생들이 융합적으로 사고할 수 있고 창의적으로 문제를 해결할 수 있도록 영역 간, 교과 간 내용의 연계성을 고려한 수업을 교사가 설계하려면 수학교사는 학생들이 중학교에서 배운 〈과학 1, 2, 3〉의 수학 관련 내용을 파악하고 있어야 하며, 미국 수학교육이나 CT교육에서 추구하는 '개념'을 눈여겨보아야 한다. 또한, 구글 맵을 이용한 '수학적 여행 지리'가 매우 긴요하게 사용된다.

나 연계교육 문항 개발 및 도식화

백워드 교육과정은 목표 → 평가 → 학습경험으로 순서가 진행된다. 목표를 6개념의 역량으로 수정한 것과 같이 평가도 증거 수집이 아닌 '인지 → 행위 → 성찰'의 과정으로 보고자 한다. 즉, 실세계에서 인지한 문제를 수학의 세계로 옮겨와 수학적 결론을 구하고 성찰하는 과정 모두를 평가의 대상으로 삼고자 한다. 이와 같은 평가체계는 학생이 실세계 문제를 '이해'하고 수학·물리적 원리를 타당하게 '적용'할 수 있으며 자신만의 합리적 '관점'을 제시할 수 있다. 또한, 타인의 관점을 '공감'할 수 있고 이를 통해 '자기 이해'에 도달할 수 있다. 마지막으로 학습경험은 수업을 계획하는 것으로 제시하는 것과는 달리 '내용'으로 바꾸고자 한다. 어떤 내용을 다루는지를 내용 설명이 아닌 탐구질문으로 제시하고자 한다.

따라서 백워드 교육과정이라는 용어 대신 '수업·평가의 일체화'라는 용어를 쓰고자 한다.

다음은 연계교육 문항 9개이다.

| 1 | 문항 1. 모델링: 앞 차와의 거리

수업 · 평가의 일체화 설계에서 탐구질문: "제한속도 110k/m인 고속도로에서 앞 차와의 거리를 110m로 유지하는 것이 왜 타당한가?"에 대한 보고서를 다음 그림을 참고하여 작성해 보고 자기 평가 및 조정을 해보자.

먼저, 대주제(subject)는 수학에서는 이차함수, 무리함수이며 과학에서는 '운동에너지, 마찰력, 일, 수직항력, 공주거리, 제동거리[1] 등이다. 교과 간 대주제를 쉽고 의미 있게 연계하는 데 모델링이 사용되고 있다. 다음 그림은 모델링을 예로 든 연계교육의 간단한 도식화를 보여준다.

● 수업 · 평가의 일체화 설계의 예: 모델링

교과		수학	물리
목표	6개념	아래 주제를 이용하여 모델링 역량을 키운다.	
	주제	이차함수, 무리함수	운동에너지, 일, 수직항력
평가	인지 ↓ 행위 ↓ 성찰	인지 실세계 문제  성찰 ↑ 성찰 실세계 예측	수식화 ⇒ 행위 수학의 세계 $\frac{1}{2}mv^2, \mu mgl$ ↓ 풀기 수학적 결론 공주 거리 + 제동거리, $l=\frac{v^2}{2\mu g}$ ⇐ 해석
내용		제한속도가 110 km/h인 고속도로에서 앞차와의 간격을 110 m로 유지하는 것이 바람직한 이유를 설명하시오.	

1 중학교 〈과학 1〉에서 마찰력을 다루며, 〈물리학 I〉 '힘의 작용과 물체의 운동'에서 제동거리를 다룬다.

| 2 | 문항 2. 추론과 시스템 사고: 교통사고

하이패스 지역의 교통사고와 일반도로의 교통사고에서의 판결을 보고 추론 능력을 키워보자. 평가에서 인지는 사고를 얼마나 잘 이해하는지에 있고, 행위는 수학적 물리적 교과 지식을 잘 적용하는지에 있다. 성찰은 사실을 이해하고 판사의 결정을 비판적으로 논의한다.

● 수업 · 평가의 일체화 설계의 예: **추론**

교과		수학	물리
목표	6개념	아래 주제를 이용하여 추론 역량을 키운다.	
	주제	이차함수, 무리함수	운동에너지, 일, 수직항력
평가	인지 ↓	(1) 청구인 차량이 차선변경한 곳은 차선변경이 가능한 지역(청색점선)이었음. (2) 청구인 차량과 피청구인 차량의 파손상태 및 노면에 권고속도가 30km/h로 지정되어 있음 (3) 청구인 차량이 차선변경 후 10여 미터를 진행한 상태에서 정지 ↓	
	행위 ↓	$\frac{1}{2}mv^2 = \mu mgl$ 정지거리=공주거리+제동거리 마찰계수, 수직항력, 안전거리 ↓	
	성찰	**판결** 하이패스차로 도로속도제한(보통 30km/h)이 있는바 피청구인 차량이 규정속도를 지켰다면 추돌하지 않을 수도 있었다고 볼 것으로 일반적으로 추돌차량의 과실이 더 크나, 하이패스차로 상의 차선변경사고인 점 때문에 피청구인차량 과실을 30%만 인정함.	
내용		교통사고에서 판사의 결정을 비판적으로 논의하시오.	

(1) 다음 하이패스 지역에서 벌어진 교통 사고의 판결문을 읽고 판사의 결정을 추론 지도하여 보자.

위원장 인사말	위원회 소개	심의제도 소개	심의위원 소개	과실비용분쟁심의 사례

심의접수번호	2008-011322	심의결과	청구인	피청구인
관련도표	504		70%	30%
사고개요	요금소 진입 전 하이패스차로에서 급진로변경차량과 후속차량 간 사고			

사실관계

사고일시	2008-03-27 07:20
사고장소	경기 안산시 상록구 장하동 서해안고속도로 327km 서서울요금소 진입 전(목포 방향)
사고내용	

청구인 주장

청구인 차량이 제3불상차량을 피하기 위하여 하이패스 전용 2차로에서 동1차로로 급차선 변경을 한 것은 긴급피난 행위로 이는 민법 제761조에 의거 정당행위에 해당되나 하이패스 전용 1차로를 후행하던 청구인 차량과의 사고에 대하여까지도 그 책임을 면한다고 주장할 수는 없다 할 것이나, (1) 청구인 차량이 차선변경한 곳은 차선변경이 가능한 지역(청색점선)이었음. (2) 청구인 차량과 피청구인 차량의 파손상태 및 노면에 권고속도가 30km/h로 지정되어 있었음. (3) 청구인 차량이 차선변경 후 10여 미터를 진행한 상태에서 정지하였기 때문에 피청구인 차량이 이 권고 속도를 준수하여 진행하였더라면 제동거리가 충분히 확보되어 당해사고를 미연에 방지할 수 있었음에도 불구하고 당해사고가 발생하였다는 것은 피청구인 차량이 권고속도 이상의 빠른 속도로 전방주시를 태만히 한 채 만연히 진행하다 당해사고를 야기한 것임(피청구인 차량의 스키드마크 4m임). 이와 같은 내용을 종합하여 볼 때 당해사고는 청구인 차량과 피청구인 차량의 과실이 공히 경합하여 발생하였다고 판단되는 바 피청구인측의과실을 80%로 봄이 타당함.

판결 하이패스차로 속도제한(보통 30km/h)이 있는 바 피청구인 차량이 규정속도를 지켰다면 추돌하지 않을 수도 있었다고 볼 것으로 일반적으로 추돌차량의 과실이 더 크나, 하이패스차로 상의 차선변경 사고인 점 때문에 피청구인 차량 과실을 30%만 인정함.

(2) 다음 일반도로 지역 사고에 대한 기사를 읽고 판사의 결정을 추론하시오.

〈법원공보 제716호 (1983년 11월 15일) (1574쪽)〉

……………………………………………… (전략) ………………………………………………

거시증거에 의하여 피고 운전사인 위 김○○는 당시 시속 약 75킬로미터의 속도로 위 고속도로 상행선 주행선을 따라 진행한 사실, 피고차가 현대건설 로라차의약 40미터 후방에 이르렀을 때, 로라차가 시속 약 25킬로미터의 저속으로 갑자기 주행선 쪽으로 꺾어 들어오기 때문에 충돌의 위험을 느껴 핸들을 좌로 틀면서 급제동하였으나 미치지 못하고 (중략) 중앙분리대를 타고 넘어 반대차선 추월선에 정차하고 로라차는 계속 같은 속도로 주행한 사실, (중략) 이를 토대로 판시와 같은 수학적인 계산을 하여보면, 피고차 운전사로서는 로라차가 앞으로 들어오는 것을 바로 보고 급제동하면 로라차 후방 약 13.403미터 지점에서 충돌없이 정차할 수 있었고(중략) 이번 사고의 원인은 피고 운전사가 로라차의 진입을 보고 당황한 나머지, 상황판단을 그르쳐서 급좌회전하면서 브레이크를 밟음으로 인하여 중앙분리대를 넘어 대향차선을 침범한데 있다고 할 것이니

……………………………………………… (후략) ………………………………………………

| 3 | 문항 3. 모델링: 현수선

다음은 수학과 물리의 융합 문제이다. 여기에서는 융합이라는 용어가 적합하다. 본인이 칠판에 전체 내용을 설명한다. 여러분은 칠판 내용을 기반으로 학생들이 탐구 보고서를 어떻게 작성하는지 학생 입장에서 A4 용지 2장으로 탐구보고서를 작성한다. 이를 토대로 평가문항을 적용한다(그래픽 계산기가 사용될 수 있다).

교과서 〈기하〉에서는 이차곡선을 다루면서 포물선의 예로 현수교의 케이블을 보여준다. 현수선(catenary)은 어떻게 만들어지는 곡선일까? 현수교의 케이블은 왜 이차함수일까?

이 내용(탐구질문)은 현수교와 사장교를 직접 가서 보면서 진행할 수 있는데, 현수교인 인천의 영종대교, 사장교인 인천대교를 비교하여 보는 것이 바람직하다. 영종대교 휴게실 기념관과 인천대교 기념관에는 다리 건설에 대한 자료도 볼 수 있다. 이와 같이 현장을 답사하면서 수학의 원리를 탐구하는 수학여행(Math Tour)을 하면서 연계교육을 할 수도 있다. 우리는 이를 수학과 과학을 통한 '지역사회 수학문화탐구'라는 용어를 사용할 수 있다.

● 수업 · 평가의 일체화 설계의 예: **모델링**

교과		수학	물리
목표	6개념	아래 주제를 이용하여 모델링 역량을 키운다.	
	주제	이차함수, 지수함수	장력(tension)
평가	인지 ↓ 행위 ↓ 성찰	인지 실세계 문제  성찰 ↑ 성찰 실세계 예측	수식화 ⇒ 행위 수학의 세계 $\frac{d^2y}{dx^2}=\frac{\rho}{T_1}\frac{ds}{ds}$ 또는 $\frac{d^2y}{dx^2}=\frac{\rho}{T_1}\sqrt{1+\left(\frac{dy}{dx}\right)^2}$ ↓ 풀기 수학적 결론 $y=\frac{T_1}{\rho}\cosh\left(\frac{\rho}{T_1}x\right)+a-\frac{T_1}{\rho}$ 해석 ⇐
내용		- 현수교의 케이블이 이차함수를 따르는 이유를 설명하시오. - 타코마교 붕괴사고(1940년 11월 7일)는 예상치 못한 공진이 원인인가 아니면 설계의 잘못인가? - 이순신 대교의 흔들림(2014년 10월)은 공진현상인가 아니면 설계 잘못인가?	

인지영역을 위해서는 학생들은 현수선의 역사를 참고하는 것이 필요하다(갈릴레오, 호이겐스, 라이프니츠, 요한 베르누이[2]). 현수선은 우리 주변에 전선, 빨래줄 등에서 흔하게 발견할 수 있는데, 이 곡선이 어떤 식으로 표현되는지 의문을 품을 필요가 있다. 그러나 갈릴레오도 포기했듯이 늘어진 케이블의 식은 미적분 없이는 접근할 수 없다. 현수교는 미적으로 아름답지만 강풍과 같은 공기 저항에 취약하다. 이를 극복한 것이 사장교이고, 사장교의 예로 인천대교가 있다.

수업-평가의 일체화를 위해서 교사의 암묵지가 매우 중요한데 이에 대한 교사가 알아야 할 이론을 제시하면 다음과 같다. 여기서 연계보다 융합이라는 용어를 사용하였다.

암묵지 1. 현수선: 수학과 물리의 융합

케이블의 최소 위치점을 $P_1=(0, a)$라 하자. 임의의 점을 P_2라 하고, 두 점 P_1, P_2에서 접선으로 나타나는 장력(tension)을 T_1, T_2라 하자. W를 케이블 곡선 P_1P_2의 수직하중이라 하자. 편의상 벡터와 스칼라를 같이 쓰자.

---

2 마리오 리비오(김정은 역),(2009). **신은 수학자인가?**, 열린과학. (pp.184-187)
Maor, E,(2009). *e: The Story of a Number.* Princeton: PUP, (pp.140-146)
Zil, D.,and Wright, W,(2011). *Engineering Mathematics.* New York: Jones and Bartlett, (pp.180-181).

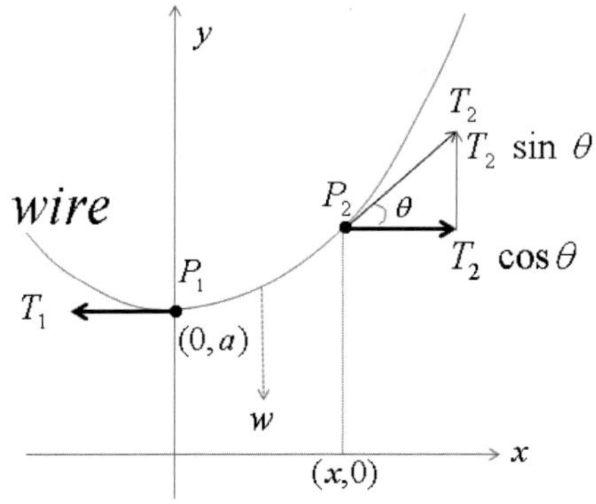

〈케이블과 장력〉

이때,

$$T_1 = T_2 \cos\theta,\ W = T_2 \sin\theta,\ \frac{dy}{dx} = \tan\theta = \frac{W}{T_1}$$

한편, $W = s\rho$ (여기서 s는 곡선 P_1P_2의 길이, ρ는 단위길이에 대한 무게)에서 곡선의 길이 (〈미적분 II〉)는

$$s = \int_0^x \sqrt{1+\left(\frac{dy}{dx}\right)^2}\,dx,\quad \frac{ds}{dx} = \sqrt{1+\left(\frac{dy}{dx}\right)^2}$$

따라서, 식

$$\frac{d^2y}{dx^2} = \frac{\rho}{T_1}\frac{ds}{dx} \text{ 또는 } \frac{d^2y}{dx^2} = \frac{\rho}{T_1}\sqrt{1+\left(\frac{dy}{dx}\right)^2}$$

을 얻는다. 이제 방정식을 풀기 위하여 $u = y'$으로 치환하면

$$\frac{du}{dx} = \frac{\rho}{T_1}\sqrt{1+u^2} \text{ 또는 } \frac{du}{\sqrt{1+u^2}} = \frac{\rho}{T_1}dx \text{ (변수분리형)}$$

그러므로

$$\int \frac{du}{\sqrt{1+u^2}} = \frac{\rho}{T_1}\int dx \text{ 또는 } \sinh^{-1}u = \frac{\rho}{T_1}x + c_1\,.$$

초기 조건 $y'(0) = 0$, $u(0) = 0$과 $\sinh^{-1}(0) = 0$을 사용하면 $c_1 = 0$을 얻으므로

$$\sinh^{-1}u = \frac{\rho}{T_1}x \text{ 또는 } u = \frac{dy}{dx} = \sinh\left(\frac{\rho}{T_1}x\right)$$

따라서

$$y = \frac{T_1}{\rho}\cosh\left(\frac{\rho}{T_1}x\right) + c_2$$

이제

$$y(0) = a,\ \cosh(0) = 1$$

을 이용하면 $c_2 = a - T_1/\rho$.

결론적으로 케이블을 나타내는 함수는 다음과 같다. 즉, 지수함수의 일종이다.

$$y = \frac{T_1}{\rho}\cosh\left(\frac{\rho}{T_1}x\right) + a - \frac{T_1}{\rho}$$

참고로 우리가 만날 수 있는 게이트웨이 아치(The Gateway Arch, Eero Saarinen, 1965)는 다음 식을 따라 제작되었다.

$$y = 211.49 - 20.96\cosh(0.03291765\,x),\ |x| < 91.20\ \text{(단위: 미터)}.$$

〈게이트웨이 아치〉
(Eero Saarinen, 1965)

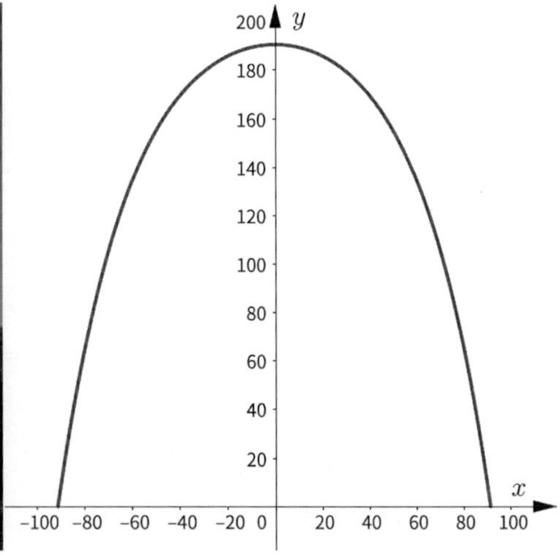

〈게이트웨이 아치 그래프〉

암묵지 2. 현수선에 어떤 조건을 주면 포물선(parabolic cable)이 될까?

현수교인 조지 워싱턴교를 예로 알아보자[3].

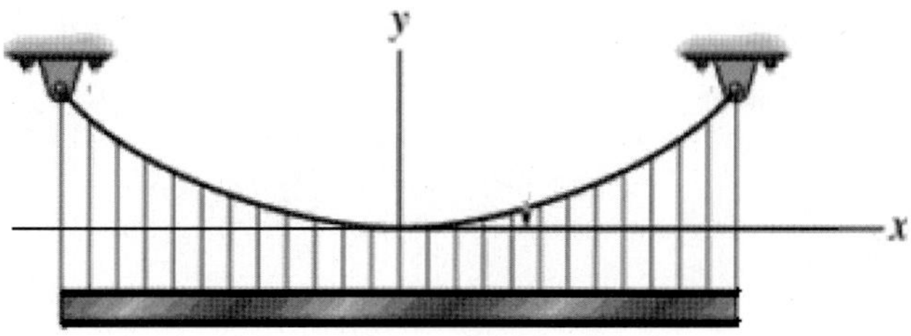

〈상판이 설치된 케이블〉

위 그림에서 w를 단위길이에 해당하는 하중(load per unit length)이라 하자. 이때, 케이블의 무게는 무시된다. 한편,

$$\frac{dy}{dx} = \frac{wx}{T_1}$$

그러므로 조건 $y(0) = 0$에서 이차곡선(main cable)

$$y = \frac{w}{2T_1}x^2$$

을 얻는다. 참고로 조지 워싱턴교의 경우 $w = 11{,}750\ pounds/foot$이고 $d = 1{,}750\,feet$이다.

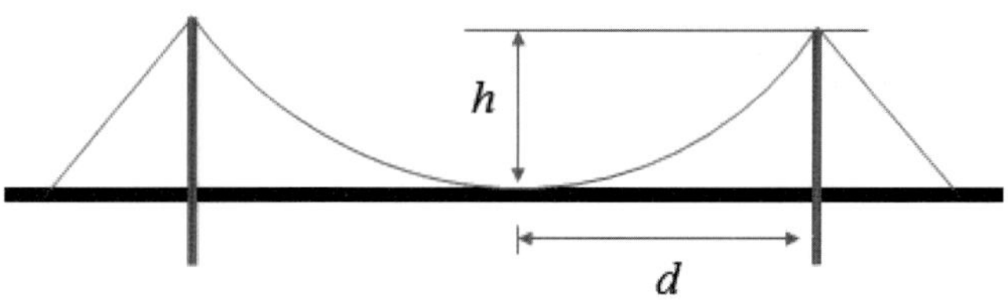

〈조지 워싱턴교와 크기〉

3 Meriam, J., and Kraige, L.(1993). *Statics*, New York: John Wiley & Sons, (p.303)
Hahn, A.(1998). *Basic calculus: From the Archimedes to Newton to its role in science*, New York: Springer. (pp.257-265).

〈조지 워싱턴교 전경〉

이차곡선 $y=\dfrac{w}{2T_1}x^2$는 점 (d, h)를 만족하므로 $h=\dfrac{w}{2T_1}d^2$이고, 그러므로

$$y=\frac{h}{d^2}x^2$$

한편,

$$T_1^2=T_2^{\,2}\cos^2\theta,\quad (wx)^2=T_2^{\,2}\sin^2\theta$$

따라서

$$T_1^{\,2}+(wx)^2=T_2^{\,2}\ \text{또는}\ T_2=\sqrt{T_1^{\,2}+(wx)^2}$$

이제 $T_1=\dfrac{w}{2h}d^2$이므로 다음을 얻는다.

$$T_2=\sqrt{\frac{w^2d^4}{4h^2}+(wx)^2}=w\sqrt{\frac{d^4}{4h^2}+x^2}\quad (0\le x\le d).$$

이차곡선(main cable)에서 장력이 최소인 곳은 $x=0$이고, 이때,

$$T_{x=0}=T_1=\frac{1}{2}\frac{wd^2}{h}.$$

장력이 최대인 곳은 $x=d$(즉, tower와 만나는 곳)이고,

$$T_{x=d}=wd\sqrt{\left(\frac{d}{2h}\right)^2+1}$$

| 4 | 문항 4. 추론, 데이터 실천: 쿠푸왕의 대피라미드

〈미적분 II〉에서는 피라미드의 부피를 정적분으로 다룬다. 쿠푸왕의 대피라미드 구조에 왜 이차방정식 $x^2 - x - 0 = 0$이 나타날까? 피라미드의 측정 데이터와 역사적 가설에 기반하여 연계 교육을 시도할 수 있다.

먼저, 1840년부터 2012년까지 측정한 쿠푸왕의 대피라미드의 크기를 측정한 데이터는 다음과 같다.

● 1840~2012년 대피라미드 측정 자료

연도	자료제공	밑변(미터)	높이(미터)
1840	Howard Vyse	232.8	148.2
1883	Flinders Petrie	230.348	146.71
1925	J. H. Cole	230.364	146.731
1971	Peter Tompkins	230.365	146.729
1971	Livio Stecchini	230.363	146.512
1981	Josef Dorner	230.360	-
1992	George Markowsky	230.365	146.731
1997	Mark Lehner	230.33	146.59
1998	Miroslav Verner	230.38	146.5
2000	Lawton-Herald	230.330	146.49
2000	Roger Hersch-Fischler	230.4	146.6
2001	John F. Pile	230.356	146.649
2002	Mario Livio	230.365	146.731
2004	Craig B. Smith	230.38	146.649
2006	Stephen Skinner	230.27	146.53
2007	John Romer	230.35	146.71
2008	Paul Calter	230.5	146.8
2009	Farid Atiya	230.356	146.649
2010	Stephen Brabin	230.348	146.59
2007	Zahi Hawass	230.37	146.59
2012	Glen Dash	230.329	-
평균		230.478	146.726

추론에 입각하여 제시하는 수업・평가의 일체화를 도식으로 제시하면 다음과 같다.

● 수업・평가의 일체화 설계의 예: **추론**

<table>
<tr><td colspan="2">교과</td><td>수학</td><td>고대 건축, 고고학</td></tr>
<tr><td rowspan="2">목표</td><td>6개념</td><td colspan="2">아래 주제를 이용하여 추론 역량을 키운다.</td></tr>
<tr><td>주제</td><td>이차방정식</td><td>피라미드 구조</td></tr>
<tr><td>평가</td><td>인지
↓
행위
↓
성찰</td><td colspan="2">인지
실세계 문제에 대한 인식
쿠푸왕의 대피라미드의 data

가설 ➡

행위
쿠푸왕의 대피라미드의 구조 가설:
(옆면의 넓이) = (높이)^{2}에 대한 검증

⬇ 수식화

가설의 수학적 결론 및 확장
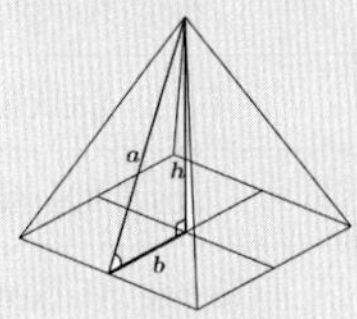
$\left(\frac{a}{b}\right)^2-\frac{a}{b}-1=0$

풀기 ⬅

성찰
황금비의 역사와
수학문화적 의미

성찰 ⬆</td></tr>
<tr><td colspan="2">내용</td><td colspan="2">- 쿠푸왕의 대피라미드 구조에 황금비가 존재하는가</td></tr>
</table>

6개념의 '추론'에 해당되는 이 탐구 문제는 고고학계에서 100년 이상 측정해온 데이터 집합으로부터 가설(conjecture)

"피라미드 옆면의 넓이는 높이의 제곱으로 설계되었다"

를 합리적으로 논의하고 이로부터 쿠푸왕의 대피라미드가 가지고 있는 여러 수학적 배경을 탐구하고 성찰한다.

평가에서 인지는 데이터에 따른 가설 설정이며 행위는 가설로부터 수학적 결론을 어떻게 이끌어 내는지에 해당된다. 그리고 성찰은 역사적 맥락에서 황금비의 가치를 서술하는 것을 말한다.

쿠푸왕의 대피라미드 문제는 수학교육에서 6개념의 추론뿐만이 아니라 CT교육에서 'Data Practices'에 해당된다. 5가지 실천에 입각하여 지도안을 표로 제시하면 다음과 같다.

● 컴퓨테이셔널 사고교육: **데이터 실천**

<table>
<tr><th>데이터 실천</th><th>쿠푸왕의 대피라미드 탐구</th><th>지도</th></tr>
<tr><td>데이터 수집</td><td>
<table>
<tr><th>연도</th><th>자료제공</th><th>밑변(미터)</th><th>높이(미터)</th></tr>
<tr><td>1840</td><td>Howard Vyse</td><td>232.8</td><td>148.2</td></tr>
<tr><td>1883</td><td>Flinders Petrie</td><td>230.348</td><td>146.71</td></tr>
<tr><td>1925</td><td>J. H. Cole</td><td>230.364</td><td>146.731</td></tr>
<tr><td>1971</td><td>Peter Tompkins</td><td>230.365</td><td>146.729</td></tr>
<tr><td>1971</td><td>Livio Stecchini</td><td>230.363</td><td>146.512</td></tr>
<tr><td>1981</td><td>Josef Dorner</td><td>230.360</td><td>-</td></tr>
<tr><td>1992</td><td>George Markowsky</td><td>230.365</td><td>146.731</td></tr>
<tr><td>1997</td><td>Mark Lehner</td><td>230.33</td><td>146.59</td></tr>
<tr><td>1998</td><td>Miroslav Verner</td><td>230.38</td><td>146.5</td></tr>
</table>
</td><td>자료제공, 인터넷 사이트, 논문 등</td></tr>
<tr><td>데이터 생성</td><td>대피라미드의 (높이)와 (밑변 길이) 자료정리</td><td>자료정리</td></tr>
<tr><td>데이터 조작</td><td>대피라미드의 (높이)와 (밑변 길이) 설정</td><td>평균값 설정</td></tr>
<tr><td>데이터 분석</td><td>(피라미드 옆면의 넓이)와 (높이)^2 확인</td><td>대피라미드 가설</td></tr>
<tr><td>데이터 시각화</td><td>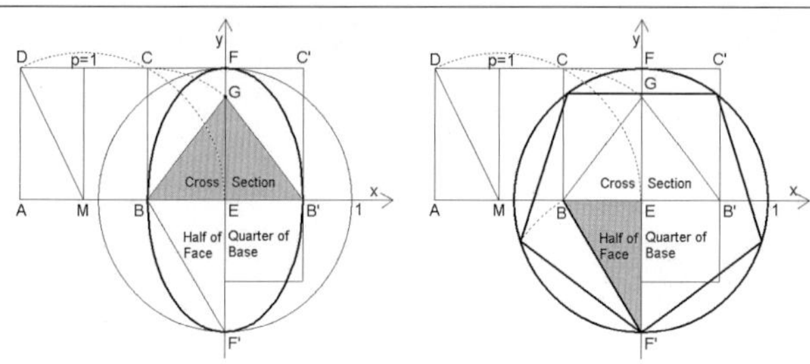</td><td>동적조화 지도</td></tr>
</table>

한편, 타원, 정오각형 등의 탐구를 진행할 수 있다. 타원의 방정식과 초점이 사용된다. 정오각형 작도에서는

$$\text{‘알카시정리’}(c^2 = a^2 + b^2 - 2ab\cos C)\text{와 } \cos(2\pi/5) = (\sqrt{5}-1)/4$$

가 학생 지도에 사용된다.

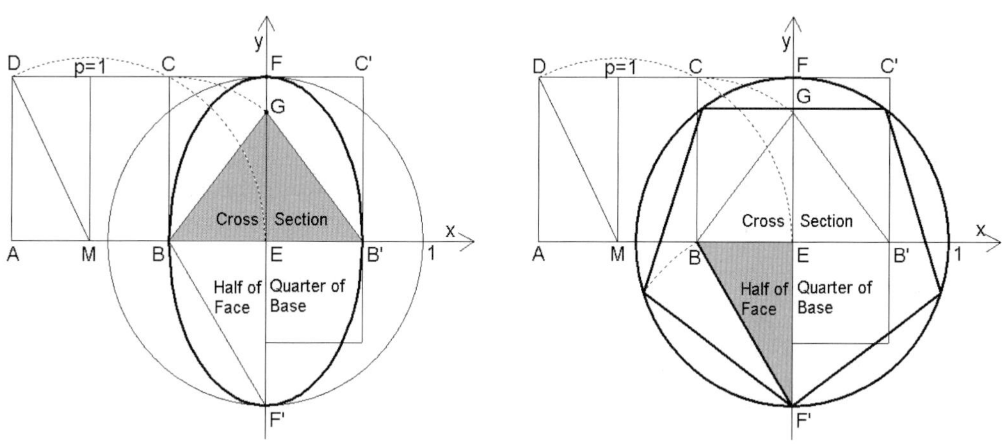

〈쿠푸왕의 대피라미드의 수학적 구조〉

| 5 | 문항 5. 모델링 · 최적화: 뉴턴의 원뿔대

우주선의 사령선(command module)은 대부분 원뿔대 모양이다. 달에 처음으로 착륙한 유인 우주선 아폴로 11호에도 가장 윗부분의 첨탑처럼 생긴 발사 탈출 시스템 아래에 원뿔대 모양의 사령선이 있다. 사령선이 원뿔대 모양인 이유는 무엇일까? 우주공학에서의 사령선의 모양을 최소 저항의 관점에서 처음으로 제시한 사람은 뉴턴이며 이에 대한 수학·물리학적 증명을 확인할 수 있다.[4] 다만, 사령선이 원뿔대 모양인 이유가 발사할 때나 지구의 대기권에 진입할 때의 저항만을 고려한 것은 아니라는, 훨씬 복합적인 상황을 고려해야 한다는 점을 염두에 두자.[5]

〈아폴로 11호의 발사 장면〉
출처: wikipedia.org/wiki/새턴 V

〈스미스소니언 박물관에 전시되어있는 아폴로 11호 사령선〉
출처: nasm.si.edu

뉴턴의 원뿔대(Aerodynamic frustum)를 융합교육 입장에서 알아보자. 6개념에서 보면 최적화를 사용하였다.

---

4 J. Cruz-Sampedro and M. Tetlalmazi-Montiel, (2010). "POEM's and Newton's Aerodynamic Frustum," *College Math. J.* 41(2):145-153.

5 http://namu.wiki 대기권 진입

● 수업 · 평가의 일체화 설계의 예: **추상화**

교과		수학	물리
목표	6개념	아래 주제를 이용하여 최적화 역량을 키운다.	
	주제	이차함수, 황금비	뉴턴의 원뿔대
평가	인지 ↓ 행위 ↓ 성찰	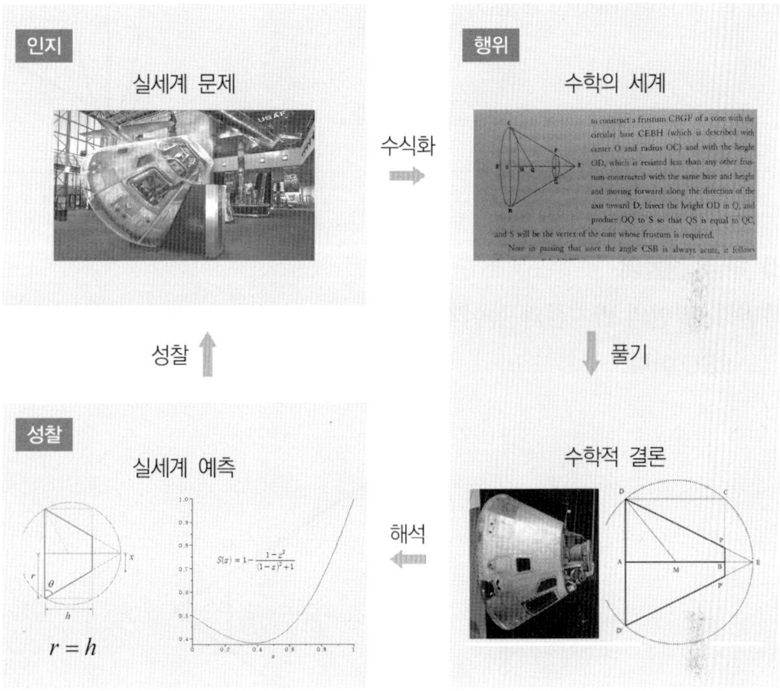	
내용		- 우주공학에서 사령선(commend module)들은 왜 뉴턴의 원뿔대를 따르나	

연계 수업과 평가의 일체화를 위한 연계교육 문항 개발을 위하여 알아야 할 수학과 물리 이론을 소개하면 다음과 같다.

1) 뉴턴의 원뿔대

1687년 뉴턴은 그의 저서[6]에서 다음과 같이 원뿔대를 언급하고 있다.

---

6 Philosophice Naturalis Mathematica, Book II Proposition XXXIV

원뿔대의 큰 원의 지름(중심 : O)을 BC로 하고 작은 원(중심 D)의 지름을 FG, 그리고 원뿔대를 연장했을 때, 꼭지점을 S라 하자. 원뿔대가 $\overrightarrow{OS}$ 방향으로 진행할 때, OD의 중점 Q와 C를 연결한 길이가 QS와 같으면 저항이 최소가 된다.

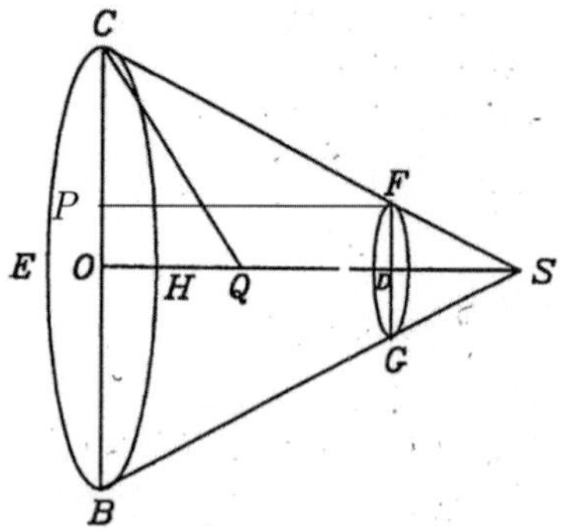

2) 황금 원뿔대

특별히, 밑면의 반지름과 높이가 같게 사령선을 설계하자. $OC = OD = r$라고 하고, 여기서 $\theta = \angle SBO$이다.

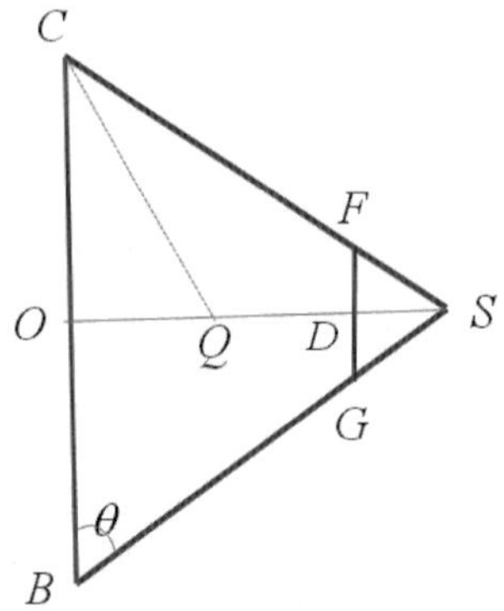

⟨$OC = OD$인 사령선⟩

이때, $OQ = \dfrac{r}{2}$이고 따라서

$$OS = OQ + QS = \frac{r}{2} + \frac{\sqrt{5}}{2}r = \frac{1+\sqrt{5}}{2}r = \phi r$$

이다. 그러므로

$$\tan\theta = \frac{OS}{r} = \frac{1+\sqrt{5}}{2} = \phi.$$

한편, 원뿔대의 작은 원의 반지름의 길이를 r과 ϕ로 나타내자. 원뿔대의 작은 원의 반지름의 길이를 r^*로 쓰면,

$$\phi = \tan\theta = \frac{\phi r - r}{r^*}$$

에서

$$r^*\phi = \phi r - r \text{ 또는 } \phi = \frac{r}{r - r^*}$$

방정식 $x^2 - x - 1 = 0$의 양의 근을 ϕ로 사용하였다. 양의 실수 p에 대하여 이차방정식

$$x^2 - px - 1 = 0$$

의 양의 근을 ϕ_p로 나타내자. 따라서 $\phi_1 = \phi$이다.

3) 일반화된 사령선

뉴턴의 원뿔대에서 $OC = r$, $OD = p\,OC$라 하자. 먼저, 조건에 의하여

$$OQ = \frac{OD}{2} = \frac{pr}{2}; \quad QS = QC = \sqrt{r^2 + \frac{p^2r^2}{4}} = \frac{\sqrt{p^2+4}}{2}r$$

즉,

$$OS = OQ + QS = \frac{pr}{2} + \frac{\sqrt{p^2+4}}{2}r = \frac{p + \sqrt{p^2+4}}{2}r$$

따라서

$$\tan\theta = \phi_p$$

유클리드의 「원론」에는 가로, 세로의 비가 황금비인 사각형이 등장한다. 이를 유클리드의 사각형(Book II, Proposition 11)이라고 하자. 유클리드의 사각형과 황금비의 일반화[7] 작도를 살펴보자.

7 C. Falbo, (2005). "The Golden Ratio-A Contrary Viewpoint," *The College Math. J.* 36(2): 123-134.

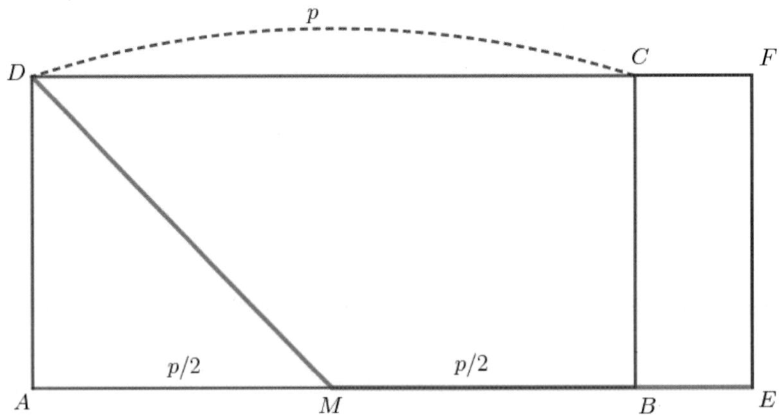

AB의 중점 M에서 선분 AB의 연장선 위에 선분 MD와 거리가 같은 ME를 잡자. 이때,

$$MD = ME = \frac{\sqrt{p^2+4}}{2}$$

이고

$$AE = \frac{p+\sqrt{p^2+4}}{2} = \phi_p,\ BE = \frac{-p+\sqrt{p^2+4}}{2} = \frac{1}{\phi_p}.$$

4) 융합적 사고

유클리드의 'extreme and mean ratio', 뉴턴의 'Aerodynamic frustum'과 쿠푸왕의 'The Great Pyramid'를 동일한 평면 위에 작도해 보자.

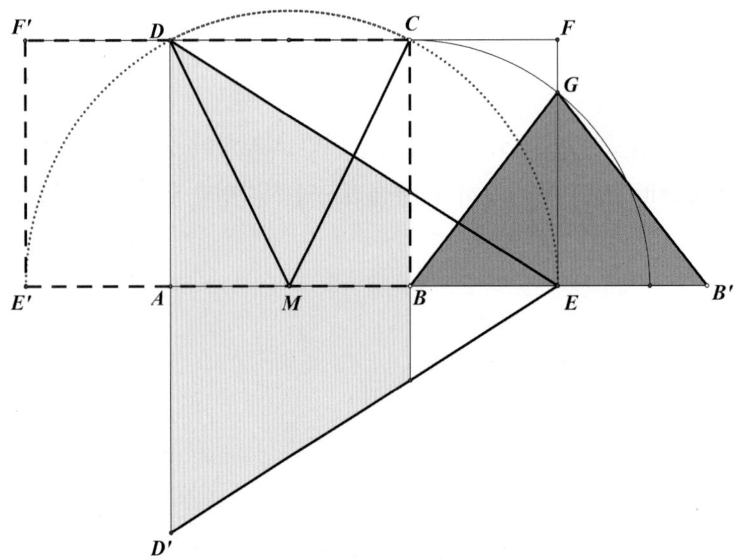

〈유클리드 사각형, 뉴턴의 사령선과 쿠푸왕의 대피라미드 단면도〉

위 그림에서 한 변의 길이가 1인 정사각형 $ABCD$에서 선분 AB의 중점을 M이라 하자. 다음 경로를 확인하자.

① 직사각형 $F'E'BC$와 $DAEF$는 「원론」 Book VI, Proposition 30에서 말하는 황금사각형이다.
② 뉴턴의 사령선은 지름이 DD'이고 높이가 AB인 원뿔대이다.
③ 쿠푸왕의 대피라미드에서 $l=1$로 하면 $\frac{1}{d}=\phi=\frac{\sqrt{5}+1}{2}$(황금비)이므로 $d=\frac{1}{\phi}=\frac{\sqrt{5}-1}{2}$이다. $AE=\frac{\sqrt{5}+1}{2}$이므로 $BE=AE-1=\frac{\sqrt{5}-1}{2}$이다. $BG=1$이므로 쿠푸왕의 GBB'이 작도된다.

| 6 | 문항 6. 모델링: 용수철 시스템

삼각함수 탐구(Undamped Oscillator)[8]를 모델링 입장에서 지도하자.

● 수업・평가의 일체화 설계의 예: **모델링**

<table>
<tr><td colspan="2">교과</td><td>수학</td><td>물리</td></tr>
<tr><td rowspan="2">목표</td><td>6개념</td><td colspan="2">아래 주제를 이용하여 모델링 역량을 키운다.</td></tr>
<tr><td>주제</td><td>삼각함수, 이계도함수</td><td>힘, Hook의 법칙</td></tr>
<tr><td>평가</td><td>인지
↓
행위
↓
성찰</td><td colspan="2">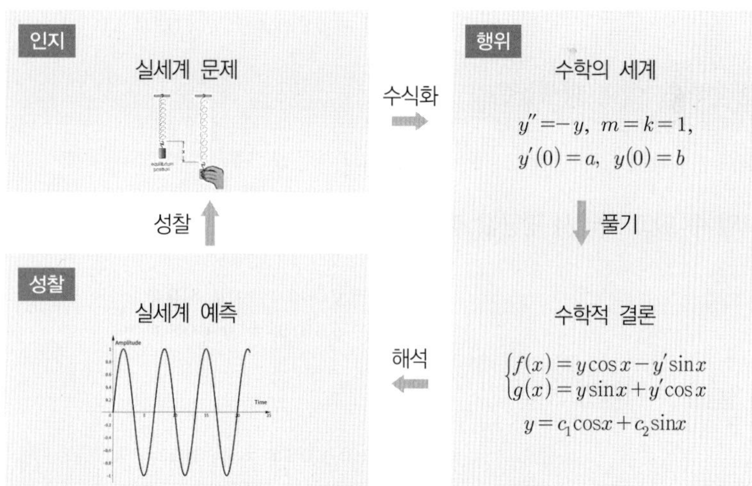
</td></tr>
<tr><td colspan="2">내용</td><td colspan="2">저항 없는 추의 운동(궤적)을 논하시오.</td></tr>
</table>

연계 수업과 평가의 일체화를 위한 연계교육 문항 개발을 위하여 교사가 알아야 할 수학과 물리학 이론을 소개하면 다음과 같다.

---

8 Brenner, J.(1988). "An Elementary Approach to $y''=-y$." *Amer. Math. Monthly* 95: 344

1) 저항이 있는 상하운동: $my'' + cy' + ky = 0$

이차방정식($m\lambda^2 + c\lambda + k = 0$)의 판별식($D = c^2 - 4mk$)이 무엇을 판별하는지 수학적, 그리고 물리적으로 해석해 보자.

● 판별식의 수학적 물리적 이해

$D = c^2 - 4mk$	수학	물리학/공학
$D > 0$ (overdamping)	서로 다른 두 실근	시스템계에 진동이 없다.
$D < 0$(underdamping)	서로 다른 두 허근	시스템계에 진동이 있다.
$D = 0$(critical damping)	중근	진동이 있는 것도 아니고 없는 것도 아니다.

2) 저항이 없는 상하운동

〈고급수학 II〉에서는 이차미분방정식 $y'' + y = 0$을 다루기 전에 멱급수를 다룬다. 따라서 멱급수 방법을 사용하여 미분방정식의 해를 구한다. 독자들은 이를 확인해 보자. 한편, 학생들은 경험적으로 두 번 미분해서 음수가 나오는 $y'' = -y$는 $\sin x$, $\cos x$라는 것을 알고 있다. 다음 연립방정식

$$\begin{cases} f(x) = y\cos x - y'\sin x \\ g(x) = y\sin x + y'\cos x \end{cases}$$

을 생각하자. 이때 학생들은

$$f'(x) = g'(x) = 0$$

을 보일 수 있고 따라서 평균값 정리로부터 상수 $f(x) = c_1$, $g(x) = c_2$를 얻는다. 이제 연립방정식

$$\begin{cases} c_1 = y\cos x - y'\sin x \\ c_2 = y\sin x + y'\cos x \end{cases}$$

에서 y'을 소거하면

$$y = c_1\cos x + c_2\sin x$$

를 얻는다.

3) 전기회로: $I'' + 10^4 I = 0$

〈물리 II〉에서 학생들은 LC-회로를 접한다. 즉,

$$L\frac{dI}{dt} + \frac{1}{C}\int I\,dt = E(t),\ \text{zero charge: } Q(0) = 0$$

에서

$$LI'' + \frac{1}{C}I = E'(t)$$

이다. 예를 들면, $L = 2$(henrys), $C = 5 \times 10^{-5}$(farad), $E = 110$(volts)이면

$$I'' + 10^4 I = 0.$$

일반적으로 $y'' + \omega^2 y = 0$을 복소지수함수 이론 없이 〈미적분 II〉의 평균값 정리를 사용하여 해결하는 방법은

$$\begin{cases} f(x) = \omega y \cos \omega x - y' \sin \omega x \\ g(x) = \omega y \sin \omega x + y' \cos \omega x \end{cases}$$

로부터 $f'(x) = g'(x) = 0$를 보인다.

| 7 | 문항 7. 모델링: 인간의 감정

삼각함수 탐구 2(Undamped Oscillator)를 모델링 입장에서 수업과 평가의 일체화 지도를 해 보자.

● 수업 · 평가의 일체화 설계의 예: **모델링: 삼각함수 탐구 2**

<table>
<tr><td colspan="2">교과</td><td>수학</td><td>물리</td></tr>
<tr><td rowspan="2">목표</td><td>6개념</td><td colspan="2">아래 주제를 이용하여 모델링 역량을 키운다.</td></tr>
<tr><td>주제</td><td>삼각함수, 이계도함수</td><td>인간의 감정</td></tr>
<tr><td>평가</td><td>인지
↓
행위
↓
성찰</td><td colspan="2">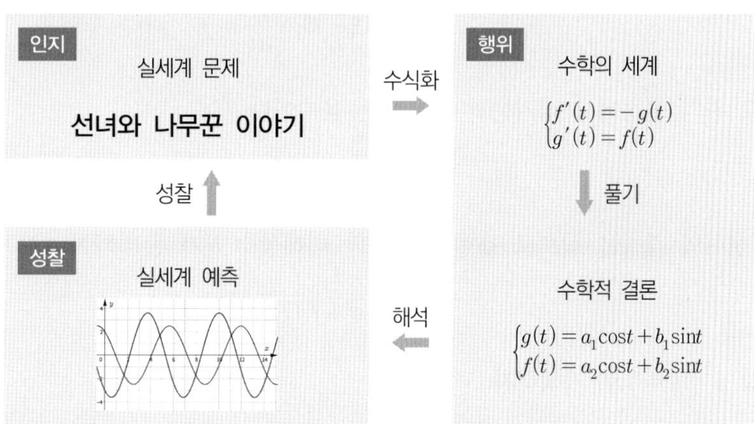
</td></tr>
<tr><td colspan="2">내용</td><td colspan="2">전래동화 선녀와 나무꾼을 수학적으로 탐구해 보자.</td></tr>
</table>

연계 수업과 평가의 일체화를 위한 연계교육 문항 개발을 위하여 알아야 할 수학 이론을 소개하면 다음과 같다.

1) 인간 감정의 모델링

선녀가 나무꾼의 집에 와서 살게된 후, 나무꾼이 항상 행복했던 것만은 아니다. 두 사람이 만나서 사는 동안 여러 차례 감정의 기복이 있었다. 물론 이런 감정의 기복은 당연히 상대적이다. 나무꾼은 좀 변덕스러운 면이 있어서 선녀가 자기를 좋아하는 것 같으면 선녀를 싫어하고 선녀가 자기를 싫어하는 낌새를 채면 반대로 선녀를 좋아하곤 하였다. 한편, 선녀는 단순한 면이 있어서 나무꾼이 자기를 사랑할 땐, 선녀는 나무꾼에 대한 사랑이 무르익으며 나무꾼이 자기를 싫어하면 나무꾼에 대한 사랑이 식어가곤 했다.

이제 시간(年) t에서 선녀에 대하여 나무꾼이 가지고 있는 열정을 $f(t)$라 하고 나무꾼에 대하여 선녀가 가지고 있는 열정을 $g(t)$라 하자. 물론 함숫값이 양이면 사랑의 정도를 나타내며, 음이면 미운 정도를 나타낸다. 앞에서 언급한 대로 서로에 대한 감정의 변화는 서로의 감정에 영향을 받으므로 다음과 같이 설정하자.

㉠ 선녀에 대한 나무꾼의 열정의 변화율은 나무꾼에 대한 선녀의 감정에 비례한다. ㉡ 나무꾼에 대한 선녀의 열정의 변화율은 선녀에 대한 나무꾼의 감정에 비례한다.

나무꾼의 변덕스러움을 식으로 쓰면

$$g(t) > 0\text{일 때, } \frac{df}{dt} = f' < 0,$$

$$g(t) < 0\text{일 때, } \frac{df}{dt} = f' > 0$$

이므로 위의 설정에서 생기는 비례상수는 음수이다. 즉,

$$f'(t) = -a\,g(t) \quad (a > 0)$$

이고 선녀의 감정을 식으로 표현하면 양의 비례상수 b가 존재하여

$$g'(t) = b\,f(t) \quad (b > 0)$$

편의상 $a = b = 1$로 가정하자. 즉

$$\begin{cases} f'(t) = -g(t) \\ g'(t) = \;\;\, f(t) \end{cases}$$

2) 미분방정식과 초기조건

미분방정식

$$f'' = -f \text{와 } g' = -g$$

임을 확인할 수 있으며 그들이 맨 처음 만났을 때, 선녀는 자기 날개옷을 감춘 나무꾼을 무지무지 미워했다(즉, $g(0) < 0$). 반대로 나무꾼은 행복한 감정을 주체할 수 없었다.
(즉, $f(0) > 0$). 따라서 다음을 가정하자.

$$f(0) = 2,\ g(0) = -3$$

한편, 그들이 같이 산 기간을 대략 14년으로 하여 헤어진 때를 $t = \dfrac{9\pi}{2}$ 년으로 가정하여 보자. 그 당시 서로 간 증오는 대단했다. 따라서 다음을 가정하자.

$$f\left(\frac{9\pi}{2}\right) = -1.5,\ g\left(\frac{9\pi}{2}\right) = -2$$

3) 문제해결

본 문제에서는 평균값 정리로부터 $y = a\sin t + b\cos$가 $y'' + y = 0$의 해임을 보이고(예제 7 참고) $a\sin t + b\cos t$를 $r\sin(\theta + t)$로 바꾸는 수리적 사고를 요구한다. 삼각함수의 덧셈정리를 이용하면 $a\sin t + b\cos t$를 $r\sin(\theta + t)$의 꼴로 나타낼 수 있고 이로부터 주기, 최대·최소, 그래프의 개형 등을 구할 수 있다. 또, 학생은 극한, 도함수, 이계도함수로 이어지는 삼각함수의 미분을 잘 이해하고 있어야 한다. 교과서는 $y = \sin 3x$의 이계도함수를 구하는 문제와 $y = e^{-x}\sin x$가 미분방정식 $y'' + 2y' + 2y = 0$을 만족함을 증명하는 문제를 학생에게 요구하고 있다.

(1) 교과서 〈미적분 II〉의 방법으로 보자. $f'(t) = -g(t)$의 양변을 미분하면 $f''(t) = -g'(t)$이고 $g'(t) = f(t)$의 양변을 미분하면 $g''(t) = f'(t)$이다. 따라서 $f'' = -g = f,\ g'' = f' = -g$가 성립한다.

한편, $y = a\sin t + b\cos t$를 미분하면 $y' = a\cos t - b\sin t$이고, $y'' = -a\sin t - b\cos t$이다. 따라서 $y'' = -y$이다(물론 앞 문항 6에서 $y'' = -y$를 평균값 정리를 사용하여 일반적으로 구하는 방법을 알아보았다).

(2) 문제에서의 초기조건을 사용하자.

$$g(0) = -3 = a_1,\ f(0) = 2 = a_2,$$
$$g(9\pi/2) = -2 = b_1,\ f(9\pi/2) = -1.5 = b_2$$

따라서 선녀와 나무꾼이 처음 만나서 헤어질 때까지($0 \leq t \leq 9\pi/2$) 서로 간의 열정함수는 각각 다음과 같다.

$$f(t) = 2\cos t - 1.5\sin t$$
$$g(t) = -3\cos t - 2\sin t$$

나무꾼에 대한 선녀의 열정함수 $g(t)$는

$$\begin{aligned} g(t) &= -3\cos t - 2\sin t \\ &= -\sqrt{13}\left(\frac{3}{\sqrt{13}}\cos t + \frac{2}{\sqrt{13}}\sin t\right) \end{aligned}$$

그러므로 $g(t) = -\sqrt{13}\sin(\theta + t)$ (여기서 $\tan\theta = 3/2$)로 다시 나타낼 수 있다.

참고 >> 그래프는 다음과 같다. 따라서 선녀의 감정주기는 2π(年)이고 최댓값, 최솟값은 각각 $\sqrt{13}$, $-\sqrt{13}$이다. 학생은 두 그래프를 함께 그릴 수 있다.

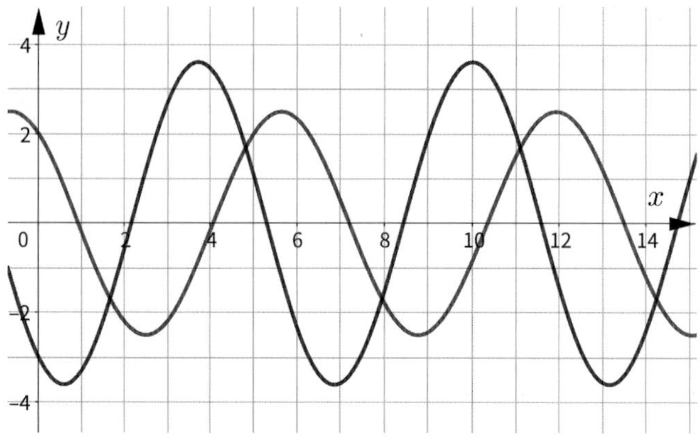

〈선녀와 나무꾼의 열정함수 그래프〉

| 8 | 문항 8. 모델링: 스트링 아트

String Art[9]를 보자.

---

9 Quenell, G.(2009). "Envelopes and string art", *Math. Magazine* 82(3): 174-185.

● 수업 · 평가의 일체화 설계의 예: **모델링**

<table>
<tr><td colspan="2">교과</td><td>수학</td><td>건축 디자인</td></tr>
<tr><td rowspan="2">목표</td><td>6개념</td><td colspan="2">아래 주제를 이용하여 모델링 역량을 키운다.</td></tr>
<tr><td>주제</td><td>함수의 극한</td><td>교량 디자인</td></tr>
<tr><td>평가</td><td>인지
↓
행위
↓
성찰</td><td colspan="2">인지
실세계 문제

수식화 →
행위
수학의 세계
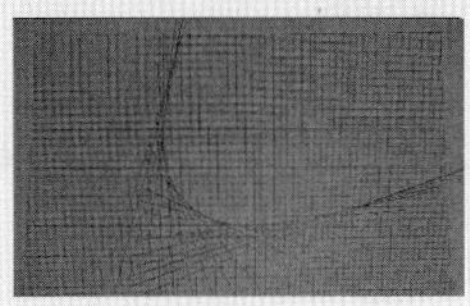
↓ 풀기
수학적 결론
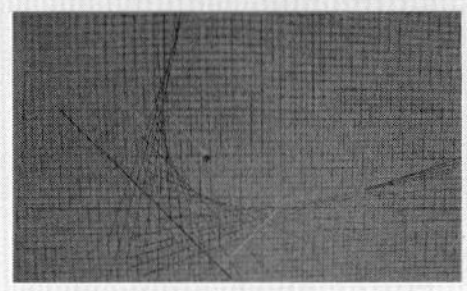
해석 ←
성찰
실세계 예측
$x^2+y^2-2xy-2x-2y+1=0$
성찰 ↑</td></tr>
<tr><td colspan="2">내용</td><td colspan="2">직선은 어떤 곡선을 만드나</td></tr>
</table>

초등학교 5학년에서 두 점을 연결하여 나타나는 교점의 수를 지도한다. 다음 그림에서 합이 10이 되는 두 점을 연결하여 만들어지는 직선의 교점 수는 연속된 자연수의 합

$$1+2+3+4+5+6+7+8$$

이다. 이에 대한 덧셈지도는 반대로 수를 다시 나열하여 합산 $\frac{9\times 8}{2}$을 지도한다. 이를 디자인 지도로 옮기면 먼저, 좌표계의 각도를 예각과 둔각으로 나누어 지도할 수 있다. 이를 만들기(string art)하면 매우 아름다운 작품을 교실에 전시할 수도 있다. 수 많은 직선에 의하여 상단 부분에 만들어진 곡선이 어떤 곡선인지 알아보자.

1) 규칙에 따른 직선족 그리기

구간 $[0, 1]$에서 angle design을 모델링해 보자. x축과 y축의 교점의 합이 1이 되는 직선을 생각해 보자. 먼저 $\alpha \in [0, 1]$에 대하여 x축 상의 점 (α, o)을 y축 상의 점 $(0, 1-\alpha)$에 연결한 직선을 l_α라 하자. 이때, 직선족(family) $\{l_\alpha \mid 0 \le \alpha \le 1\}$에 의하여 만들어지는 곡선을 C 하자.

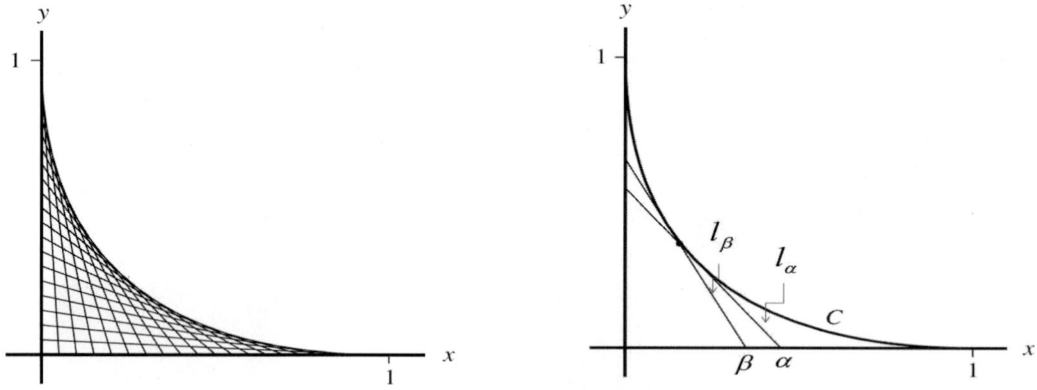

〈직선족의 시각화〉

2) 함수의 극한

C는 어떤 곡선일까? 이제 곡선 C의 방정식을 구해보자. 오른쪽 그림에서 $\alpha, \beta\ (\alpha \neq \beta)$에 대하여 서로 다른 두 직선 l_α, l_β가 결정되며 β를 $\beta \to \alpha$로 접근(limit)하면 두 직선 l_α, l_β의 교점은 곡선 C상으로 수렴 접근한다. 두 점 (α, o), $(0, 1-\alpha)$ [또는 (β, o), $(0, 1-\beta)$]을 지나는 직선의 방정식은 각각

$$l_\alpha : y = \frac{\alpha - 1}{\alpha}(x - \alpha),\ l_\beta : y = \frac{\beta - 1}{\beta}(x - \beta)$$

이므로 교점의 좌표는 $(\alpha\beta,\ (1-\alpha)(1-\beta))$이다. 이제, $\beta \to \alpha$로 접근하면 두 직선의 교점은 곡선 C 상에 점

$$(\alpha^2,\ (1-\alpha)^2)$$

으로 수렴한다(〈직선족의 시각화〉 그림 참고). 그러므로 곡선 C는

$$x = \alpha^2,\ y = (1-\alpha)^2 \ \ (\text{여기서 } \alpha \in [0, 1])$$

으로 매개변수(parametrization)화 된다. 이제, α를 소거하면

$$\sqrt{x} + \sqrt{y} = 1$$

이다[10]. 이제 제곱근을 없앤 곡선 C를 표현하는 방정식

$$x^2 + y^2 - 2xy - 2x - 2y + 1 = 0$$

을 얻는다.

---

10 곡선 $\sqrt{x} + \sqrt{y} = \sqrt{c}$ 상의 접선과 만나는 x축과 y축의 교점의 합은 항상 c임을 증명하여보자(J. Stewart (2008), *Calculus*, p.241, 연습문제 42번).

3) 준선과 초점

포물선(parabola)인 일반이차형

$$q(x,\ y) = x^2 + y^2 - 2xy - 2x - 2y + 1$$

의 그래프를 그려보자. 초점은 $(1/2, 1/2)$이며 준선은 $y = -x$ 임을 확인하자.

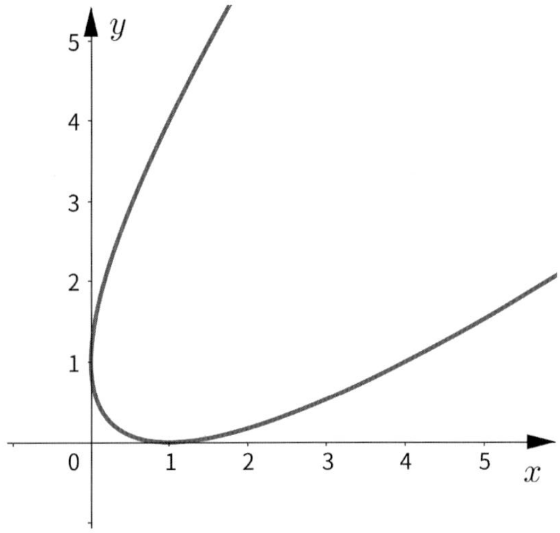

〈일반이차형 $x^2 + y^2 - 2xy - 2x - 2y + 1 = 0$ 의 그래프〉

| 9 | 문항 9. 추론: 마방진

● 수업 · 평가의 일체화 설계의 예: **추론**

교과		수학	조선수학사
목표	6개념	아래 주제를 이용하여 추론 역량을 키운다.	
	주제	마방진	최석정
평가	인지 ⇩ 행위 ⇩ 성찰	방진의 역사와 최석정의 마방진을 알아보자. ⇩ K. Lih(2010)의 논문을 토대로 최석정이 구한 마방진을 추정한다. ⇩ 다른 방법을 시도해 보고 오일러 마방진과의 가치를 비교해본다.	
내용		최석정은 9×9 마방진을 어떻게 구했을까	

최석정의 마방진[11]을 주제로 추론을 지도해 보자. 2010년에 출간된 K. Lih의 논문을 사용하여 최석정이 구한 9×9 마방진의 계산 과정을 소개하였으며 이를 최석정이 구한 방법에 대한 하나의 추론으로 보았다. 또 다른 방법을 학생들이 추론할 수 있을지 기대해 본다.

연계 수업과 평가의 일체화를 위한 연계교육 문항 개발을 위하여 교사가 알아야 할 수학 이론을 소개하면 다음과 같다.

1) 5차 오일러방진

행렬 E와 이에 대한 전치행렬 E^T

$$E = \begin{bmatrix} 3 & 4 & 5 & 1 & 2 \\ 2 & 3 & 4 & 5 & 1 \\ 1 & 2 & 3 & 4 & 5 \\ 5 & 1 & 2 & 3 & 4 \\ 4 & 5 & 1 & 2 & 3 \end{bmatrix}, \ E^T = \begin{bmatrix} 3 & 2 & 1 & 5 & 4 \\ 4 & 3 & 2 & 1 & 5 \\ 5 & 4 & 3 & 2 & 1 \\ 1 & 5 & 4 & 3 & 2 \\ 2 & 1 & 5 & 4 & 3 \end{bmatrix}.$$

한편, 크기가 5×5인 치환행렬은 i번째 행을 $6-i$번째 열로 보내는 행렬을 말한다. 모양으로 보면 양의 기울기 대각선이 모두 1인 행렬이다. 즉,

$$P_5 = [p_{i,j}]_{5 \times 5}, \ \ p_{i,j} = \begin{cases} 1 \ (j = n+1-i) \\ 0 \ (otherwise) \end{cases}$$

이와 같이, 일반적인 크기 $n \times n$에 대한 치환행렬을 정의할 수 있고 이를 P_n으로 표시하자. 이때, E^T에 치환행렬 P_5를 곱하면

$$F = E^T P_5 = \begin{bmatrix} 4 & 5 & 1 & 2 & 3 \\ 5 & 1 & 2 & 3 & 4 \\ 1 & 2 & 3 & 4 & 5 \\ 2 & 3 & 4 & 5 & 1 \\ 3 & 4 & 5 & 1 & 2 \end{bmatrix}$$

를 얻는다. E와 F를 다음과 같이, 앞자리는 E로부터, 그리고 다음 자리는 F로부터 놓은 (juxtaposition) 행렬을 만들자.

$$E \circledbullet (E^T P_5) = \begin{vmatrix} 34 & 45 & 51 & 12 & 23 \\ 25 & 31 & 42 & 53 & 14 \\ 11 & 22 & 33 & 44 & 55 \\ 52 & 13 & 24 & 35 & 41 \\ 43 & 54 & 15 & 21 & 32 \end{vmatrix}$$

행렬에서 사용한 5^2개의 수가 모두 다르다는 것을 알 수 있다. 이때, 5차 라틴방진(Latin squares)

11 Lih, K.(2010). "A Remarkable Euler Square Before Euler," *Math. Mag.* 83: 163-167.

E, F를 직교(orthogonal)라 부르며 $E \odot (E^T P_5)$를 5차 오일러방진라 부른다(Euler, 1776). 오일러의 의도는 $E \odot (E^T P_5)$로부터

$$E \odot (E^T P_3) \xrightarrow[canonical\ \ mapping]{(x,y) \mapsto 5(x-1)+y}$$

14	20	21	2	8
10	11	17	13	4
1	7	13	19	25
22	3	9	15	16
18	24	5	6	12

인 5차 마방진을 만드는 데 있다. 한편, 오일러는 6차 직교라틴방진이 존재하지 않는다고 예측하였는데 1900년에 Tarry에 의하여 증명되었다. 더 나아가 오일러는 $n \equiv 2 \pmod 4$ $(n \geq 6)$인 정수에 대하여도 n차 직교라틴방진이 존재하지 않는다고 예측하였다. 즉, $n = 10, 14, 18, \ldots$ 등의 $n \times n$ 직교라틴방진이 존재하지 않는다고 판단하였다. 그러나 이 예측은 틀렸으며 $n \equiv 2 \pmod 4$ $(n \geq 10)$인 정수에 대한 직교라틴방진이 존재한다(Bose, Shrikhande, Paker, 1959). 오일러가 예측한 대로 6차 직교라틴방진이 존재하지 않는다. 이는 6차 사영평면이 존재하지 않는다는 것이다[12].

2) 9차 오일러방진(구수락, 최석정(1646~1715), 1710 이후)

최석정이 구한 마방진은 다음과 같다.

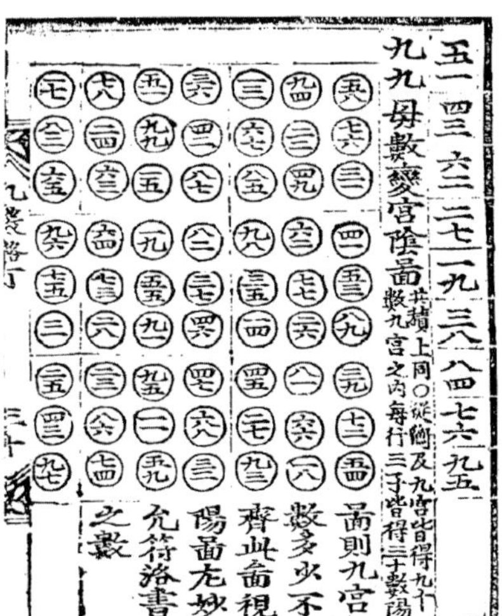

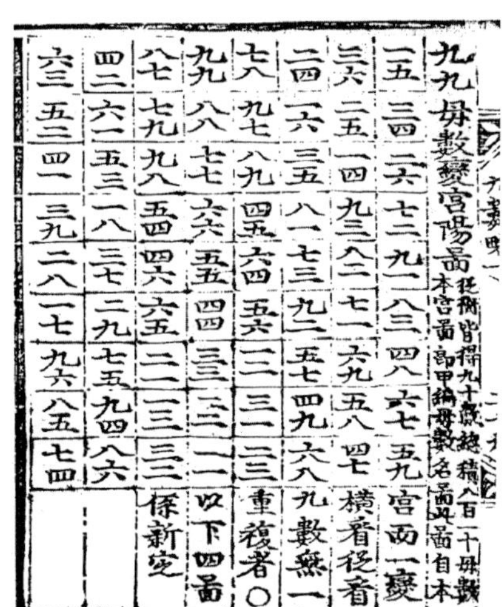

12 (Bose, 1938) 서로 직교하는 $n \times n$ 라틴방진이 $n-1$개 존재할 필요충분조건은 차수가 n인 유한 사영평면이 존재하는 것이다.

$$C = \begin{bmatrix} 51 & 63 & 42 & 87 & 99 & 78 & 24 & 36 & 15 \\ 43 & 52 & 61 & 79 & 88 & 97 & 16 & 25 & 34 \\ 62 & 41 & 53 & 98 & 77 & 89 & 35 & 14 & 26 \\ 27 & 39 & 18 & 54 & 66 & 45 & 81 & 93 & 71 \\ 19 & 28 & 37 & 46 & 55 & 64 & 73 & 82 & 91 \\ 38 & 17 & 29 & 65 & 44 & 56 & 92 & 71 & 83 \\ 84 & 96 & 75 & 21 & 33 & 12 & 57 & 69 & 48 \\ 76 & 85 & 94 & 13 & 22 & 31 & 49 & 58 & 67 \\ 95 & 74 & 86 & 32 & 11 & 23 & 68 & 47 & 59 \end{bmatrix}$$

최석정은 수의 배치를 어떻게 하였는지 그 열쇠를 문헌에서 설명하지 않았다. 최석정의 9차 오일러방진 C는 다음 경로로 얻을 수 있다(송홍엽, 2008).

라틴방진

$$L = \begin{bmatrix} 5 & 6 & 4 & 8 & 9 & 7 & 2 & 3 & 1 \\ 4 & 5 & 6 & 7 & 8 & 9 & 1 & 2 & 3 \\ 6 & 4 & 5 & 9 & 7 & 8 & 3 & 1 & 2 \\ 2 & 3 & 1 & 5 & 6 & 4 & 8 & 9 & 7 \\ 1 & 2 & 3 & 4 & 5 & 6 & 7 & 8 & 9 \\ 3 & 1 & 2 & 6 & 4 & 5 & 9 & 7 & 8 \\ 8 & 9 & 7 & 2 & 3 & 1 & 5 & 6 & 4 \\ 7 & 8 & 9 & 1 & 2 & 3 & 4 & 5 & 6 \\ 9 & 7 & 8 & 3 & 1 & 2 & 6 & 4 & 5 \end{bmatrix}, \quad M = \begin{bmatrix} 1 & 3 & 2 & 7 & 9 & 8 & 4 & 6 & 5 \\ 3 & 2 & 1 & 9 & 8 & 7 & 6 & 5 & 4 \\ 2 & 1 & 3 & 8 & 7 & 9 & 5 & 4 & 6 \\ 7 & 9 & 8 & 4 & 6 & 5 & 1 & 3 & 2 \\ 9 & 8 & 7 & 6 & 5 & 4 & 3 & 2 & 1 \\ 8 & 7 & 9 & 5 & 4 & 6 & 2 & 1 & 3 \\ 4 & 6 & 5 & 1 & 3 & 2 & 7 & 9 & 8 \\ 6 & 5 & 4 & 3 & 2 & 1 & 9 & 8 & 7 \\ 5 & 4 & 6 & 2 & 1 & 3 & 8 & 7 & 9 \end{bmatrix}$$

여기서 $M = L\ P_9$. 최종적으로

$$C = L \odot M$$

한편, 최석정의 9차 오일러방진 C로부터 9차 마방진을 만들 수 있다.

$$L \odot M \xrightarrow[\textit{canonical mapping}]{(x,y) \mapsto 9(x-1)+y}$$

37	48	29	70	81	62	13	24	5
30	38	46	63	71	79	6	14	22
47	28	39	80	61	72	23	4	15
16	27	8	40	51	32	64	75	56
9	17	25	33	41	49	57	65	73
26	7	18	50	31	42	74	55	66
67	78	59	10	21	2	43	54	35
60	68	76	3	11	19	36	44	52
77	58	69	20	1	12	53	34	45

최석정의 9차 오일러방진는 오일러의 5차 오일러방진보다 대략 60년 정도 앞선다고 볼 수 있다.

최석정의 9차 오일러방진 C를 얻는데 사용한 라틴방진 L을 구하는 방법에 대한 제안을 알아보자(Formal Kronecker Product, Ko-Wei Lih, 2010).

3) 최석정의 라틴방진 구하기

$n \times n$ 행렬 A 에 대하여 $n^2 \times n^2$ 행렬 $A \otimes A$ 를 다음과 같이 정의하자.

$$A \otimes A = \begin{vmatrix} A_{11}\ A_{12} \ldots A_{1n} \\ A_{21}\ A_{21} \ldots A_{2n} \\ \ldots\ \ldots\ \ldots\ \ldots \\ A_{n1}\ A_{n2} \ldots A_{nn} \end{vmatrix}_{n^2 \times n^2}, \quad A_{ij} = \begin{bmatrix} & \vdots & \\ \cdots & (a_{ij}, a_{st}) & \cdots \\ & \vdots & \end{bmatrix}_{n \times n} \quad (A_{ij}\text{의 } s\text{행, } t\text{열})$$

예를 들어 라틴방진

$$A = \begin{bmatrix} 2 & 3 & 1 \\ 1 & 2 & 3 \\ 3 & 1 & 2 \end{bmatrix}$$

에 대하여

$$A \otimes A = \begin{bmatrix} (2,2) & (2,3) & (2,1) & (3,2) & (3,3) & (3,3) & (1,2) & (1,3) & (1,1) \\ (2.1) & (2,2) & (2,3) & (3,1) & (3,2) & (3,2) & (1,1) & (1,2) & (1,3) \\ (2,3) & (2,1) & (2,2) & (3,3) & (3,1) & (3,1) & (1,3) & (1,1) & (1,2) \\ (1,1) & (1,3) & (1,1) & (2,2) & (2,3) & (2,3) & (3,2) & (3,3) & (3,1) \\ (1.2) & (1,2) & (1,3) & (2,1) & (2,2) & (2,2) & (3,1) & (3,2) & (3,3) \\ (1,3) & (1,1) & (1,2) & (2,3) & (2,1) & (2,1) & (3,3) & (3,1) & (3,2) \\ (3,2) & (3,3) & (3,1) & (1,2) & (1,3) & (1,1) & (2,2) & (2,3) & (2,1) \\ (3,1) & (3,2) & (3,3) & (1,1) & (1,2) & (1,3) & (2,1) & (2,2) & (2,3) \\ (3,3) & (3,1) & (3,2) & (1,3) & (1,1) & (1,2) & (2,3) & (2,1) & (2,2) \end{bmatrix}_{9 \times 9}$$

를 얻는다. 이때, 최석정의 라틴방진 L 은 다음과 같다.

$$A \otimes A \xrightarrow{(x,\, y) \mapsto 3(x-1)+y} L$$

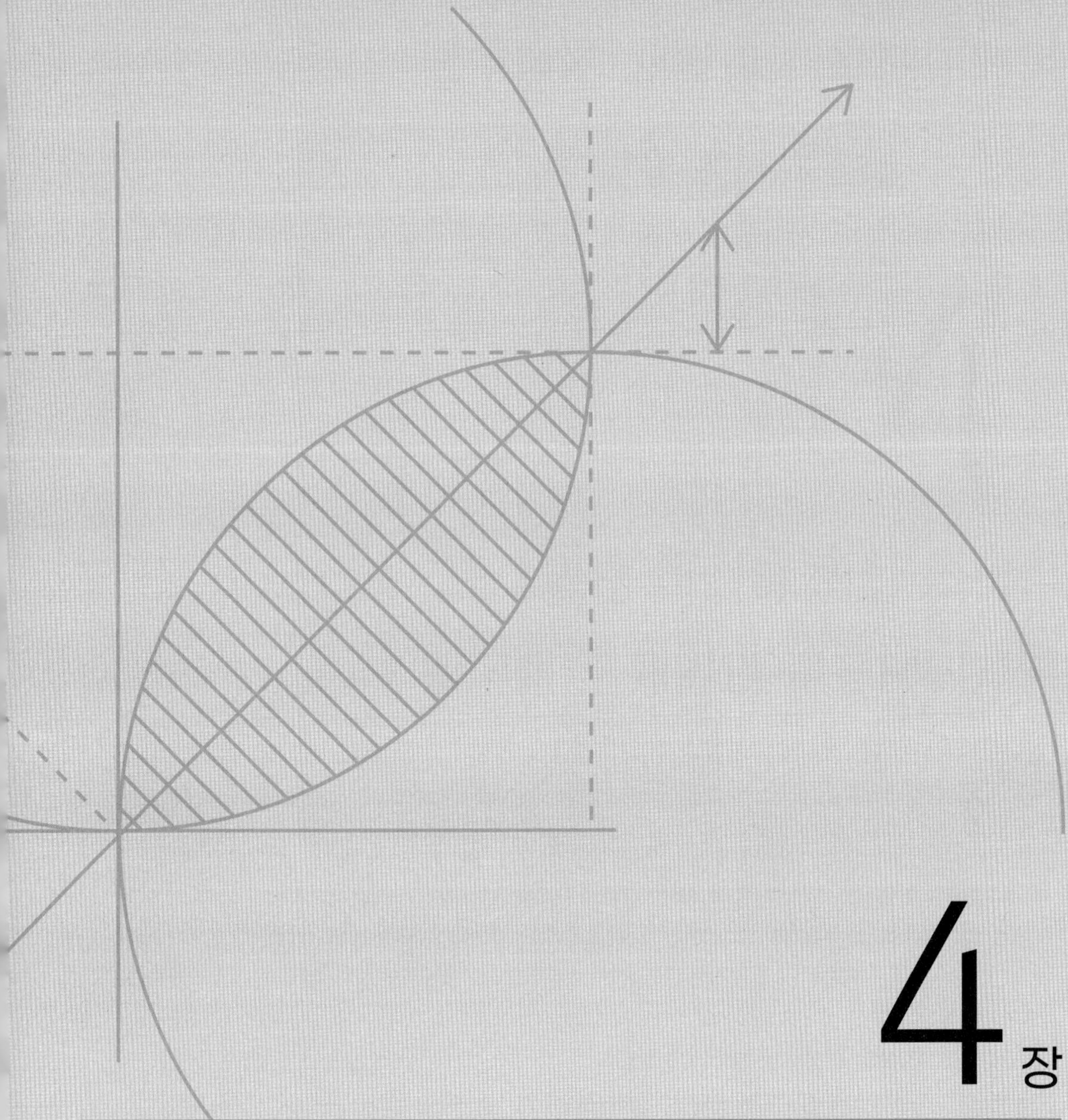

4 장

깊은 학습을 위한 수학과 탐구질문 개발과 컴퓨테이셔널 사고교육 기반 평가 방안

최근 2020년 가을학기부터 우리나라에 소위 ‘인공지능교육’ 또는 일부 사람들에 의하면 ‘K-에듀’가 본격적으로 공교육에 도입되었다. 우리 교사들은 이에 대하여 나름대로 비판적인 시각을 가지고 있다.

그렇다면 외국에서 어떤 교육이 우리나라로 들어와 인공지능 교육으로 바뀌었을까? 1900년대 초부터 계산적 사고교육(computational thinking education)이 미국과 유럽을 중심으로 발전하고 있었으며 현재 미국 컴퓨터 사이언스 교육의 한 축을 담당한다. 이제 우리나라는 컴퓨테이셔널 사고교육(computational thinking education, CT교육)을 어떻게 번역하여 도입했을까?

일부 교육학자들이 이를 컴퓨팅교육으로 번역하여 도입하였고, 강남을 중심으로 코딩교육이 널리 퍼지는 결과를 가져왔다. 과연 그들이 컴퓨테이션과 컴퓨팅의 차이를 몰랐을까?

최근에 와서 다시 이를 인공지능교육이라고 대담하게 번역하였다. 인공지능교육은 말 그대로 대학의 박사과정 이상에서나 볼 수 있는 것으로 국내 전문가도 매년 몇 명이면 충분한 분야이다. 결국 우리는 국민의 세금으로 기존 초중고 전산실을 소통이란 미명으로 내부 인테리어공사 및 노트북 설치가 이루어졌고 일부 대학교수들은 자신들의 제자들이 정보교과의 시수를 확보한 것에 대만족했다. 최근에는 ‘인공지능 디지털 교과서’의 개발과 폐기로 희대의 코미디가 벌어졌다.

초중고에 인공지능교육이란 없다. 이제 컴퓨테이셔널 사고교육이 무엇인지 그리고 이를 어떻게 수학교과에 적용할지를 고민했으면 한다.

가 탐구질문 구성과 CT교육의 평가

본 장에서는 딥러닝을 위한 탐구질문 개발과 평가 방안을 소개한다. 우리가 사용하는 탐구질문은 3단계로 서로 연계되며 이를 CT교육 내에서 평가하는 방안을 제시한다. 각 탐구질문에 대한 지도상 유의점과 학생 지도를 위한 참고문헌을 제시했다.

| 1 | 탐구질문 구성 단계

2022 개정교육과정에서는 역량 구현을 위해 교과 교육에서 깊이 있는 학습을 강조하고 있다. 깊이 있는 학습은 학습자가 학습 자료를 스스로 자신의 것으로 만들고 배운 것을 새로운 성황에 적용할 수 있도록 소수의 핵심 내용을 깊이 있게 배우는 것을 의미한다(교육부 2021). 이를 위하여 주제에 대한 질문을 3단계로 구성하는 것을 제시하고자 한다.

1) 3단계 질문 구성

IB DP에서는 독립적으로 핵심 질문을 다음과 같이 3가지로 구분한다.

사실적 질문	개념적 질문	논쟁적 질문
• 지식/사실 기반	• 사실과 주제를 연결하는 빅 아이디어 탐색 활성화	• 사실과 개념을 사용하여 입장을 논의
• 콘텐츠 중심	• 비교 대조할 수 있는 기회 강조	• 토론 촉진
• 기술 관련	• 모순 탐구	• 다양한 관점에서 중요한 아이디어와 이슈를 탐구
• 증거에 의해 뒷받침	• 더욱 심층적인 학문과 학제간 이해로 이끔	• 이의 제기 가능 • 긴장감 갖기
• 탐구 진술에서 용어를 탐색하는 데 사용될 수 있다.	• 익숙하거나 낯선 상황, 이슈, 아이디어, 맥락으로의 전환 촉진	• 의도적으로 도발할 수도. • 종합과 평가를 장려
• 시사성 높은	• 해석과 응용을 장려	
• 기억과 이해를 촉진		

그러나 0장에서 이야기하였듯이 3가지 질문을 독립적인 것이 아니라 발전, 확장되는 연계형 3단계로 구성하려고 한다.

2) 연계형 3단계 질문 구성

여기에서는 연계된 3단계 질문을 접하고 이에 대한 평가 방안을 컴퓨테이셔널 사고교육과 연계하여 제시한다. 이는 매우 실험적인 시도로 2025년 시행을 위한 좋은 시도라고 판단한다.

| 2 | 4가지 분류의 CT교육과 평가

연계형 3단계 질문에 대한 평가를 위하여 CT교육의 분류를 사용한다. 앞에서 알아본 대로 CT교육의 분류는 다양한 분야와 학자들에 의하여 여러 가지가 사용되고 있다. 최근 Bocconi 외(2016), Csizmadia 외(2015), Kalelioglu 외(2016) 등이 제시하고 있는 컴퓨테이셔널 사고교육의 분류는 다음과 같다.

● 컴퓨테이셔널 사고교육의 4가지 분류

분해(Decomposition)	패턴(Patterns)
• 문제를 더 작과 관리학 쉬운 부분으로 나누기 • 문제를 단계별로 수식화하기	• 논리적으로 데이터 수집, 정리, 분석 • 반복되는 열, 유사점, 추세 인식 • 일반화하기, 다른 해결로 전환 • 이미 해결된 문제를 기반으로 해결책 찾기
추상화(Abstraction)	**알고리즘적 사고(Algorithmic Thinking)**
• 모델과 모의실험을 통해 데이터 표현하기 • 문제해결을 위해 불필요한 부분 제거하기	• 일련의 순서화된 단계를 통해 해법을 자동화 • 논리적 사고 • 단계와 자원을 가장 효율적이고 효과적으로 사용할 수 있는 방법 찾기 • 단계를 읽고 예측하여 해법 평가 • 수용 가능하고 작용하는 해법을 위해 단계별 지침을 지속적으로 성찰하고 수정

본 장에서 우리는 평가를 위하여 이를 실험적 사용한다. 컴퓨테이셔널 사고교육의 분류는 4가지로 사용하고 이를 4CT로 표시한다. 물론 우리나라 수학교육에서는 이를 개념으로 사용해도 된다. 4개념이라는 표현도 괜찮아 보인다.

우리가 사용해온 미국수학교육에서의 '인간 사고의 수학적 양상'과 4CT를 비교하면 다음과 같다. CT교육은 수학교육을 포함하기 때문에 일대일로 대응이 되는 것은 아니다.

● 4CT와 사고의 수학적 양상

4CT	사고의 수학적 양상
분해	모델링, 최적화
패턴	추론, 추상화
추상화	추상화
알고리즘적 사고	모델링, 최적화, 논리적 해석

CT에서의 분류를 인지능력으로 연계할 수 있다. 다음 표를 기반으로 평가 방안이 만들어지기를 기대한다.

● 인지능력 평가(Rating for Cognitive Skills)

질문 구성 단계	블룸의 분류	분해	패턴	추상화	알고리즘적 사고	사고능력
사실을 묻는 단계	인지	1	1	1	1	최저
	이해	2	2	2	2	⇑
개념 이해를 요구하는 단계	적용	3	3	3	3	‖
	분석	4	4	4	4	‖
논쟁을 유발하는 단계	가치부여	5	5	5	5	⇓
	성찰	6	6	6	6	최고

● Bloom의 분류

블룸의 분류	정의
인지	탐구 관련 실세계 문제를 인지하는 능력
이해	실세계 문제를 종합적으로 이해하는 능력
적용	지식을 실세계 문제 해결에 수학적으로 적용하는 능력
분석	관련 견해를 수학적으로 분석하는 능력
가치부여	실세계 문제에 수학(문화)적 가치를 부여할 수 있는 능력
성찰	실세계 문제의 가치를 비판적으로 성찰하는 능력

탐구질문은 평가와도 연관될 수 있다. 실제로 2025년 봄학기부터 다음과 같은 평가 개요를 설정할 수 있다. 2026년부터 수능에서 제외되는 심화과목에 적극적으로 도입되기를 기대한다.

	지 필 평 가(예)		수 행 평 가(예)
항목	1차 서답형 지필고사	2차 서답형 지필고사	수학 탐구 보고서
비율	35%	35%	30%
시기	4월 둘째 주	6월 2째 주	6월 3째 주~7월 둘째 주
주제	다항식, 방정식과 부등식	경우의 수, 행렬	전 영역(타 교과 포함)

참고 >> (비판적 논의). 우리나라 2022 개정 정보과 교육과정(교육부고시 제2022-33호[별책 10])에서 정보교과의 교과역량을 '컴퓨팅 사고력', '디지털 문화 소양', 그리고 '인공지능 소양'으로 제시하고 있다(p. 145). 독자들은 우리가 소개한 computational Thinking Education과 미국 computer science standads(컴퓨팅의 영향, 컴퓨테이셔널 사고, 네트워크와 시스템 디자인, 사이버 보안, 디지털 문해력)를 토대로 우리나라 정보교과가 어떻게 소위 '인공지능'이란 용어를 섞어 교과 역량이란 분야를 구성했는지 비판적으로 논의해 보자. 깊이 있는 논의를 위하여 다음 두 논문을 추천한다.

- Weintrop, D. 외, (2016). "Defining Computational Thinking for Mathematics and Science

Classrooms", *J Sci Educ Technol*. 25: 127-147.
- Wing, J. (2006). "Computational Thinking", *Communications of the ACM* 49(3): 33-35.

나 탐구질문 개발의 예

|1| 12세기 지중해 지역 문화교류를 알아보자

주제	4CT 분류	학문 분류
수열	알고리즘적 사고	수학문화사

<table>
<tr><th>수학+언어</th><th>운율(삥갈라수)</th></tr>
<tr><td>사실을 묻는 단계</td><td>기원전 5세기 인도의 산스끄리트 운율에 대하여 알아보자.
<table>
<tr><th>1 mora</th><th>2 morae</th><th>3 morae</th><th>4 morae</th><th>5 morae</th></tr>
<tr><td>|</td><td>S
||</td><td>|S
S|
		</td><td>SS 		S 	S	 S	
			</td><td>	SS S	S 			S SS
	S
S		 S		
				</td></tr>
</table></td></tr>
<tr><td>개념 이해를 요구하는 단계</td><td>• 산스끄리트 운율의 패턴을 기술하여 보자.</td></tr>
<tr><td>논쟁을 유발하는 단계</td><td>• 산스끄리트 운율 패턴의 도입 방법과 소위 피보나치 수의 패턴의 도입 방법 사이에 더 좋고 나쁨을 비교할 수 있는가?
• "모든 문화는 서로 관련되어 있으며 어느 것도 순수하게 단독적인 것은 없다"는 수학세계에서도 유용한가?</td></tr>
</table>

1. 탐구를 위한 핵심질문

- 우리가 '피보나치 수(열)'이란 용어를 사용하는 것은 윤리적인가?
- 피보나치는 그의 저서 〈산술서 Liber Abaci〉에서 소위 피보나치 수열을 어떻게 소개하였나?

참고로 다음은 소위 "피보나치 수열"이라고 부르고 있는 것의 출처이다. 피보나치는 우리가 부르는 피보나치 수열을 어떻게 어디까지 언급했는지 『산술서』(피보나치, 1202)의 해당 부분 번역글을 토대로 알아보자,

한 쌍의 토끼는 일 년 동안 몇 쌍의 토끼를 낳을까?

어떤 사람이 한 쌍의 토끼를 울타리 안에서 기르고 있었다. 그는 이 토끼들이 일 년 동안 몇 쌍으로 늘어나는지 궁금했다. 토끼는 한 달에 한 쌍의 새끼를 낳고, 태어난 토끼들은 두 번째 달부터 새끼를 낳는다.

처음의 한 쌍은 첫 번째 달에 새끼를 낳아 모두 2쌍이 된다. 두 번째 달에는 처음의 한 쌍이 다시 새끼를 낳아 3쌍이 된다. 세 번째 달에는 토끼들 중에 2쌍이 새끼를 배어 새로 2쌍이 태어나 총 5쌍이 된다. 네 번째 달에는 3쌍이 새끼를 낳아 8쌍이 되고, 다섯 번째 달에는 5쌍이 새끼를 낳아 13쌍이 된다. 일곱째 달에는 여기에 새로 태어난 13쌍이 더해져 34쌍이 되고, 여덟째 달에는 21쌍이 태어나 55쌍이 된다. 아홉째 달에는 34쌍이 태어나 89쌍, 열째 달에는 55쌍이 태어나 144쌍이 된다. 열한째 달에는 89쌍이 추가되어 총 233쌍이 된다.

여섯 번째 달에는 다섯째 달에 태어난 5쌍은 아직 새끼를 낳을 수 없지만, 다른 8쌍이 새끼를 낳아 21쌍이 된다. 일곱 번째 달에는 여기에 새로 태어난 13쌍이 더해져 34쌍이 되고, 여덟 번째 달에는 21쌍이 태어나 55쌍이 된다. 아홉 번째 달에는 34쌍이 태어나 89쌍, 열 번째 달에는 55쌍이 태어나 144쌍이 된다. 열한 번째 달에는 89쌍이 추가되어 총 233쌍이 된다.

일 년이 되었을 때는 여기에 마지막 달에 태어난 144쌍이 더하여 모두 377쌍이 된다. 이와 같이 하면 토끼 마리수가 어떻게 늘어나는지 끝없이 이어갈 수 있다.

2. 지도상 유의점

- 알제리 부지아에서 아랍 수학교사에게 교육받고 자란 피보나치의 성장 배경을 알 수 있다.
- 인도와 아랍(바그다드)의 산술 발전 배경을 알 수 있다.

3. 참고문헌

Singh, P.(1985). "The So-Called Fibonacci Numbers in Ancient and Medieval India." *Historia Mathematica* 12: 229-244.

Fibonacci(2003). *Liber Abaci*. Translated from Latin by L. Sigler. New York: Springer,

Benjamin, A., and Quinn, J.(2003). *Proofs That Really Count: The Art of Combinatorial Proof*. Washington: The Mathematical Association of America.

디미트리 구타스(정영목 옮김) (2013). **그리스 사상과 아랍 문명**. 경기도: 글항아리.

찰스 해스킨스(이희만 옮김) (2017). **12세기 르네상스**. 서울: 혜안.

장 카르판티에 · 프랑스와 르브룅(강민정 · 나선희 옮김)(2009). **지중해의 역사**. 경기도: 한길사.

| 2 | 고대 바빌로니아인의 360도 도입

주제	4CT 분류	학문 분류
각도의 도입	패턴	수학문화사

● 컴퓨테이셔널 사고교육: **패턴**

수학+과학+사회	360도 각의 도입과 천문학
사실을 묻는 단계	기원 5세기 고대 바빌로니아 인들의 황도 12궁의 발견과 60진법에서 30을 이용한 360도 각도의 도입을 알아보자.
개념 이해를 요구하는 단계	이집트 덴데라 신전의 황도 12궁의 제작 시기를 추정해 보자. 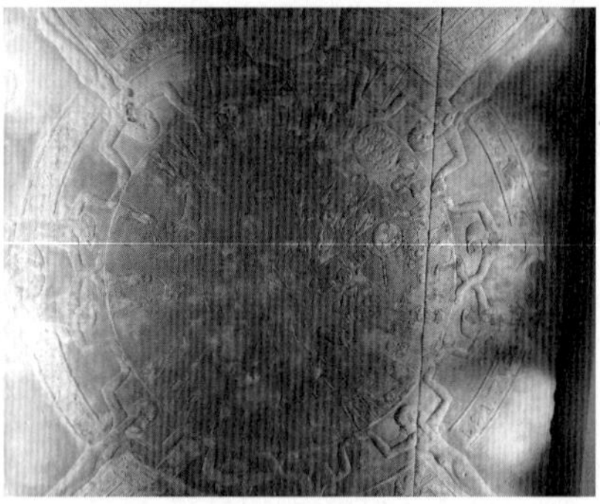 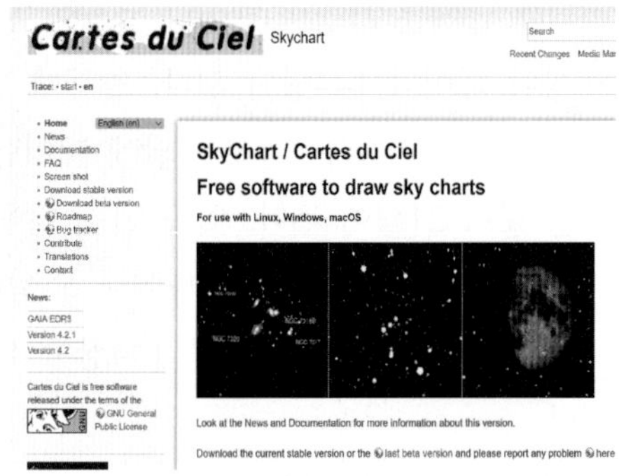
논쟁을 유발하는 단계	프랑스 정부는 덴데라 12궁을 이집트에 반환해야 하는가? 1798년 7월 2일: 알렉산드리아 상륙 1798년 7월 21일: 맘루크군대 패배 1789년 9월 24일: 학자들과 기자 피라미드 방문 1798년 12월 16일: 보나파르트 이집트 학사원장 1799년 5월 25일 비방 드농덴데라 12궁도 방문 1799년 7월 19일: 로제타스톤 발견 1821년 덴데라 12궁 프랑스로 옮겨짐 1922년 루브르박물관에 옮겨짐

1. 탐구를 위한 핵심질문

• 인류 문명은 기원전 5세기경(페르시아 제국)에 360도를 어떻게 도입하게 되었을까?

2. 지도상 유의점

• 탈레스나 피타고라스 등의 수학자들은 360도 기반 각도의 개념을 갖고 있지 않았다는 것을 학생들이 인지하도록 한다.
• 황도대의 발견과 각도의 도입을 연계할 수 있도록 한다.
• 덴데라 12궁의 이집트 반환에 대하여 유사한 외교적 해법을 우리나라의 경우와 비교 주장할 수 있도록 한다.
• 각도 도입에 따른 각속도의 측정(150-50 BCE)이 왜 미적분의 시작인지를 학생이 인지하도

록 한다.

3. 참고문헌

Neugebauer, O.(1969). *The Exact Sciences in Antiquity*. New York: Dover.

Brummelen, G.(2009). *The Mathematics of the Heavens and the Earth*, Princeton: Princeton Univ. Press.

Ossendrijver, M.(2016). "Ancient Babylonian Astronomers Calculated Jupiter's Position from the Area Under a Time-Velocity Graph." *Science* 351: 482-484.

Cowen, R.(2016). "Ancient Babylonians Took First Steps to Calculus." *Science* 351: 435.

로베르솔레(이상빈 옮김)(2013). **나폴레옹 이집트 원정기**, 아테네.

장 카르방티에, 프랑스아르브뤼(강민정, 나선희 옮김)(2009). **지중해의 역사**, 한길.

김산해(2020). **최초의 신화 길가메쉬 서사시**. 서울: 휴머니스트출판그룹.

|3| 지구 둘레 측정

주제	4CT 분류	학문 분류
원주각	알고리즘적 사고	수학문화사

● 컴퓨테이셔널 사고교육: **알고리즘적 사고**

수학+지구과학	지구 둘레 측정
사실을 묻는 단계	헬레니즘시대 에라토스테네스(276~194 BCE)는 하짓날 정오에 시에네(지금의 아스완) 우물에 그림자가 없음을 알고 있었다.
개념 이해를 요구하는 단계	수직인 물체의 그림자가 만드는 각이 $\alpha = 7^\circ 12' = \frac{360^\circ}{50}$ 이고 알렉산드리아에서 시에네까지의 거리를 d라 할 때, 지구의 둘레를 계산하자. 
논쟁을 유발하는 단계	에라토스테네스는 d를 5000(stadia, 1s=175.5m)로 설정하고 50×5000에 2000(stadia)를 더하였다. • 에라토스테네스가 계산한 지구둘레와 실제 40047(km)와 차이를 계산해 보자. • 에라토스테네스의 근삿값을 발전시키기 위하여 우리는 어떤 정보들을 어떻게 이용해야 하나? 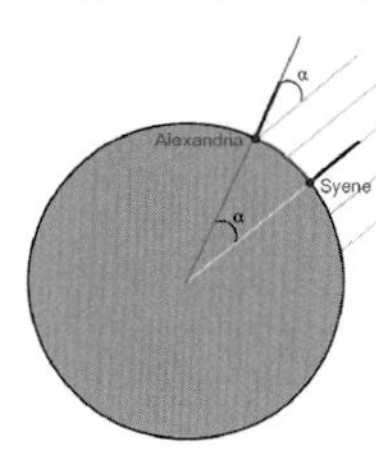

1. 탐구를 위한 핵심질문

헬레니즘 시대(Hellenistic, 323-32 BCE)에 융합연구가 활발히 이루어진 이유는 무엇인가?

2. 지도상 유의점

- 수학자 에라토스테네스(Eratosthenes of Cyrene)는 대략 235-195 BCE에 알렉산드리아 도서관의 관장을 지냈다. 〈중학교 과학 2〉에서 기술한 내용이 무엇이 잘못되었는지 알아본다.

> (...) 그 길이가 약 5000스타디아(약 925km)였다. 이는 지구를 원이라 가정했을 때 원에서 두 지점 사이의 호의 길이가 된다.
>
> **[에라토스테네스의 계산법]**
>
> 지구의 둘레 : 925km = 360° : 7.2°　$\therefore$ 지구의 둘레 = $\dfrac{925\,\text{km} \times 360°}{7.2°}$

- 경선과 경도의 문제로 발전시킨다.

3. 참고문헌

Katz, V.(2009). *A History of Mathematics*. New York: Addison-Wesley.

Burton, D.(2007). *The History of Mathematics*. New York: McGraw-Hill.

토마스 마틴(이종인 옮김) (1996). **고대 그리스의 역사**. 서울 : 가람기획.

윌 듀런트(김운한 · 권영교 옮김) (2011). **문명 이야기: 그리스 문명** 2-2. 서울 : 민음사.

| 4 | (3, 4, 5) 직각삼각형

주제	4CT 분류	학문 분류
직각삼각형 규칙	추상화	수학문화사

● 컴퓨테이셔널 사고교육: **추상화**

<table>
<tr><th>수학</th><th>청운교와 백운교</th></tr>
<tr><td>사실을 묻는 단계</td><td>여러 개의 피타고라스 짝을 찾아보자.</td></tr>
<tr><td>개념 이해를
요구하는 단계</td><td>• 기원전 250년 경에 중국인이 보인 3-4-5 고구정리이다. 이를 정당화하여 보자.
또한, 중국인들은 이를 왜 고구정리라 부르는가
• 기원전 2000년경 고바빌로니아 점토판 플림턴 322에서 피타고라스 짝을 찾아보자. 그들은 이들 짝을 어떻게 찾았을까? 이를 작성한 이유는 무엇일까?
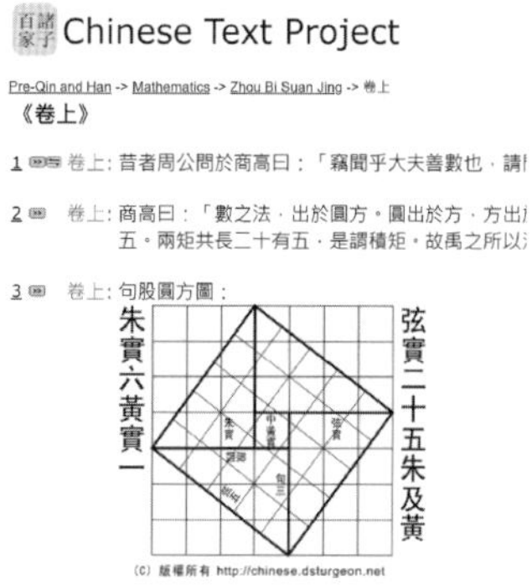
</td></tr>
<tr><td>논쟁을 유발하는
단계</td><td>• 7차 교육과정 초등학교 교과서에는 불국사 백운교를 3-4-5 직각삼각형이라고 소개했고, 백운교 옆 안내판에는 경사각이 45도라고 안내되어 있다. 이와 같은 주장은 정당화 될 수 있는가?
• (3, 4, 5)와 같은 수의 쌍을 피타고라스 짝이라고 부르는 것이 윤리적인가?

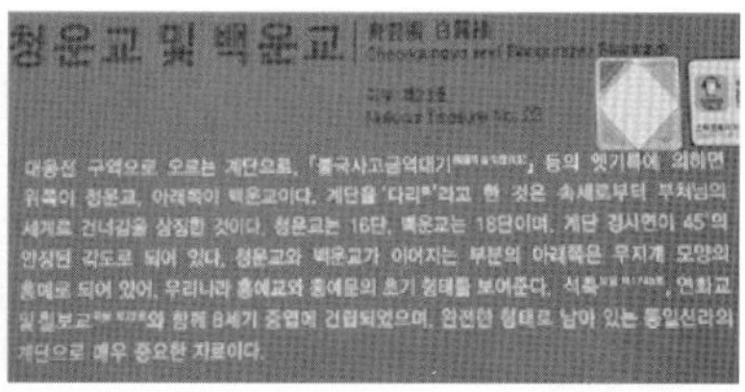
</td></tr>
</table>

1. 탐구를 위한 핵심질문

• 직각삼각형 성질(diagonal rule)을 소위 '피타고라스 정리'라고 부르는 것은 윤리적인가?

2. 지도상 유의점

• 고바빌로니아 점토판 플림턴 322(Plipton 322)에서 말하는 15개의 직각삼각형 짝을 알아본다.

• 고바빌로니아인은 이 15개의 짝을 어떻게 구했는지 그리고 표로 만든 이유는 무엇인지를 탐구한다.

3. 참고문헌

Merzbach, U., and Boyer, C.(2011). *A History of Mathematics*. New Jersey: Wiley.

Lumpkin, B.(1980). "The Egyptians and Pythagorean Triples." *Historia Mathematica* 7:

186-187.

Robson, E.(2002). "Words and Pictures: New Light on Plimpton 322." *Amer. Math. Monthly* 109: 105-120.

Buck, R.(1980). "Sherlock Holmes in Babylonia." *Amer. Math. Monthly* 87: 335-345.

Friberg, J.(2007). *A Remarkable Collection of Babylonian Mathematical Texts.* New York: Springer-Verlag.

Iamblicus (text, translation, and notes: Dillon, J., and Hershbell, J.) (1991). *On the Pythagorean Way of Life*. Atlanta: Scholar Press.

데이비드 밀러(이한구 외 옮김) (2018). **포퍼 선집**. 서울: 철학과 현실.

존 로버츠 · 오드 베스타(노경덕 외 옮김) (2004). **세계사** I. 서울: 까치.

| 5 | 야구장 규격

주제	4CT 분류	학문 분류
무리수	추상화	수학문화사

● 컴퓨테이셔널 사고교육: **추상화**

수학 + 스포츠	야구장규격
사실을 묻는 단계	우리나라 KBO 홈페이지를 방문하여 야구장(본루, 1, 2, 3루)의 규격(거리 및 각도)과 본루의 규격을 알아보자. 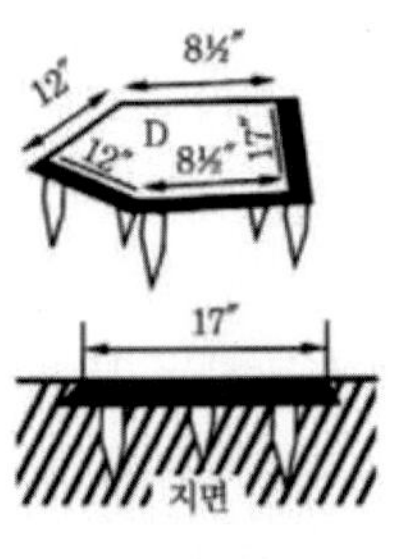 본루 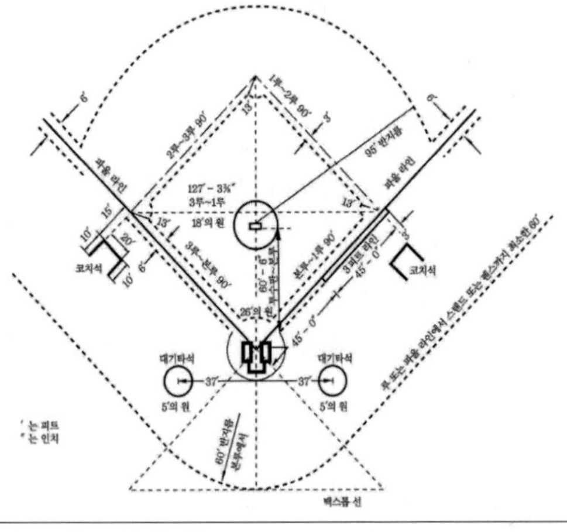
개념 이해를 요구하는 단계	본루-1루-2루-3루는 정사각형으로 1루-3루와 2루-본루는 각각 직각이등변삼각형의 성질을 따른다. 또한 본루에서 (12, 12, 17)은 직각이등변삼각형을 나타낸다. 계산기를 이용하여 이들의 거리를 이론적으로 측정하여라.
논쟁을 유발하는 단계	야구장에서는 왜 피타고라스 정리가 성립하지 않는가?

1. 탐구를 위한 핵심질문

- 야구장에서는 왜 피타고라스 정리가 성립하지 않는가?

2. 지도상 유의점

- 본루 규격 또는 각 루 사이의 거리를 미터나, 센티미터로 바꾸어 직각삼각형 규칙을 계산기를 이용하여 적용한다.
- 학생이 야구장에서 사용되는 여러 $\sqrt{2}$의 근삿값을 구할 수 있도록 한다.

3. 참고문헌

2023 KBO 리그 규정
(https://www.koreabaseball.com/Kbo/Board/Ebook/EbookPublication.aspx)

| 6 | 프랙털이란?

주제	4CT 분류	학문 분류
수열	패턴	수학문화사

● 컴퓨테이셔널 사고교육: **패턴**

수학 + 생명과학	생물체의 주름
사실을 묻는 단계	소장과 폐포에 대하여 알아보자.
개념 이해를 요구하는 단계	소장과 폐포의 기하적 공통점(generalization)을 기술해보자.
논쟁을 유발하는 단계	• 넓이가 유한이고 둘레가 무한인 평면도형이 존재하는가? • 부피가 유한이고 겉넓이가 무한인 공간도형은 존재하는가?  G(1) G(2) G(3) • 그림의 패턴 G(1), G(2), G(3), ⋯ 은 소장 · 폐포 구조와 어떤 관계인가? • 위 그림을 공간으로 확장할 수 있는가? • 분수함수 $y=\frac{1}{x}(x \geq 1)$을 x축으로 회전하여 얻은 회전체의 겉넓이와 부피의 관계를 생물체의 주름과 비교할 수 있는가? • 생물학적 모델링과 수학적 모델링은 서로 일치할 수 있는가?

1. 탐구를 위한 핵심질문

- 부피가 유한이고 겉넓이가 무한인 도형은 존재하는가?
- 또한 넓이가 유한이고 둘레가 무한인 도형은 존재하는가?

2. 지도상 유의점

- 〈중학교 과학 2〉에서 소장, 대장 등의 소화기관을 다루고 혈관 등으로 구성된 순환계를 다룬다. 폐포도 다룬다.
- 학생이 프랙털 도형과 우리 인체의 구조를 비교할 수 있도록 한다.
- 학생이 프랙털 본질에 접할 수 있도록 한다.

3. 참고문헌

Peitgen, H. et al.(1992). *Chaos and Fractals: New Frontiers of Science*, New York: Springer.

| 7 | 황금비

주제	4CT 분류	학문 분류
수열	알고리즘적 사고	수학문화사

● 컴퓨테이셔널 사고교육: **알고리즘적 사고**

수학	디자인
사실을 묻는 단계	신용카드의 사각형을 모눈종이 위에 복사하여 이를 정사각형의 확대로 해석해 보자. 정사각형의 반에 해당하는 직사각형의 대각선이 카드 끝에 도달한다.
개념 이해를 요구하는 단계	정사각형의 한 변의 길이를 1로 할 때, 신용카드의 폭은 $\frac{1+\sqrt{5}}{2}$ 인가? 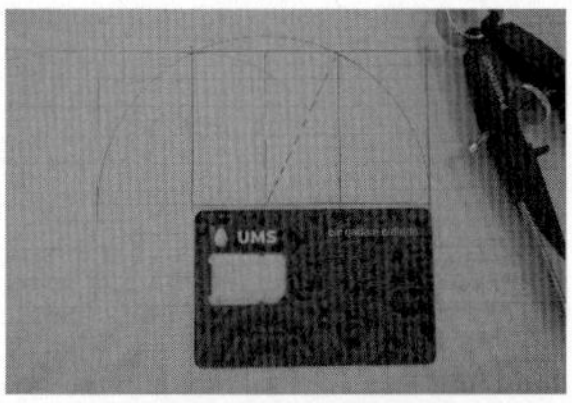
논쟁을 유발하는 단계	• Mays, Thomas, Schreye (1997)는 폭스바겐의 비틀을 위 직사각형 디자인을 이용하여 탄생시켰다(옆 그림 참고). 이를 설명해 보자. • 자동차 디자인의 역사적 맥락을 아는 것은 디자인 자체의 감상에 어떤 도움을 주는가?  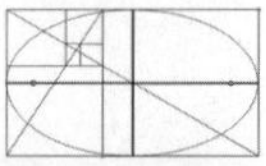 

1. 탐구를 위한 핵심질문

- 황금비는 정말 아름다운 비인가?

2. 지도상 유의점

- 황금비의 고대 이집트적 가치를 지도한다.
- 유클리드의 정의 "The Extrema and Mean Ratio"의 도입 목적과 용어가 "Golden Ratio"로 바뀐 경위 등을 지도한다.
- 2006년 폭스바겐에서 현대자동차로 옮긴 자동차 디자이너 P. 슈라이어에 대하여 알아본다.

3. 참고문헌

Beard, C.(1968). "The Fibonacci Drawing Board-Design of the Great Pyramid of Gizah." *The Fibonacci Quarterly* 6: 66-68.

Bartlett, C.(2014). "The Design of the Great Pyramid of Khufu." *Nexus Network Journal* 16: 299-311.

Burton, D.(2007). *The History of Mathematics*. New York: McGraw-Hill.

Falbo, C.(2005). "The Golden Ratio-A Contrary Viewpoint." *College Math*. J. 36(2): 123-134.

Markowsky, G.(1992). "Misconceptions About the Golden Ratio." *College Math*. J. 23: 1-19.

Herz-Fishchler, R.(1987). *A Mathematical History of Division in Extreme and Mean Ratio*. Waterloo: Wilfrid Laurier University Press.

Gandz, S.(1937). "The Origin and Development of the Quadratic Equations in Babylon, Greek, and Early Arabic Algebra." *Osiris* 3: 405-577.

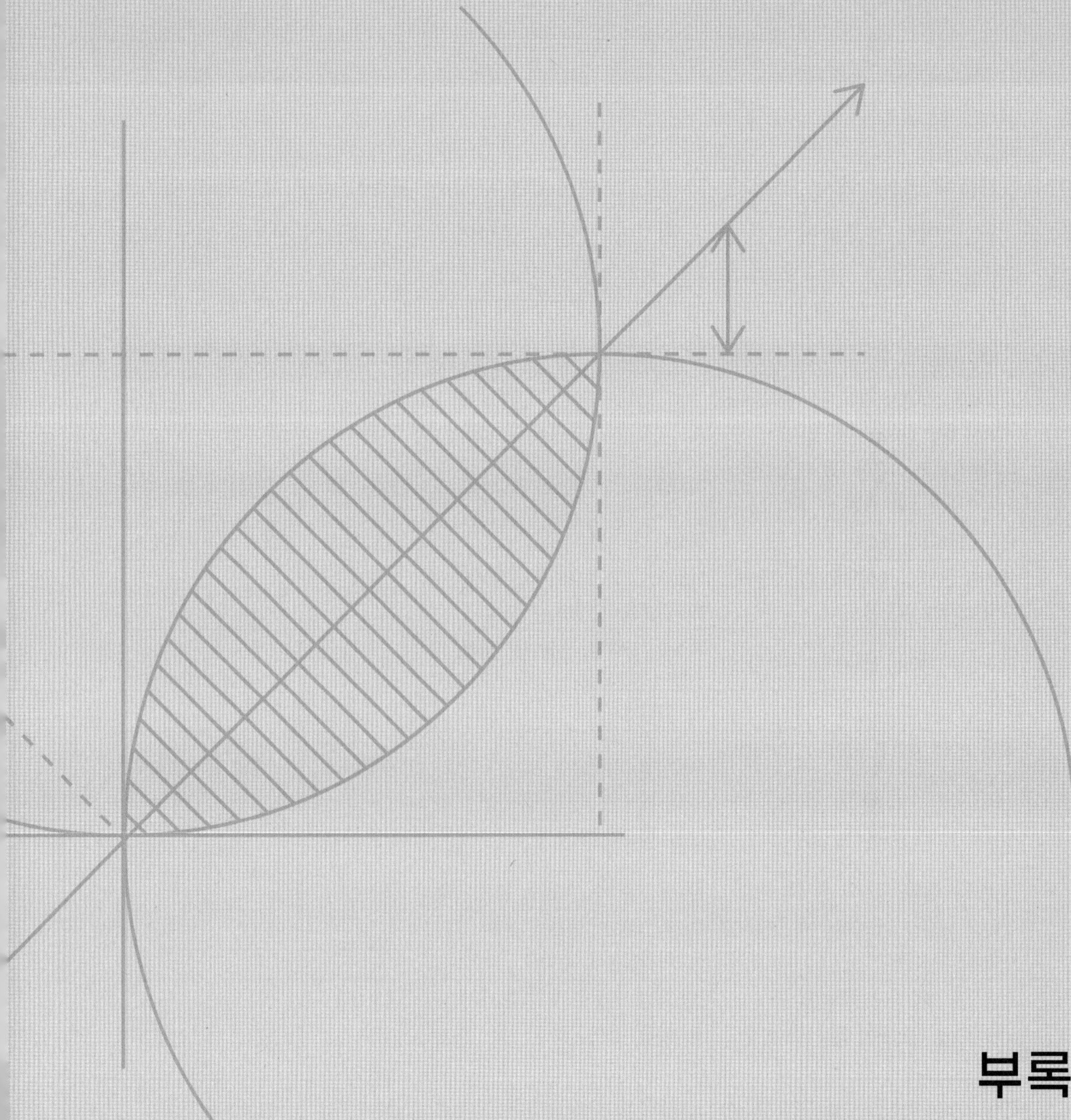

부록

우리 고등학생들은 어떤 '수학의 세계'를 좋아하는가?

파이썬 코드

우리 학생들은 어떤 '수학의 세계'를 좋아하는가?

2024년 가을에 인천광역시 고교생들(77개조, 조별 4~5명 구성)이 제출한 탐구 보고서(5~8쪽)의 제목을 중심단어로 분류하여 이를 표로 제시한다. 이를 통하여 우리 학생들이 서논술 탐구 보고서를 작성할 때, 관심 있는 수학 주제를 가늠할 수 있다.

연번	탐구주제	중심단어	수학과목	수학단원
1	교과서에 삼차방정식의 근의 공식을 소개하지 않는 이유는 무엇인가?	삼차방정식, 카르다노 해법	공통수학1	방정식과 부등식
2	이차방정식과 이차함수를 게임으로 성취도와 흥미도를 올릴 수 있는가?	이차방정식, 이차함수, 게임, 흥미도	공통수학1	방정식과 부등식
3	당신이 몰랐던 복소수	복소수, 프랙털, 복소평면	공통수학1	복소수와 이차방정식
4	복소수 단원을 중심으로 한 고등학교 수학 교과서 재구성	복소수, 교과서 재구성, 실생활 적용, 연결성, 사원수	공통수학1	복소수와 이차방정식
5	복소수로 정의된 만델브로 프랙털 형상화	복소수, 프랙털, 만델브로 집합, 복소평면, 피타고라스 나무, 알지오매스, 파이썬	공통수학1	복소수와 이차방정식
6	팩토리얼의 세계를 넘어 : 감마함수와 확장된 수학	팩토리얼, 감마함수	공통수학1	순열, 지수법칙
7	절대부등식의 기하학적 증명	산술기하조화평균	공통수학1	여러 가지 방정식과 부등식
8	원주율의 정의, 역사와 통계적 방법	원주율, 무리수, 초월수, 통계, 뷔퐁	공통수학1	
9	수학적 연결성 관점에서 본 고등학교 수학 교과서 분석	복소수, 수학적 연결성, 교과서 재구성, 이차방정식, 수학사	공통수학1	
10	다항식을 해부하다-루피니의 규칙	조립제법, 파울로 루피니의 규칙	공통수학1	
11	비상사태를 대비하기 위한 최적의 건물 설계	최단경로, 다익스트라, 집합, 명제, 경우의수	공통수학1, 공통수학2	경우의 수, 집합과 명제
12	방정식 해의 대칭성은 실세계의 대칭성을 함의하는가?	고차방정식, Galois 이론, 대칭성, 알고리즘	공통수학1, 미적분1	방정식과 부등식, 함수의 극한과 연속
13	D차원 M각뿔수에 대한 탐구	사면체수, 사각수, m각뿔수, 파스칼 삼각형	공통수학1, 이산수학	
14	자연 속 대칭성 연구의 유용성 탐구	대칭, DNA, 튜링 패턴, IR 활성	공통수학1, 확률과 통계	행렬
15	다항식을 활용해 다인자 유전을 탐구해보자	다인자 유전, 이항정리, 경우의 수	공통수학1, 확률과 통계	경우의 수

연번	탐구주제	중심단어	수학과목	수학단원
16	차이나타운 건축물에 반영된 전통 중국 건축물의 기하학적 원리와 현대적 응용	대칭, 반복, 연꽃무늬	공통수학2	도형의 방정식
17	변형된 원의 세계 : 원 방정식의 변형의 마법	원의 방정식, 지수변화, 알지오매스, 구의 방정식	공통수학2	도형의 방정식
18	가장 효율적인 가로등의 설치 간격 구해보기	조도, 거리, 가로등	공통수학2	유리함수와 무리함수
19	보로노이 다이어그램의 활용	보로노이 다이어그램, 공공기관	공통수학2	직선의 방정식
20	피타고라스의 음계에 쓰인 수학적 원리 탐구	피타고라스 음계, 내분점	공통수학2	평면좌표
21	베지어 곡선을 이용한 우리만의 글자체 만들기	베지에 곡선, 글꼴, 알지오매스, 블록코딩	공통수학2	평면좌표
22	선분의 내분점과 피타고라스 음계	피타고라스 음계, 내분점, 진동수, 기타, 우쿨렐레	공통수학2	
23	훈민정음 속의 수학적 원리	훈민정음, 기하, 회전, 대칭, 위상수학	공통수학2, 고급기하	
24	외심 작도를 이용한 무선 이어폰 찾기	외심, 작도	공통수학2, 대수	도형의 방정식, 사인법칙과 코사인법칙
25	삼각측량법을 이용한 거리 구하기	삼각측량	공통수학2, 대수	삼각함수, 도형의 방정식
26	퍼즐과 음악 속 대칭성의 연관성 탐구	대칭성, 군론, 해밀턴경로, 스네이크큐브, 나이트여행, 폴리노미오	공통수학2, 이산수학	도형의 이동, 그래프
27	텐세그리티를 통해 효율적인 건축물에 대해 알아보기	텐세그리티, 구조 안정성, 모형 실험	기하	공간도형
28	정다면체의 면의 개수와 부피의 상관관계 파악하기	정다면체, 부피, 정십이면체, 정오각형, 황금비	기하	공간도형
29	DNA 복제 과정에 관여하는 극소이성화효소의 작용에서, 매듭이론의 역할	매듭이론, 위상수학, DNA, 국소이성화효소, 초꼬임	기하	공간도형
30	보로노이 다이어그램의 기술적 측면	보로노이 다이어그램, 코딩	기하	공간도형과 공간좌표
31	보로노이 다이어그램의 실용적 측면에서의 활용	3차원 보로노이 다이어그램, 소방서 위치	기하	공간도형과 공간좌표
32	무게중심에 따른 물체의 자취 구하기	무게중심, 질, 포물선, 트래커	기하	이차곡선
33	원의 방정식으로 알아보는 GPS측정	GPS, 원의 방정식, 거리, 좌표, 위치 측정	기하	이차곡선
34	오리가미 속 수학	오리가미, 쉘터, 스텐트	기하	
35	군론에 의한 띠문양 생성	군론, 대칭성, 띠문양, 치환, 반사	기하	
36	송도국제도시 다리의 기하학적 설계 분석	포물선, 원, 지오지브라, 삼각함수	기하, 대수	이차곡선, 삼각함수
37	도형의 균형점: 무게중심의 비밀을 풀다	무게중심, 적분	기하, 미적분1	

연번	탐구주제	중심단어	수학과목	수학단원
38	뒤엉킨 매듭, 수학적으로 바라보기	매듭이론, 알렉산더다항식, 라이데마이스터	기하, 수학과제탐구	공간도형, 수학적 모델링
39	삼각함수와 음성신호	삼각함수, 음성신호	대수	삼각함수
40	진자 운동에 대한 수학적 접근과 실생활	진자, 삼각함수, 사이클로이드, 진자 댐퍼	대수	삼각함수
41	삼각함수와 호도법 탐구	삼각함수, 호도법, 오개념	대수	삼각함수
42	수학적으로 알아보는 천문학적 식 현상	주기함수, 일, 월식, Meeus	대수	삼각함수
43	노이즈캔슬링 원리 속 삼각함수	노이즈캔슬링, 사인함수, 상쇄 간섭	대수	삼각함수
44	모스부호를 삼각함수로 표현하기	모스부호, 사인함수, 아날로그, 주기, 인코딩	대수	삼각함수
45	바코드 숫자에 사용되는 수학적 원리	바코드, 수열, 유효성 검사, 프로그래밍	대수	수열
46	수열과 슈팅성공률의 상관관계	슈팅성공률, 데이터분석	대수	수열
47	피보나치, 루카 수열과 읽고 말하기 수열	피보나치, 루카 수열, 읽고 말하기 수열, 점화식, 비네공식	대수	수열
48	물가 변동을 예측하고 이상적인 최저임금을 설정해 보자	물가, 최저임금, 수열, 추세선, 인플레이션	대수	수열
49	세제곱근 2에 대한 탐구	세제곱근, 무리수, 작도, 이분법, 델로스	대수	지수와 로그
50	로그함수를 활용한 소리 세기 측정 실험	로그함수, 역제곱 법칙, 소리 세기	대수	지수함수와 로그함수
51	전파의 투과성의 확인과 실험	전파, 감쇠계수, 역제곱 법칙, 흡수율, 로그함수	대수	지수함수와 로그함수
52	나는 언제 집을 살 수 있을까? 컴퓨터 프로그램으로 예측해보자!	소득예측, 지수함수	대수	지수함수와 로그함수
53	방사성 동위원소 반감기와 지수함수 그래프	반감기, 지수함수, 탄소-14, 연대측정, 방사성 붕괴	대수	지수함수와 로그함수
54	사이클로이드 곡선의 증명 및 관련 건축물 탐구	사이클로이드, 호르톡스성, 타우토크로닉성, 건축	대수, 고급기하	곡선의 성질, 삼각함수
55	최적의 차양 각도 구하기	차양각, 정사영, 삼각함수, 그림자, 태양고도	대수, 기하	삼각함수, 공간도형
56	프랙털 구조와 칸토어 집합	프랙털, 칸토어, 자기유사성, 무한, 집합론	대수, 미적분2	수열, 수열의 극한
57	데이터 분석의 첫걸음 : 벤포드의 법칙	벤포드의 법칙, 로그함수	대수, 확률과 통계	지수함수와 로그함수, 확률
58	벤포드 법칙을 이용한 데이터 분석	벤포드의 법칙, 로그함수, 팔로워 수	대수, 확률과 통계	지수함수와 로그함수, 확률
59	우리가 몰랐던 우리의 생활 속 프랙털	프랙털, 자기유사성, 프랙털 차원, 화염, 심장	미적분	수열의 극한

연번	탐구주제	중심단어	수학과목	수학단원
60	시뮬레이션을 통한 물리학 속 이차함수와 미분계수에 대한 연구	이차함수, 미분, 속도, 가속도, 물리엔진	미적분1	속도와 가속도
61	로렌츠 곡선을 수학적으로 분석하기	로렌츠 곡선, 지니계수, 정적분	미적분1	적분
62	수학과 일상의 접점, 미적분으로 본 세상	미적분, 파이썬	미적분1, 미적분2	미분법, 적분법
63	황금비를 이용한 웹사이트와 광고 포스터의 시각적 효과 탐구	황금비, 홈페이지, 웹디자인, 광고포스터	미적분2	수열의 극한
64	자연과 예술 속의 황금비	황금비, 피보나치수열, 비판적 사고, 오해	미적분2	수열의 극한
65	수학학습에서의 수학사 활용 방법 탐구를 통한 수학사 중심의 교과서 재구성	수학사, 수학교육	수학과제탐구	
66	해밀턴의 경로 분석과 이가 성립되는 모형	해밀턴 경로, 그래프, 정팔면체, 직육면체, 경로 문제	이산수학	그래프
67	여러 진법에서의 배수판정법은 10진법과 어떤 차이가 있을까?	진법, 배수판정법, 이진법, 합동식, 나머지 정리	이산수학	진법
68	고속도로 네트워크에서의 플로이드-워셜 알고리즘 적용 및 최단 경로 탐색	최단경로, 그래프	인공지능수학	그래프
69	산술평균 군집화와 기하평균 군집화의 비교	군집화, 산술평균, 기하평균	인공지능수학	
70	그래프 이론을 통한 최단 경로와 최소 비용 신장 트리 문제 해결	그래프이론, 최단경로, 유클리드거리, 알고리즘	인공지능수학, 이산수학	
71	Impossible Chessboard Puzzle and Hamming Code	체스보드, 해밍코드, 이진수	확률과 통계	경우의 수
72	몬티홀 딜레마	몬티홀 딜레마, 조건부확률	확률과 통계	조건부확률
73	몬티홀 문제의 변형으로 조건부확률 100% 이해하기!	몬티홀 딜레마, 조건부확률	확률과 통계	조건부확률
74	밴포드 법칙을 실제 데이터를 가지고 활용하기	벤포드 법칙	확률과 통계	확률분포, 통계적 추정
75	극한에서 기댓값까지: 미적분으로 바라본 도박의 세계	확률, 기댓값, 미적분	확률과 통계, 미적분1	확률분포
76	수학적 원리를 이용한 미래 무역 수지 예측	무역수지, 회귀분석, 시계열, 경제지표, 추세선, 손실함수	확률과 통계	통계
77	세대가 바뀌면 유전자의 빈도도 달라질까?	하디-바인베르크, 확률, 통계, 유전자 빈도, 카이제곱	확률과 통계	통계적 추정

파이썬 코드

1)

```
import numpy as np

# 1. 관측 좌표 데이터
points = np.array([
    [8.025, 8.310],
    [10.170, 6.355],
    [11.202, 3.212],
    [10.736, 0.375],
    [9.092, -2.267]
])

# 2. 선형 시스템 Ax = 0 구성
A = []
for x, y in points:
    A.append([x**2, x*y, y**2, x, y, 1])

A = np.array(A)

# 3. null space 계산 (Ax=0의 해, 특잇값 분해 이용)
# 가장 작은 특잇값에 해당하는 벡터가 근사 해가 됨
_, _, V = np.linalg.svd(A)
coeffs = V[-1, :]  # 마지막 행벡터 (null space)

# 계수 분리
c1, c2, c3, c4, c5, c6 = coeffs

# 4. 결과 출력
print("=== 타원의 일반 이차방정식 ===")
print(f"{c1:.3f} * x² + {c2:.3f} * xy + {c3:.3f} * y² + {c4:.3f} * x + {c5:.3f} * y + {c6:.3f} = 0")

=== 타원의 일반 이차방정식 ===
-0.022 * x² + 0.006 * xy + -0.026 * y² + 0.143 * x + 0.082 * y + 0.986 = 0
```

2)

```
import numpy as np

# 데이터 입력
D = np.array([0.0, 0.2, 0.4, 0.6, 0.8, 1.0]) # 신약 투여량
C = np.array([289, 273, 254, 226, 213, 189])  # 콜레스테롤 수치

# 최소제곱법 적용
A = np.vstack([np.ones(len(D)), D]).T
a, b = np.linalg.lstsq(A, C, rcond=None)[0]

# 결과 출력
print(f"C = {a:.4f} + ({b:.4f}) * D")

=== 최소제곱법을 이용한 직선의 방정식 ===
C = 291.2381 + (-101.1429) * D
```

3)

```
import numpy as np
import matplotlib.pyplot as plt
plt.rcParams['font.family'] = 'Malgun Gothic'  #     한글 출력 설정

# 거리(x), 고도(y)
x = np.array([7, 11, 18, 24, 35])
y = np.array([0.238, 0.480, 0.860, 1.190, 1.234])

# 3차 다항식 피팅
coeffs = np.polyfit(x, y, 3)
d, c, b, a = coeffs

# 방정식 출력
print("=== 최소제곱법을 이용한 삼차다항식 근사 ===")
print(f"y = {d:.6f} * x^3 + {c:.6f} * x^2 + {b:.6f} * x + {a:.6f}")

# 예측 곡선
x_fit = np.linspace(min(x), max(x), 200)
y_fit = d * x_fit**3 + c * x_fit**2 + b * x_fit + a

# 그래프
plt.scatter(x, y, color='red', label='측정 고도')
```

```
plt.plot(x_fit, y_fit, color='blue', label='상차근사 곡선')

plt.title('비행기의 착륙 전 고도 궤적 (3차다항식 근사)')
plt.xlabel('착륙지점으로부터 거리 (Km)')
plt.ylabel('고도 (km)')
plt.legend()
plt.grid(True)
plt.tight_layout()
plt.show()
```

```
=== 최소제곱법을 이용한 삼차다항식 근사 ===
y = -0.000077 * x^3 + 0.003306 * x^2 + 0.013488 * x + 0.015671
```

4)

```
import math

# 사용자 입력 받기
n = int(input("몇 번째 항까지 계산할까요? n = "))

# e 근삿값 계산
e_approx = 0
for i in range(n + 1):  # 0부터 n까지
    e_approx += 1 / math.factorial(i)

# 결과 출력
print(f"n = {n} 까지 계산한 e의 근삿값은: {e_approx:.15f}")
```

```
몇 번째 항까지 계산할까요? n = 10
n = 10 까지 계산한 e의 근삿값은: 2.718281801146385
```

5)

파이썬 코드

```
import mpmath

# 정밀도: 유효 숫자 51자리 (소수점 아래 50자리 확보용)
mpmath.mp.dps = 51

# 함수 정의
def f(x):
```

```
    return 4 / (1 + x**2)

# Simpson's Rule
def simpson_rule(f, a, b, n):
    if n % 2 == 1:
        raise ValueError("n must be even")

    h = (b - a) / n
    result = f(a) + f(b)

    for i in range(1, n, 2):
        xi = a + i * h
        result += 4 * f(xi)

    for i in range(2, n - 1, 2):
        xi = a + i * h
        result += 2 * f(xi)

    return (h / 3) * result

# 계산 범위 및 구간 수
a = mpmath.mpf(0)
b = mpmath.mpf(1)
n = 100000  # 충분히 큰 짝수

# 근삿값 계산
approx_pi = simpson_rule(f, a, b, n)

# 소수점 아래 50자리까지 문자열로 출력
print(f"π 근삿값 (소수점 50자리):\n{mpmath.nstr(approx_pi, n=51)}")
```

색인

ㅂ

ㅅ

ㅇ

ㅈ

ㅊ

ㅋ

ㅌ

ㅍ

ㅎ

기타

개념 기반
심화수학 탐구학습

수업과 평가의 일체화

지은이 남호영 · 노경희 · 박제남 · 임문태
펴낸이 조경희
펴낸곳 경문사
펴낸날 2025년 12월 12일 1판 1쇄
등 록 1979년 11월 9일 제1979-000023호
주 소 121-818, 서울특별시 마포구 와우산로 174
전 화 (02)332-2004 팩스 (02)336-5193
이메일 kyungmoon@kyungmoon.com

값 20,000원

ISBN 979-11-6073-801-8

★ **경문사의 다양한 도서와 콘텐츠를 만나보세요!**

홈페이지	www.kyungmoon.com	페이스북	facebook.com/kyungmoonsa
포스트	post.naver.com/kyungmoonbooks	블로그	blog.naver.com/kyungmoonbooks
북이오	buk.io/@pa9309	인스타그램	instagram.com/kyungmoonsa

도서 중 **정오표** 및 **학습자료**가 있는 경우 홈페이지 내 해당 도서 상세 페이지의 **자료** 탭에 업로드됩니다.